CRISTO,
SU PERSONA Y SU OBRA

Por J. Oliver Buswell, Jr.

CRISTO, SU PERSONA Y SU OBRA

Por
J. Oliver Buswell, Jr.

CONTIENE UN ESTUDIO PROGRAMADO POR LA

FACULTAD LATINOAMERICANA DE ESTUDIOS TEOLÓGICOS

EDITORIAL UNILIT

Publicado por LOGOI, Inc.
y Editorial Unilit

© 2002 LOGOI, Inc., 3ra. edición revisada
© 2000 LOGOI, Inc., 2da. edición revisada
© 1983 LOGOI, Inc.
14540 S.W. 136 Street, suite 200
Miami, FL 33186

© 1962 Zondervan Publishing House,
Grand Rapids, Michigan, EE.UU.
Título del original en inglés:
A Systematic Theology of the Cristian Religion

Guía de estudio preparada por Richard Ramsay
Portada: Meredith Bozek

Producto 491072
ISBN 0-7899-0849-2

Impreso en Colombia
Printed in Colombia

Contenido

PREFACIO

El intento de presentar el vasto tema del plan de salvación que Dios ofrece gratuitamente al mundo a través de Cristo me llena de un gran sentimiento de insuficiencia. Se trata de «las cosas más profundas que conocemos». Lo más alto, lo más santo y lo más esencial tocante a nuestra salvación. Es mi más ferviente oración que esta obra pueda ser de ayuda a pastores, misioneros y laicos en posiciones de liderazgo, en su dedicación a la proclamación del evangelio por todo el mundo y en obediencia a la Gran Comisión de nuestro Señor.

En esta obra se emplean preferentemente las citas bíblicas de la versión Reina Valera 1960. Se insta al lector, sin embargo, a verificar las que crea conveniente buscándolas en el texto original.

En este libro se destacan los asuntos siguientes: (1) Detalles del estudio de la persona y la naturaleza de Cristo en su encarnación, esto es, en su tránsito terrenal. (2) Presentación de la expiación sustitutiva, con énfasis en el hecho de que Cristo no es una «tercera parte» sino que, como Mediador, Dios y Hombre a la vez, es aquel contra el cual se ha dirigido todo pecado humano.

Capítulo 1

La persona de Cristo: su divinidad y su humanidad

«El único Redentor de los elegidos de Dios es el Señor Jesucristo, quien siendo el Hijo Eterno de Dios se hizo hombre; y así era, y permanece para siempre, Dios y hombre en dos naturalezas distintas y una sola persona».[1] Esta es la respuesta a la pregunta número 21 del *Catecismo Menor*: «¿Quién es el Redentor de los elegidos de Dios?»

Esto es esencial al sistema doctrinal cristiano: Que Jesucristo, la persona histórica que vivió en Palestina a principios de nuestra era, no es otro que el Eterno Hijo de Dios, igual y consubstancial con Dios el Padre y Dios el Espíritu Santo. Su personalidad inmaterial, ego o esencia personal, es eterna, sin principio ni fin. Es tan verdaderamente Dios como el Padre es Dios y el Espíritu Santo es Dios. Y en la encarnación llegó a ser tan verdaderamente hombre como lo somos nosotros los hombres.

I. Resumen de la doctrina de la deidad de Cristo

Jesús es Dios[2]

Cuando Tomás, el discípulo incrédulo, vio al Señor resucitado, exclamó: «*¡Señor mío y Dios mío!*» (Juan 20.28). La expresión griega para Dios, en este texto, es literalmente *jo Theos* que significa «El Dios». No se puede dudar de que los primeros discípulos consideraban a Jesús como Dios en el sentido absoluto de la palabra, sin limitación ni subordinación alguna.

---

[1] Ezequiel Lango Umalla, ed., Catecismo Menor, Publicaciones El Faro, México, 1984, p. 53.
[2] Esta sección acerca de la divinidad de Jesús apareció originalmente en el primer tomo de la *Teología Sistemática* del Dr. Buswell, Dios y Su Revelación, Logoi, 1969, pp. 85-94.

Pablo describe a los santos como *«aguardando la esperanza bienaventurada y la manifestación gloriosa de nuestro gran Dios y Salvador Jesucristo»* (Tito 2.13). En este texto, el nombre Dios se aplica a Jesús por varias razones. Primero, en la versión griega hay un artículo que indica que los dos sustantivos que lo acompañan son designaciones de una sola persona. El pasaje de Tito 2.13, transliterado al castellano, dice así: *«aguardando la esperanza bienaventurada y la manifestación gloriosa de "el" gran Dios y Salvador nuestro, Jesucristo»*. Además, en todo el Nuevo Testamento está claro que es de Cristo la «manifestación gloriosa» que se espera. Cristo Jesús es nuestro gran Dios y Salvador.

Pedro, en una forma de expresión similar, se refiere a los que han obtenido la fe *«por la justicia de nuestro Dios y Salvador Jesucristo»*. Y continúa: *«Gracia y paz os sean multiplicadas, en el conocimiento de Dios y de nuestro Señor Jesucristo»* (2 Pedro 1.1,2).

Pablo, por otra parte, se refirió a Cristo con las palabras *«el cual es Dios sobre todas las cosas, bendito por los siglos»* (Romanos 9.5). Algunos estudiosos se han esforzado por modificar el sentido de este pasaje con un simple cambio de puntuación, pero un trato más honrado y sencillo de la sintaxis de la oración debiera dejar bien claro que aquí Pablo designa a Jesús como Dios en el sentido supremo.

En otro lugar Pablo se refiere a *«la gracia de nuestro Dios y del Señor Jesucristo»* (2 Tesalonicenses 1.12), aunque hay que observar que la versión griega dice literalmente así: *«la gracia* del *Dios nuestro y Señor Jesús Cristo»*. En 2 Corintios 5.10, el mismo apóstol nos enseña que *«es necesario que todos nosotros comparezcamos ante el tribunal de Cristo»*. Idéntico pensamiento expresa en Romanos 14.10, en las palabras del texto crítico: *«porque todos compareceremos ante el tribunal de Dios»*.

Parece evidente que Pablo estaba pensando en las palabras que Cristo pronunciara, según Juan 5.22, en cuanto a que el Padre le había dado todo el juicio; de manera que los nombres Cristo y Dios son intercambiables en la mente del apóstol.

A. Jesús es Jehová

No solamente se le llama Dios a Jesús en el Nuevo Testamento, sino que también se le dice Señor en citas del Antiguo Testamento en las cuales la palabra que se emplea es Jehová. En la profecía de Zacarías, por ejemplo, se afirma de Juan el Bautista: *«Y tú, niño, profeta del Altísimo serás llamado; porque irás delante de la presencia del Señor, para preparar sus caminos»* (Lucas 1.76). Es obvio que Lucas entendió esta profecía como una referencia a Juan cual precursor de Jesús.

Zacarías, sin embargo, estaba refiriéndose a la profecía de Malaquías 3.1, donde la palabra es «Jehová» y no «Señor». *«He aquí, yo envío mi mensajero, el cual preparará el camino delante de mí ... ha dicho Jehová de los ejércitos».* De modo que «el Señor», cuyos caminos Juan iba a preparar, es nada menos que Jehová mismo.

Pablo da mucho énfasis a la profecía de Joel: *«Todo aquel que invocare el nombre del Señor, será salvo»* (Romanos 10.13). Es claro que el apóstol llama a Cristo «el Señor» debido a su contexto en ese momento, pero en Joel 2.32 dice: *«Y todo aquel que invocare el nombre de Jehová será salvo».*

Además, en la referencia al juicio de los santos en Romanos 14.11, Pablo antepone la frase *«Vivo yo, dice el Señor»* a la cita de Isaías 45.23, que indica: *«A mí se doblará toda rodilla, y toda lengua confesará a Dios».* Que Jehová es el que habla en las palabras de Isaías es claro, como lo muestran los versículos 24 y 25. Estos pasajes indican que Cristo, Dios y Jehová son uno mismo.

B. Cristo el Hijo de Dios

A Cristo se le llama «Hijo de Dios» muchas veces en el Nuevo Testamento. Creo que el pasaje clave aquí es Juan 5.18: *«Por esto los judíos aun más procuraban matarle, porque ...*

decía que Dios era su propio Padre, haciéndose igual a Dios». En la cultura judía la frase «hijo de» no implicaba subordinación alguna, sino más bien igualdad e identidad de naturaleza. Así, Bar Kokba, el que dirigiera la rebelión judía de 132-135 d.C. en el reinado de Adriano, se llamaba por un nombre que significaba «hijo de la estrella». Se supone que tomó este nombre para identificarse con la misma estrella predicha en Números 24.17.

El nombre «Hijo de Consolación» (Hechos 4.36) sin duda significa «el Consolador». «Hijos del Trueno» (Marcos 3.17) probablemente quería decir «Hombres tronadores». «Hijo del Hombre», especialmente como se aplica a Cristo en Daniel 7.13 y constantemente en el Nuevo Testamento, significa en esencia «el hombre que representa». Así, cuando Cristo dijo «Hijo de Dios soy» (Juan 10.36), sus contemporáneos entendieron que se identificaba a sí mismo como Dios, e igual con el Padre, sin reserva alguna.

C. LAS PROCLAMACIONES DEL CIELO

Las ocasiones en que la divina filiación de Cristo fue declarada desde el cielo, según las crónicas evangélicas, son de gran significación.

(1) En su bautismo. *«Y luego, cuando subía del agua, vio abrirse los cielos, y al Espíritu como paloma que descendía sobre él. Y vino una voz de los cielos que decía: Tú eres mi Hijo amado; en ti tengo complacencia»* (Marcos 1.10 cf. Mateo 3.16,17; Lucas 3.21,22; Juan 1.32-34).

(2) En su transfiguración. *«He aquí una voz desde la nube, que decía: Este es mi hijo amado, en quien tengo complacencia; a él oíd»* (Mateo 17.5 cf. Marcos 9.7; Lucas 9.35; 2 Pedro 1.17).

(3) En su ministerio público, poco antes de su crucifixión, Jesús dijo: *«Ahora está turbada mi alma; ¿y qué diré? ¿Padre, sálvame de esta hora? Mas para esto he llegado a esta hora. Padre, glorifica tu nombre. Entonces vino una voz del cielo: Lo he glorificado, y lo glorificaré otra vez»* (Juan

12.27,28). En este texto no se emplea el término «Hijo», pero la relación filial se implica claramente en las palabras que Jesús le dirigió al «Padre».

D. Igualdad esencial, subordinación económica

En las palabras que tenemos de Jesús, la divina filiación indica una relación de absoluta igualdad esencial. Cuando tratemos de la persona y obra de Cristo, mostraremos que todas las referencias a la subordinación del Hijo al Padre son de tipo funcional en la economía del programa redentor divino. Es muy importante que distingamos entre *subordinación económica* o funcional e *igualdad esencial*.

Cuando Jesús afirmó: «*El Padre mayor es que yo*» (Juan 14.28) y «*No puedo yo hacer nada por mí mismo*» (Juan 5.30), tenemos que entender estas declaraciones como referidas a su subordinación económica en «*los días de su carne*». Pero, cuando dijo: «*Porque el Padre a nadie juzga, sino que todo el juicio dio al Hijo, para que todos honren al Hijo como honran al Padre. El que no honra al Hijo, no honra al Padre que le envió*» (Juan 5.22,23); y «*Yo y el Padre uno somos*» (Juan 10.30); debe quedar claro que en estos pasajes se observa una relación de igualdad esencial.

Este principio se recalca además en 1 Juan 2.22,23: «*¿Quién es el mentiroso, sino el que niega que Jesús es el Cristo? Este es anticristo, el que niega al Padre y al Hijo. Todo aquel que niega al Hijo, tampoco tiene al Padre. El que confiesa al Hijo, tiene también al Padre*».

E. El significado de engendrado

En cuanto a la concepción de Cristo, tema debatido por siglos, nos preguntamos: ¿En qué sentido fue «engendrado» Cristo?

(1) Su nacimiento virginal. Es claro por el historial del nacimiento virginal que Cristo, el eterno Hijo de Dios, se hizo hombre debido al milagro de que fue engendrado por el Espí-

ritu Santo. Creo que una traducción correcta de Lucas 1.35 sería: «*El Espíritu Santo vendrá a ti, y el poder del Altísimo te cubrirá con su sombra; por tanto, lo que es nacido será llamado* [Él es] *Hijo de Dios*». En Mateo 1.18 se afirma que Cristo fue *engendrado «por el Espíritu Santo»*. La enseñanza de la Escritura se resume en el Credo Apostólico mediante la frase: «concebido del Espíritu Santo, nació de la virgen María».

El nacimiento virginal de Cristo fue un milagro obrado por la Tercera Persona de la Trinidad, por el cual la Segunda Persona, el eterno Hijo de Dios, tomó para sí mismo una naturaleza humana, de tal manera que *«se hizo hombre»*. En este sentido Cristo fue engendrado en el curso de la historia humana en un tiempo y lugar determinados, aunque este hecho no fue el origen de su Ser. La preexistencia de Cristo se presume constantemente en toda la Biblia.

(2) A Cristo se le llama «el primogénito» (o «el primero») de los muertos en Colosenses 1.18 y Apocalipsis 1.5. Esta figura deja ver que Cristo es el primero que resucitó de entre los muertos en forma o cuerpo inmortal. Otras personas resucitadas de la muerte, como Lázaro, fueron resucitados a una vida física normal, es decir, tuvieron que morir otra vez. Cristo es el primero en levantarse al otro lado de la muerte, para no morir más.

(3) En el Salmo 2.7 tenemos *«Yo publicaré el decreto; Jehová me ha dicho: Mi Hijo eres tú; Yo te engendré hoy»*. Que estas palabras están en forma de revelación y declaración, y que no se refieren a engendrar literalmente en el sentido de iniciar la existencia de la persona, es evidente por varias razones. (a) El elemento mesiánico en el segundo salmo aparece el cuadro de la coronación de un rey. (b) El rey es una persona que existe antes de que se haga la revelación declaratoria *«Mi hijo eres tú»*. (c) Es una persona a quien Dios pondrá sobre él santo monte de Sión (v. 6). Por estas y otras razones, tenemos que entender las palabras *«Yo te engendré hoy»*, no en un sentido literal: «Yo he causado que existas

hoy»; sino en el metafórico: «Hoy, en este día, he declarado y revelado que tú eres mi hijo».

Con esta interpretación concuerdan las diversas citas que del Salmo 2.7 se hacen en el Nuevo Testamento (Hechos 13.32,33; Hebreos 1.5; 5.4-6). Al predicar en la sinagoga de Antioquía de Pisidia, Pablo señaló: «*Y nosotros también os anunciamos el evangelio de aquella promesa hecha a nuestros padres, la cual Dios ha cumplido a los hijos de ellos, a nosotros, resucitando a Jesús; como está escrito también en el salmo segundo: Mi hijo eres tú, yo te he engendrado hoy*» (Hechos 13.32,33).

Aun Thayer, un unitario, en su *Léxico del Nuevo Testamento*, bajo el vocablo *gennao* indica: «... para mostrarlo [a Cristo] formalmente como el Mesías, a saber, por la resurrección (Hechos 13.33)». Es evidente, entonces, que Pablo consideró la resurrección de Jesús como una parte definida del sentido de la declaración en el Salmo 2.7.

Pablo expresa igual idea en forma diferente en Romanos 1.3,4: «*Acerca de su Hijo, que era descendiente de David según la carne, y que fue designado como el Hijo de Dios con poder, según el Espíritu Santo, por la resurrección de las* personas *muertas, Jesucristo nuestro Señor*». Aquí es muy evidente el pensamiento de que la resurrección es declaratoria de la eterna filiación de Cristo.

En cuanto a la forma plural de la palabra *nekron*, «personas muertas», no se sabe si Pablo quiere que relacionemos la resurrección de Cristo con la de otros a la vez, como se narra en el pasaje algo oscuro de Mateo 27.52,54, o si debemos entender el plural en el sentido genérico y no literal.

La última interpretación parecería indicada por el uso de la palabra *(nekron)* en Hechos 17.31,32: «*por cuanto ha establecido un día en el cual juzgará al mundo con justicia, por aquel varón a quien designó, dando fe a todos con haberle levantado de los muertos. Pero cuando oyeron lo de la resurrección de los muertos, unos se burlaban, y otros decían: Ya te oiremos acerca de esto otra vez*».

En este punto, Alford afirma: «Tal vez aquí, "cuando oyeron de la resurrección de los muertos",[3] a saber la de Cristo, *nekron* era un término genérico. Pero las mismas palabras aparecen en ... [1 Corintios 15.12: "¿Cómo dicen algunos entre vosotros que no hay resurrección de muertos?"]. Así que preferiría tomarlas aquí como inferencia de la posibilidad general de la resurrección de los muertos como una doctrina de Pablo, en el caso específico que menciono».

Me inclino a pensar, sin embargo, que las palabras *«de los muertos»,* en Hechos 17.32, no son genéricas; y que no quieren decir que los oyentes meramente infirieron la resurrección de los muertos de la mención de un caso por Pablo, sino más bien que tomaron la referencia del apóstol al juicio futuro, aparte de su mención de la resurrección de Cristo, como implicando la resurrección para juicio.

Si este es el caso en Hechos 17.31,32, tenemos que recurrir al plural de Romanos 1.4 como un caso específico. Alford piensa que el significado es: «la resurrección de los muertos, considerada como un hecho realizado en la de Cristo».[4] Por supuesto que esto es posible, pero me inclino a creer que en Romanos 1.3,4 Pablo, usando el plural, pensaba en la resurrección de los santos mencionada en Mateo 27.52.

Cualquiera que sea el significado del plural en Romanos 1.3,4, sin embargo, es indiscutible que Pablo consideró la resurrección de Cristo como demostrativa y declarativa de su filiación eterna y divina, en el sentido del Salmo 2.7 interpretado por el apóstol en Hechos 13.31,32.

El autor de la Epístola a los Hebreos, por otro lado, cita dos veces el Salmo 2.7 como declaración de la exaltada filiación eterna de Cristo, sin vincular dicha exaltación a un evento particular. En el capítulo 1 leemos: «*¿A cuál de los ángeles dijo Dios jamás: Mi hijo eres tú, yo te he engendrado hoy?*»

[3] Alford, *The Greek New Testament*, Tomo II, p. 199.

[4] *Op. Cit.*, p. 313

(v. 5). Más tarde, al hablar del sumo sacerdocio, dice: «*Y nadie toma para sí esta honra, sino el que es llamado por Dios, como lo fue Aarón. Así tampoco Cristo se glorificó a sí mismo haciéndose sumo sacerdote, sino el que le dijo: Tú eres mi Hijo, yo te he engendrado hoy. Como también dice en otro lugar: Tú eres sacerdote para siempre, según el orden de Melquisedec*» (Hebreos 5.4-6).

Así justificamos que el engendramiento del Hijo, al que se refiere el Salmo 2.7, como lo interpreta el Nuevo Testamento, no es una generación literal de su Ser en ningún sentido de la palabra, sino una referencia a la revelación declaratoria de Dios de la eterna filiación divina, en particular de la resurrección de Cristo de entre los muertos.

(4) La palabra «primogénito», *prototokos*, se aplica varias veces a Cristo en el Nuevo Testamento. En Lucas 2.7 se refiere a su nacimiento virginal, y en Colosenses 1.18 y Apocalipsis 1.5 se le llama «primogénito de los muertos». Estos casos son perfectamente claros.

En Romanos 8.29 leemos: «*Porque a los que antes conoció, también los predestinó para que fuesen hechos conforme a la imagen de su Hijo, para que él sea el primogénito entre muchos hermanos*». También en Hebreos 1.6 observamos: «*Y otra vez, cuando introduce al Primogénito en el mundo, dice: Adórenle todos los ángeles de Dios*». En estos dos casos el sentido de la palabra «primogénito» es claramente «el que tiene la preeminencia, el que tiene todos los derechos y privilegios del primogénito».

De acuerdo a la costumbre judía, el primogénito ocupaba el lugar sobresaliente de prominencia. Tal interpretación satisface completamente el sentido de la palabra en Romanos 9.29 y Hebreos 1.6. No hay en estos dos pasajes ningún pensamiento ni sugerencia de que Cristo jamás haya sido engendrado o nacido en sentido literal. No hay ni la más mínima sugerencia de que su Ser personal haya tenido un principio. Sencillamente Él es el que tiene el lugar de preeminencia, los derechos del primogénito, en el eterno programa de Dios.

Otro caso en que este mismo sentido se considera probable ocurre en Colosenses 1.15, donde se dice de Cristo que es «prototokos *de toda creación*». La mayoría de los estudiosos de la Biblia consideraría que la palabra significa que Él es el primogénito en el mismo sentido de Romanos 8.29 y Hebreos 1.6. Sin embargo, como se observa en la nota marginal de Nestle, Erasmo marcó la palabra con un acento en la penúltima sílaba más bien que en la antepenúltima. El estudiante de griego sabe, por supuesto, que el asunto del lugar del acento es una cosa de opinión editorial, no del texto original.

Cuando esta palabra se acentúa en la antepenúltima sílaba cobra un sentido pasivo, «primogénito», pero cuando se acentúa en la penúltima, adquiere sentido activo, «el que engendra o produce». En este caso debemos traducirlo así: «Él es el original que engendra o produce cada cosa creada». Este sería el mismo pensamiento que se encuentra en Juan 1.3 y Hebreos 1.2, donde se declara que Cristo es el Creador.

Se hace objeción a esta interpretación de Colosenses 1.15 sobre la base de que la palabra tiene un uso colateral en el aspecto de una madre que da a luz un niño, es decir, de su propio cuerpo. Se dice que no se puede pensar en la creación bajo tal idea, porque esto sugiere panteísmo. Noto la fuerza de la objeción, no obstante, me parece que esta tiene contestación. Creación se describe en Hebreos 11.3 mediante la expresión «*haber sido constituidas las edades* [griego] *por la palabra de Dios*».

No creo que sea una metáfora demasiado extraña pensar en Cristo como el original que produjo (o engendró) la creación, o que esa figura gramatical necesariamente suscita la idea de panteísmo. Estas palabras en Colosenses 1.15 se siguen por la cláusula explicativa del versículo 16. «*Porque en él fueron creadas todas las cosas, las que hay en los cielos y las que hay en la tierra, visibles e invisibles; sean tronos, sean dominios, sean principados, sean potestades; todo fue creado por medio de él y para él*».

Sugiero, entonces, que *prototokos*, en Colosenses 1.15, significa: «el que originalmente produjo (o engendró)». Si esta sugerencia no es correcta, la alternativa es «el que tiene los derechos del primogénito», y nuestra tesis de que «primogénito» no tiene referencia al origen o fuente de su existencia se mantiene.

F. EL SIGNIFICADO DE «UNIGÉNITO»

Ahora debemos considerar una palabra muy especial, «unigénito», *monogenes*, aplicada a nuestro Señor Jesucristo. Se refiere a Él como aquel cuya gloria es *«como del unigénito del Padre, lleno de gracia y de verdad»* (Juan 1.14). En la versión común de Juan 1.18 se le llama *«monogenes* Hijo», pero en el texto crítico de este pasaje se le llama *«monogenes* Dios».

El versículo más famoso de todos, Juan 3.16, contiene las muy conocidas palabras: «su hijo unigénito» (*monogenes*), y la frase se repite en el versículo 18 del mismo capítulo en un contexto igual. Juan usa esta expresión otra vez: *«En esto se mostró el amor de Dios para con nosotros, en que Dios envió a su Hijo unigénito* [monogenes] *al mundo, para que vivamos por él»* (1 Juan 4.9).

Parece que los padres de la iglesia del siglo IV, en el ardor de la controversia arriana, entendieron esta palabra como conectada de alguna manera con la raíz del verbo *gennao*, que significa producir o engendrar, de allí nuestra palabra «unigénito», proviene del uso del siglo IV. Cuando los padres ortodoxos de la iglesia fueron desafiados por los arrianos —que afirmaban que Cristo era un ser creado e indicaban la palabra *monogenes* como evidencia—, los ortodoxos no tenían argumentos para probar que la palabra no tiene nada que ver con engendrar, pero sabían que, a la luz de otras Escrituras, Cristo no fue creado: «Nunca hubo un tiempo en que él no era». Por eso aceptaron la palabra «engendrado», pero agregaron los vocablos «no creado».

La idea de que el Hijo fue engendrado por el Padre en la eternidad pasada, no como un acontecimiento sino como una relación inexplicable, ha sido aceptada y enseñada en la teología cristiana desde el siglo IV. Carlos Hodge, el más grande de los teólogos sistemáticos, en su discusión de la doctrina histórica de «la generación eterna del Hijo» la da por sentada. Él dice: «El Hijo es engendrado del Padre; se declara que es el unigénito Hijo de Dios. La relación entonces de la Segunda Persona con la Primera es de filiación. Pero qué significa el término, ni la Biblia ni los credos antiguos lo explican».[5]

Cuidadosos estudios lexicográficos prueban sin lugar a dudas que la palabra *monogenes* no se deriva de la raíz *gennao*, engendrar, sino de *genos*, género o clase. El término, entonces, significa «en una clase aparte o única», «el único de su género».

Examinados los casos en que se aplican a Cristo las palabras «engendrado» o «nacido», o los términos relacionados con estas, podemos decir con confianza que la Biblia no dice nada acerca de «engendrar» como relación eterna entre el Padre y el Hijo.

G. Iguales en sustancia

Nuestra declaración confesional de que las tres Personas son «la misma sustancia, iguales en poder y gloria» se basa en frases bíblicas tales como aquella de Hebreos 1.3, *character tes jupostaseos*, «la imagen misma de su sustancia». Se dice que el Señor Jesucristo es la expresión exacta de la sustancia de Dios.

Pero ¿qué es sustancia? Para contestar esta pregunta no es necesario entrar en ideas filosóficas; por ejemplo, las palabras que expresan la idea de sustancia se encuentran en la metafísica de Aristóteles. De una manera sencilla podemos decir con exactitud que «sustancia» es cualquier cosa que sea necesaria para que constituya o identifique eso de lo que estamos hablando.

---

[5] *Systematic Theology*, Tomo I, p. 468.

La sustancia de Dios es lo que lo identifica como Dios. Así se declara que nuestro Señor Jesucristo es la expresión exacta de la Deidad. *«En él habita corporalmente toda la plenitud de la Deidad* [theotes]*»* (Colosenses 2.9).

II. EL MODO DE LA ENCARNACIÓN

A algunos les parece una barrera insuperable a la fe razonable que el eterno Hijo de Dios llegara a ser hombre, literal e históricamente, sin dejar de ser Dios. Los unitarios y arrianos, junto con los sabelianos y otros, han declarado que la encarnación de la Deidad perfecta es imposible y han tratado de justificar los datos auténticos del evangelio en cuanto al Jesús histórico en otros términos diferentes a los de la Trinidad bíblica.

Los místicos, irracionalistas, existencialistas (seguidores de Soren Kierkegaard), por otro lado, al declarar que la doctrina de la encarnación se contradice, enseñan que es necesario que uno niegue la razón, en el sentido de rechazar la ley de los contrarios y dar lo que llaman «el salto de la fe». Sostienen que aun cuando la encarnación es una contradicción, sin embargo, es la verdad.

El cristianismo histórico contrariamente, aunque reconoce la encarnación como un misterio, no la considera de ninguna manera una doctrina que implique contradicción. En verdad, los relatos bíblicos nunca presentan la encarnación como siquiera aparentemente contradictoria ni paradójica.

A. JUAN 10.30-39

El problema de la encarnación se presenta gráficamente en la discusión de Cristo con sus adversarios judíos en el capítulo 10 de Juan. Jesús acababa de referirse a sus «ovejas» y a su seguridad en los decretos redentores de Dios (vv. 27-29), concluyendo con estas palabras: *«Yo y el Padre uno somos»* (v. 30). Esto precipitó una reacción violenta de parte de sus adversarios. «*Entonces los judíos volvieron a tomar piedras para apedrearle*» (v. 31).

Ante esta amenaza Jesús contestó: «*Muchas buenas obras os he mostrado por parte de mi Padre; ¿por cuál de estas obras queréis apedrearme?*» (v. 32). Ellos respondieron: «*Por obra buena no te apedreamos, sino por blasfemia; y porque tú, siendo hombre, te haces Dios*» (v. 33).

Esta situación expone en forma dramática el problema de la encarnación. Aquí está Jesús, obviamente un hombre. Habla, respira, camina, exhibe todas las características comunes de la humanidad. Sin embargo afirma: «*Yo y el Padre uno somos*». Y antes declaró: «*que Dios era su propio Padre, haciéndose igual a Dios*» (Juan 5.18). Aun antes había dicho «*que todos honren al Hijo como honran al Padre*». Y hasta añadió: «*El que no honra al Hijo no honra al Padre que le envió*» (Juan 5.23). En la mente de sus adversarios, el que alguien que era evidentemente un hombre pretendiese ser igual a Dios, igual con Dios el Padre, no podía ser verdadero; y por tanto, tal declaración era una blasfemia consumada.

La respuesta de Jesús en esta ocasión es del más grande significado: «*¿No está escrito en vuestra ley: Yo dije, dioses sois?* [Salmos 82.6]. *Si llamó dioses a aquellos a quienes vino la Palabra de Dios (y la Escritura no puede ser quebrantada), ¿al que el Padre santificó y envió al mundo, vosotros decís: Tú blasfemas, porque dije: Hijo de Dios soy?*» (Juan 10.34-36).

La esencia de la respuesta de Jesús, dada hasta este punto, es sencillamente que el hecho de que Dios llegase a ser hombre no es una paradoja ni una contradicción. Que el hombre es hecho a la imagen de Dios se indica en este pasaje en la referencia de Cristo a que la Palabra de Dios «vino» (*egeneto*), a los hombres a quienes Él se refirió.

La implicación es que la simple habilidad del hombre de comprender la Palabra de Dios es evidencia de que hay una correspondencia natural entre el hombre y Dios. El hecho de que hay en todos los hombres este elemento relacional con

Dios, aun en los perversos que menciona el Salmo 82, debe ser evidencia suficiente para mostrar que la encarnación no es contradictoria.

No estamos diciendo que un cuadrado llegara a ser un círculo, ni que ningún ser adoptó una naturaleza contradictoria a la suya propia, sino que el Hijo de Dios asumió un complejo de atributos de su propia imagen compatibles con su propio complejo de atributos divinos. De modo que la declaración: *«Yo y el Padre uno somos»*, no es necesariamente blasfemia. ¡Podía ser cierto!

La afirmación de Jesús no indica que tuviera una relación con Dios como la que todos los hombres tienen, es decir, en cuanto a ser creados a la imagen de Dios; por eso es creíble que sea verdad cuando declara que Él, estando delante de ellos, es Aquel que el Padre santificó y envió al mundo.

El argumento continúa con una apelación a la evidencia: *«Si no hago las obras de mi Padre no me creáis. Mas si las hago, aunque no me creáis a mí, creed a las obras, para que conozcáis y creáis que el Padre está en mí, y yo en el Padre»* (vv. 37,38).

El hecho de que los enemigos de Jesús no reconocieran la lógica de su respuesta sino que *«procuraron otra vez prenderle, pero él se escapó de sus manos»* (v. 39) no es desde luego evidencia contra la racionalidad de la doctrina. El pecado contra Dios, y no la racionalidad genuina, es lo que constituye el rechazo a las afirmaciones de Jesús.

B. FILIPENSES 2.1-11

La racionalidad de la encarnación se presenta hermosa y sinceramente en el curso de la carta de Pablo a su querida iglesia de Filipos. El apóstol alega: (1) que la encarnación es una muestra de la gracia y el amor de Cristo; (2) que fue emprendida desde el punto de partida superlativo de la deidad eterna; (3) que involucraba la más tremenda humillación; y (4) que la encarnación era el fundamento del nombre exaltado del Señor Jesucristo.

1. La manifestación del amor (vv. 1-5)

Parece particularmente apropiado que esta profunda exposición de la encarnación surgiera de una sencilla exhortación pastoral. Sin embargo, como se ha dicho muchas veces: «la verdad conduce a la santidad». La doctrina de la encarnación no es una consecuencia de fría especulación filosófica, sino que se revela como una inferencia necesaria del amor misericordioso de Dios en Cristo.

Pablo ruega: «*Si hay alguna consolación en Cristo, si algún consuelo de amor, si alguna comunión del Espíritu, si algún afecto entrañable, si alguna misericordia, completad mi gozo, sintiendo lo mismo, teniendo el mismo amor, unánimes sintiendo una misma cosa. Nada hagáis por contienda o por vanagloria; antes bien con humildad, estimando cada uno a los demás como superiores a él mismo, no mirando cada uno por lo suyo propio, sino cada cual también por lo de los otros. Haya, pues, en vosotros este sentir que hubo también en Cristo Jesús*» (Filipenses 2.1-5).

Lo principal que se ha de contemplar y vigilar en esta serie de mandamientos y admoniciones es el amor misericordioso de Cristo manifestado en su encarnación. En el versículo 2 del pasaje de Filipenses leído, el mandamiento: «*teniendo el mismo amor*», se refiere al amor manifestado en Cristo. La palabra traducida «unánimes» no es una exhortación a estar de acuerdo el uno con el otro, sino a ser de una sola mente con Cristo, y a meditar sobre este gran hecho de su amor.

Los versículos 3 y 4 en verdad mandan que nos amemos unos a otros, pero esto se ordena como aplicación y resultado de contemplar el gran tema, el amor de Cristo manifestado en su encarnación.

2. Divinidad preexistente (v. 6)

«*El cual, siendo en forma de Dios, no estimó el ser igual a Dios como cosa a que aferrarse*». Como el Dr. Wallis apunta, el participio *huparchon*, en griego: existir, ser; no indica meramente existir «siendo en forma de Dios», sino más bien «seguir subsistiendo en forma de Dios». Jesús no renunció ni en ninguna manera abandonó su divinidad en la encarnación. En todo el transcurso de su vida terrenal, conservó total y completamente la naturaleza divina, el complejo de atributos esenciales a Él como Segunda Persona de la Eterna Trinidad.

a. La naturaleza divina

La siguiente definición de Dios, tomada del *Catecismo Menor de Westminster* —respuesta a la pregunta número 4— revela los atributos divinos: «Dios es un Espíritu infinito, eterno e inmutable en su ser, sabiduría, poder, santidad, bondad, justicia y verdad».[6] El significado del participio *huparchon* aquí, indica que Jesucristo en su encarnación conservó todos esos atributos.

b. Su preexistencia, otros pasajes

La preexistencia de Cristo como Segunda Persona de la Trinidad se enseña explícitamente en numerosos pasajes de la Escritura. Cristo se presenta en varias teofanías en el Antiguo Testamento. Su preexistencia se destaca en los primeros versículos del Evangelio de Juan. «*En el principio era el Verbo, y el Verbo era con Dios, y el Verbo era Dios. Este era en el principio con Dios. Todas las cosas por él fueron hechas, y sin él nada de lo que ha sido hecho, fue hecho*» (Juan 1.1-3).

Pablo aclara igualmente la preexistencia del Hijo de Dios en su Epístola a los Colosenses: «*Él es la imagen del Dios invisible, el primogénito de toda la creación. Porque en él fueron creadas todas las cosas ... todo fue creado por medio de él y para él. Y él es antes de todas las cosas, y todas las cosas en él subsisten*» (Colosenses 1.15-17).

La presentación de Cristo como «*el Alfa y la Omega, principio y fin*» en Apocalipsis (1.8,11; 21.6; 22.13) se basa en el hecho de su preexistencia.

Entre otros pasajes bíblicos que enseñan la preexistencia de Cristo, ya sea explícita o implícitamente, debemos dar atención especial a sus propias palabras, como las expresa en el Evangelio de Juan: «*Padre, glorifícame tú al lado tuyo, con*

---

[6] *Ibid.,* p. 21.

aquella gloria que tuve contigo antes que el mundo fuese» (Juan 17.5).

Además, constantemente se refería a sí mismo como salido del Padre y hablaba a la multitud de su ascensión *«adonde estaba primero»* (Juan 6.62). Su preexistencia se declara más fuertemente en el argumento de Juan 8.56-58, cuando Jesús dijo: *«Abraham vuestro padre se gozó de que había de ver mi día: y lo vio, y se gozó. Entonces le dijeron los judíos: Aún no tienes cincuenta años, ¿y has visto a Abraham? Jesús les dijo: De cierto, de cierto os digo: Antes que Abraham fuese, yo soy».*

c. Warfield y Filipenses 2.6

En su comentario sobre este pasaje, el reconocido profesor de la Universidad de Princeton, Benjamin Warfield, afirma: «Que la representación [en griego] de Cristo Jesús como *en morphe* [en forma] *theou* [de Dios] *huparchon* [siendo] —que es exactamente lo mismo que llamarlo Dios—, se evidencia no solo por la insinuación que se da de inmediato —que el que está "en forma de Dios" es "igual a Dios"—, sino además por la connotación de la misma fraseología.

»Es innegable que en el modo de hablar filosófico-popular aquí usado, "forma" significa aquel cuerpo de cualidades o características que hace que cualquiera cosa sea esa y no otra, en una palabra, su carácter específico». Warfield añade la nota siguiente: «Con referencia a J.B. Lightfoot, *"morphe"* no implica los accidentes externos sino los atributos esenciales; y debe aplicarse a los atributos de la Deidad. En otras palabras, se usa en un sentido sustancialmente igual al que lo caracteriza en la filosofía griega ... este sentido de *morphe* es el carácter específico».[7] De modo que cuando el apóstol Pablo habla del Cristo eterno como *«permaneciendo en forma de Dios»*, las palabras significan específicamente que Cristo conservó

---

[7]*Christology and Criticism,* Oxford Press, p. 271, también reimpreso bajo el nombre *The Person and Work of Christ,* Presbyterian and Reformed Publishing Co., p. 223.

todos los atributos esenciales de la divinidad cuando tomó para sí todos los de la humanidad.

3. La autohumillación (vv. 6b-8)

El acto de Cristo al someterse a la humillación de su encarnación queda indicado en las palabras siguientes: «*No estimó el ser igual a Dios como botín que debía retener, sino que se despojó a sí mismo, tomando forma de siervo, hecho semejante a los hombres; y estando en la condición de hombre se humilló a sí mismo, haciéndose obediente hasta la muerte, y muerte de cruz*» (traducción del autor).

a. Botín

La enseñanza clara de que Jesús existía y seguía existiendo «en forma de Dios», o en otras palabras, que tenía y seguía teniendo todos los atributos esenciales de Dios, muestra que la declaración de que no consideró su igualdad con Dios como «*botín que debía retener*» constituye el sentido correcto del versículo 6b. Él ya tenía esa igualdad.

«*Ser igual a Dios*» es una frase que designa la consecuencia de su existencia «en forma de Dios». Esa frase habla de la expresión exterior, *schema*, en griego: apariencia externa, forma de sus atributos esenciales. La *schema*, «condición», de su subsistencia anterior a la encarnación, era de igualdad con el Padre y el Espíritu. Fue esta *schema* la que Jesús no consideró como botín al cual aferrarse.

Poseyendo tanto la «condición» y la «forma de Dios», y reteniendo esta última, tomó para sí mismo, además, la «forma» de siervo —y todos los atributos esenciales correspondientes al siervo—, «hecho semejante a los hombres». Fue entonces encontrado en «condición», *schema*, de hombre, por lo que además se humilló a sí mismo hasta la muerte de cruz.

b. El despojo

¿En qué sentido quiere decir Pablo que Cristo «*se despojó a sí mismo*»? Ciertamente no es que abandonara alguno de los atributos divinos esenciales. La *morphe* de Dios no podía ser abandonada sin que Él dejara de ser quien era. El verbo *ekenosen,* en griego: vaciar, destruir, anular, dejar sin efecto;

se explica por los gerundios que modifican su sujeto: «*To-mando*» la forma de un siervo «*siendo hecho*» semejante a los hombres, «*estando*» en la condición de hombre. Además, se explica *ekenosen* por la frase paralela «*se humilló a sí mismo*». Jesús tomó para sí no solo la *morphe*, los atributos esenciales del hombre, sino también la *schema* de la humanidad para poder morir en la cruz (Hebreos 2.14).

Si Pablo hubiera pensado que Jesús en su despojo había dejado algunos de los atributos divinos esenciales, nunca podría haber hablado de Él en los términos enaltecedores que usaba constantemente. Véase por ejemplo su declaración en la Epístola a los Colosenses (2.9): «*Porque en él habita corporalmente toda la plenitud de la Deidad*».

En verdad, el apóstol no pensaba que la Segunda Persona de la Trinidad se había despojado de ciertas características, al menos no que se desprendiera de algo suyo, sino que lo hizo a costa de sí mismo o a sus propias expensas.

La idea de Pablo al decir que Cristo «*se despojó a sí mismo*» es idéntica en pensamiento lógico al sentido de la palabra «*spendomai*», en griego: ofrecer, derramar como libación. Al final de su ministerio, en su último encarcelamiento en Roma, el apóstol dijo literalmente: «*Yo ya estoy para ser sacrificado* [derramado como una libación], *y el tiempo de mi partida está cercano*» (2 Timoteo 4.6). Aquí la palabra en cuanto a sí mismo, *spendomai* «estoy derramado», expresa un pensamiento idéntico al que tenemos cuando Pablo dice de Cristo, *ekenosen*: «*se despojó a sí mismo*».

4. La exaltación correspondiente

Pablo concluyó esta discusión de la encarnación con una referencia al nombre exaltado de Cristo, el Eterno Hijo de Dios. «*Por lo cual Dios también le exaltó hasta lo sumo y le dio un nombre que es sobre todo nombre* [Isaías 42.8], *para que en el nombre de Jesús se doble toda rodilla de los que están en los cielos y en la tierra, y debajo de la tierra; y toda lengua confiese que Jesucristo es el Señor, para gloria de Dios Padre*» (vv. 9-11).

Debido a nuestra idea humana de recibir recompensa al concluir una tarea, muchos entienden estos versículos como una referencia a la exaltación de Cristo después de su encarnación. Sin embargo, no hay nada en las palabras mismas que indique que esto era lo que Pablo pensaba. Al contrario, creo que Pablo se refiere a la exaltación del Mesías y al nombramiento que se le da a este como Jehová en la profecía del Antiguo Testamento.

Él es el Eterno Hijo de Dios, la Segunda Persona de la Trinidad, a quien se presenta visiblemente delante de los hijos de los hombres como su único Salvador, la Persona Divina con quien tienen que tratar. Un caso claro a lo que Pablo alude, creo yo, se encuentra en Isaías 42.1-8. Estos versículos describen la obra del Mesías en términos tan claros como el cristal.

El versículo 8 se puede traducir: «*Yo soy Jehová; este es mi nombre y a otro no daré mi gloria, ni mi alabanza a imágenes de escultura*». En otras palabras, el Mesías es Jehová. En los versículos anteriores se declara explícitamente que Él es el que lleva la gloria de Dios, en quien el Espíritu de Dios mora. El que será una luz para los gentiles. El nombre del Mesías se da explícitamente como «Jehová», justicia nuestra (Jeremías 23.6). Es, pues, en la profecía del Antiguo Testamento donde Jesús es exaltado y se le da un nombre que es sobre todo nombre.

Cuando Pablo dice que «*toda lengua confiese que Jesucristo es el Señor*», la palabra «Señor» es la que se solía emplear para Jehová en la Septuaginta. Así Pablo declara que toda lengua confesará que Jesús en verdad lleva el nombre que le fue dado en la profecía del Antiguo Testamento, un nombre que es sobre todo nombre.

Es cierto, por supuesto, que nuestro Señor Jesucristo fue exaltado a la diestra del Padre después de sus sufrimientos aquí en la tierra, pero esta segunda exaltación no fue en ningún sentido una promoción. Tal pensamiento contradiría radicalmente su eterna deidad. Su exaltación después de su sufrimiento fue solamente la reasunción de su igualdad eterna con Dios, el esquema de las cosas (*schema*) que subsistía antes de la encarnación.

C. Hebreos 2.9-18

Otro pasaje en que el modo de la encarnación se declara explícitamente se halla en el capítulo 2 de Hebreos. En este caso la exaltación eterna de Cristo y la promulgación de esta exaltación en la profecía mesiánica se menciona al principio (vv. 9,10).

1. La exaltación

La sugerencia de que la exaltación de Cristo, aludida en Filipenses 2.9-11, fue dada en la profecía mesiánica anterior a la encarnación depende de nuestro entendimiento acerca de la profecía veterotestamentaria. En una idea similar, en Hebreos 2.9,10, la frase que explica el propósito —introducida por la palabra *hopos,* «para que»— hace casi obligatorio que entendamos la exaltación allí aludida como anterior a la encarnación.

Sugiero que leamos estos versículos parafraseados así: «*Vemos a aquel que, por un poco de tiempo, fue hecho menor que los ángeles* [cf. Salmos 8.5], *coronado de gloria y de honra para el padecimiento de la muerte, para que por la gracia de Dios gustase la muerte por todos. Porque convenía a aquel por cuya causa son todas las cosas y por quien todas las cosas subsisten, que al llevar muchos hijos a la gloria, se perfeccionase a sí mismo, como el Capitán de la salvación de ellos, por medio de la aflicción*» (Hebreos 2.9,10).

Si Cristo no fuera eterno Hijo de Dios no podría haberse ofrecido como sacrificio suficiente para todo hombre. [Nota: La declaración de que «*por la gracia de Dios gustase la muerte por todos*» no debe ser tergiversada. Estas son palabras claras. No hay nada en estas contrario a la doctrina calvinista de la expiación particular. Es tan esencial al sistema bíblico de doctrina, como los calvinistas lo entienden, que enseñamos que la expiación de Cristo es suficiente para todos, ofrecida a todos, aplicable a todos, como lo es también que enseñemos que el objeto de la expiación es efectuar la salvación de los elegidos, y que no efectúa la salvación de los que son eternamente perdidos.]

Además, si Dios no hubiese revelado explícitamente que el Mesías que iba a ofrecerse no era otro que «Jehová, nuestra justicia», la suficiencia de la expiación nunca podría haber sido trasmitida inteligentemente al entendimiento de los hombres convencidos de pecado.

2. La autoperfección

Debería ser bastante claro que en este texto es Cristo y no el Padre —que es el sujeto del verbo *teleiosai,* en griego: completar, perfeccionar—, el sujeto del verbo, lo cual se caracteriza exactamente por lo que se declara del Hijo en Hebreos 1.1-4.

¿En qué sentido puede decirse que Cristo se perfeccionó a sí mismo? ¿Acaso implican estas palabras que hubo un tiempo en que era imperfecto? Indudablemente el autor de la Epístola a los Hebreos consideraba a Cristo como eterno e inmutablemente divino en todos los atributos esenciales de la divinidad. Nada podía ser más enérgico que los términos en que se presenta a Cristo en Hebreos 1.1-4. Es el autor de Hebreos quien dice: «*Jesucristo es el mismo ayer, y hoy, y por los siglos*» (Hebreos 13.8).

Es sin embargo en la misma Epístola a los Hebreos que encontramos descritas más gráficamente las experiencias humanas de Jesús. No solo se perfeccionó a sí mismo como el capitán de nuestra salvación (Hebreos 2.10) sino que «*aunque era Hijo, por lo que padeció aprendió la obediencia; y habiendo sido perfeccionado, vino a ser autor de eterna salvación para todos los que le obedecen*» (Hebreos 5.8,9).

Debe quedar manifiesto que no hay ninguna contradicción en atribuir inmutabilidad a la Segunda Persona de la Trinidad y al mismo tiempo reconocer la verdadera progresión cronológica de los eventos en su vida terrenal. Nuestro Señor Jesucristo con sus experiencias, aquí en la tierra, realizó sus planes y completó sus intenciones en perfecta armonía con los decretos eternos de Dios. Se perfeccionó a sí mismo en cuanto a que efectuó en la historia, el tiempo y el espacio precisamente lo que siempre quiso hacer.

3. «Hijos»

La expresión de que Cristo llevaría «muchos hijos a la gloria» se puede explicar en dos maneras: (1) En el versículo que sigue a los redimidos se les llama sus «hermanos» (cf. Romanos 8.29). Podemos entender que Él lleva muchos «hijos [de Dios] a la gloria». (2) También es cierto que en Hebreos 2.13 se ponen en boca de Jesús las palabras de Isaías: *«He aquí, yo y los hijos que Dios me dio»* (Isaías 8.18).

Podemos imaginar que sus discípulos muchas veces le habían oído citar esas palabras en sus discursos espirituales y aplicarlas por analogía a su propia vida y ministerio. En cualquier caso, no hay nada en la referencia a «hijos» para constituir un argumento contra el hecho de que es Cristo, y no el Padre, el sujeto del verbo «perfeccionar» en el versículo 10.

4. «De uno son todos»

Las palabras del versículo 11: *«El que santifica y los que son santificados de uno son todos»,* han sido ocasión de especulación errónea. Algunos traductores han añadido la palabra «Padre», la cual no está en el texto. La relación filial de Cristo y la de los redimidos, por otra parte, nunca se colocan al mismo nivel en las Escrituras. Al dar un modelo de oración Jesús dijo: *«Vosotros, pues, oraréis así: Padre nuestro»* (Mateo 6.9).

A la mujer que se encontró con Jesús en la tumba después de su resurrección, le dijo: *«Aún no he subido al Padre; mas ve a mis hermanos y diles: Subo a* mi *Padre y a* vuestro *Padre, a* mi *Dios y a* vuestro *Dios»* (Juan 20.17). Jesús nunca se refirió a Dios como «nuestro Padre común», ni usó palabra que no mostrara claramente su relación única con el Padre. Por tanto, la palabra «Padre» no debe añadirse en Hebreos 2.11.

La unidad de Cristo como el Santificador con los redimidos como santificados, se indica explícitamente en el versículo 14: *«Así que, por cuanto los hijos son participantes de carne y sangre, también él participó igualmente de lo mismo».* Se dice que nuestro Señor Jesucristo es «de uno» con los que santificó, porque en la encarnación se hizo «carne y sangre».

5. Él propósito y el modo

Ahora se indica explícitamente el propósito de la encarnación: *«... para destruir por medio de la muerte al que tenía el imperio de la muerte, esto es, al diablo, y librar a todos los que por el temor de la muerte estaban durante toda la vida sujetos a servidumbre»* (vv. 14,15).

Se hace aun más explícito el modo de la encarnación en lo siguiente: *«Porque ciertamente no echó mano* [de la naturaleza] *de los ángeles, sino que echó mano* [de la naturaleza] *de la simiente de Abraham»* (v. 16). Algunos traducirían el verbo *epilambanomai* por «socorrer» (como lo hacen Reina y Valera, en castellano).

En ciertos contextos esta palabra puede tener tal significado, aunque ese no es su sentido principal, y en este caso sería totalmente erróneo. Habría sido absurdo que el autor de Hebreos dijera que Cristo no les presta ayuda a los ángeles. El único punto de la declaración es que Él echó mano, no de la naturaleza de los ángeles, sino de la naturaleza de la simiente de Abraham. El significado primario del verbo es «agarrar», «echar mano de», y en la voz media, como lo tenemos aquí, la traducción como se ha dado arriba es la única sustentable en mi opinión.

Además, esta traducción introduce mejor las palabras que siguen: *«Por lo cual debía ser en todo semejante a sus hermanos, para venir a ser misericordioso y fiel sumo sacerdote en lo que a Dios se refiere, para expiar los pecados del pueblo. Pues en cuanto él mismo padeció siendo tentado, es poderoso para socorrer a los que son tentados»* (vv. 17,18).

Por supuesto que la palabra «debía» no indica obligación impuesta a Él desde afuera, pero aquí «debía ser» equivale a «esperaríamos que sería».

El tema de la compasión de Cristo como el gran Sumo Sacerdote se reanuda al final del capítulo 4: *«Teniendo un gran sumo sacerdote que traspasó los cielos, Jesús el Hijo de Dios, retengamos nuestra profesión. Porque no tenemos un sumo sacerdote que no pueda compadecerse de nuestras debilidades, sino uno que fue tentado en todo según nuestra semejanza pero sin pecado. Acerquémonos, pues, confiadamente al trono de la gracia, para alcanzar misericordia y hallar gracia para el oportuno socorro»* (Hebreos 4.14-16).

Estas palabras que recalcan la compasión de Cristo mostrada en la encarnación quedan salvaguardadas rígidamente por los términos *choris hamartias,* «pero sin pecado», en Hebreos 4.15. Hay que recordar que en el Nuevo Testamento la palabra «tentación» no significa necesariamente inducir al mal. El significado básico de este término es «prueba». La declaración no es que Él haya sido probado sin calificación en todo respecto como nosotros. La declaración es que Él soportó una vida humana típica con pruebas y aflicciones aunque sin pecado, lo que no fue hallado en Él.

D. Problemas sicológicos

Los tres pasajes principales que hasta aquí hemos presentado en la discusión del modo de la encarnación, Juan 10.30-39; Filipenses 2.1-11 y Hebreos 2.9-18, evidencian que los escritores del Nuevo Testamento creyeron que el eterno Hijo de Dios tomó para sí mismo una naturaleza humana genuina y vivió una vida auténtica aquí en esta tierra, sin dejar de ser Él mismo (el Hijo de Dios) en ningún sentido y sin abandonar ninguno de sus atributos divinos esenciales. Sin embargo, hay ciertos problemas sicológicos en los relatos de su vida que tenemos que considerar.

1. Desarrollo de la niñez

Las crónicas bíblicas muestran la infancia, la niñez y la juventud de Jesús siguiendo el curso normal del desarrollo humano en todo aspecto. Después de la presentación en el templo, Lucas añade: *«El niño crecía y se fortalecía, y se llenaba de sabiduría; y la gracia de Dios era sobre él»* (Lucas 2.40).

El incidente que ocurrió cuando tenía 12 años de edad (Lucas 2.41-50) no debe interpretarse como milagroso en el sentido técnico de la palabra «milagro». Más bien debe considerarse como dentro del alcance de su desarrollo normal. Leemos: *«Todos los que le oían, se maravillaban de su inteligencia y de sus respuestas»* (v. 47). Lo que le respondió a su madre revela que Jesús entendió completamente quién era Él y cuál su misión.

María le dijo con mucha naturalidad: *«Tu padre y yo...»* (v. 48), a lo que Jesús contestó: *«¿Por qué me buscabais? ¿No sabíais que en los negocios de mi Padre me es necesario estar?»* (v. 49). Lucas añade que sus padres *«no entendieron las palabras que les habló»* (v. 50). A la luz de toda la narración, sin embargo, es claro que Jesús entendió completa y conscientemente que en un sentido singular Dios era su Padre y que Él tenía una misión divina y única.

El escritor del evangelio prosigue su crónica: *«Y descendió con ellos y volvió a Nazaret, y estaba sujeto a ellos ... y Jesús crecía en sabiduría y en estatura, y en gracia para con Dios y los hombres»* (Lucas 2.51,52; cf. 1 Samuel 2.26).

Estas porciones de la narración, tomadas todas del Evangelio de Lucas, muestran un desarrollo precoz, aunque sano y normal. Se presenta como normal no solo su crecimiento y fuerza física, sino también su desarrollo intelectual. Se dice de manera explícita que *«Jesús crecía en sabiduría»*.

La cuestión que surge de estos registros es esta: Dado que uno de los atributos esenciales de la divinidad es la omnisciencia, ¿cómo podría Jesús pasar a través de las distintas etapas normales de su desarrollo sicológico? ¿Cómo pudo decirse que Él «crecía en sabiduría»?

Creo que la respuesta no es muy difícil. En nuestra experiencia con la sicología humana ordinaria aprendemos que hay diferentes niveles de conciencia. No es una contradicción decir que una persona sabe en un sentido lo que desconoce en otro. Por supuesto que esta es una ilustración humana; sin embargo, todos estamos acostumbrados al poder humano y ordinario de la memoria.

Con frecuencia decimos: «No sé», aunque luego de reflexionar podamos traer el asunto a la mente. En la sicología anormal hay casos de amnesia en que los diversos niveles de conciencia son disociados patológicamente.

No sugiero ni por un momento, por supuesto, que la sicología de Jesús fuera en alguna manera patológica. Simplemente estoy ilustrando el hecho de que hay diferentes niveles de conciencia, y es posible que uno posea conocimiento en un sentido a la vez que carece de él en otro. Es posible tener conocimientos disponibles que no guardamos en la conciencia activa.

Hemos visto que Jesús, a la edad de doce años, sabía quién era y por qué había venido al mundo. Creo que antes de la encarnación, cuando Dios estableció sus decretos eternos, el Hijo se propuso mantener en su conciencia activa —y durante el tiempo de su vida terrenal— toda la información y los sentimientos y reacciones comunes a los hombres guiados por el Espíritu.

De manera que Cristo pasó, conscientemente y por propia decisión previa, a través de todas las etapas normales del desarrollo intelectual. Esto es perfectamente congruente con la doctrina de que no se despojó de su poder de omnisciencia. Jesús, en cualquier momento de su vida terrenal, pudo traer a su memoria algún aspecto de su conocimiento infinito; sin embargo, eligió voluntaria y continuamente mantener en su conciencia solo los asuntos que harían de su existencia terrenal una experiencia puramente humana.

Cristo dijo que obraba sus milagros por el poder del Espíritu Santo, tal como los propios profetas y apóstoles: «*Si yo por el Espíritu de Dios echo fuera los demonios, entonces ha llegado a vosotros el reino de Dios*» (Mateo 12.28). Y explica: «*No puede el Hijo hacer nada por sí mismo... no puedo yo hacer nada por mí mismo; según oigo, así juzgo; y mi juicio es justo...*» (Juan 5.19,30).

Estas explicaciones de Jesús no son contrarias a la doctrina de su divinidad. Es más, aclaran el modo en que obraba durante el tiempo de su humillación.

Es congruente, por lo tanto, que el eterno Hijo de Dios mantuviera en su conciencia tal nivel de actividad sicológica, por lo cual era lógico que creciera y se desarrollara tanto intelectual como físicamente durante su vida temprana.

2. Sicología adulta

Con la explicación anterior pueden aclararse otras declaraciones difíciles acerca de la sicología de Jesús. No solo leemos que «*estaba asombrado de la incredulidad de ellos*» (Marcos 6.6), y que le asombró la fe del centurión (Mateo 8.10; Lucas 7.9), sino que Mateo y Marcos igualmente recuerdan que en el discurso en el monte de los Olivos, y respecto al tiempo de su venida, Jesús indicó: «*Pero de aquel día y de la hora nadie sabe, ni aun los ángeles que están en el cielo, ni el Hijo, sino el Padre*» (Marcos 13.32; cf. Mateo 24.36).

El que Jesús experimentara capacidad de asombro genuino y que excluyera de su conciencia el conocimiento del tiempo preciso de su segunda venida, son hechos que armonizan con la retención de sus atributos divinos, basados en que sabemos que hay diferentes niveles de conciencia, y en que antes de su encarnación determinó el lugar que ello ocuparía en su conciencia activa, a pesar de sus poderes infinitos.

Es significativo observar que después de su resurrección, interrogado en cuanto al tiempo de su segunda venida, Jesús no dijera que no sabía; al contrario, dijo: «*No os toca a voso-*

tros saber los tiempos o las sazones que el Padre puso en su sola potestad» (Hechos 1.7).

3. *Ilustraciones*

Hay muchas ilustraciones históricas que dan una analogía parcial de la encarnación, por ejemplo, numerosos casos de reyes y otras personas de la realeza que han servido en las posiciones más bajas en las fuerzas armadas y otros puestos. Pedro el Grande llegó a ser carpintero de un astillero alemán sin dejar de ser Emperador de Rusia. El heredero de un gran consorcio industrial, aun siendo dueño de todo, se empleó en una de sus fábricas en una ciudad en que yo vivía. En la Primera Guerra Mundial, el Príncipe de Gales sirvió en el ejército británico como un oficial de bajo rango.

Es interesante observar que ninguna de las ilustraciones anteriores implica contradicción alguna, ya que en cada caso la naturaleza de la persona es la misma en cualquier rango, sea inferior o superior.

Capítulo 2

La persona de Cristo: su divinidad y su humanidad

I. Evidencia de la resurrección

La evidencia de que la afirmación de Jesús era cierta —que Él era el que decía ser—, la constituye el hecho de que resucitó de los muertos tal como dijo que lo haría. Trato las evidencias de la resurrección de Jesús, con más detalle de lo que es posible ahora, en mi libro *Behold Him* [Contemplándolo]. El estudiante, además, encontrará un excelente resumen de las evidencias de la resurrección en el tomo I de la *Historia eclesiástica* de Schaff y en la *Teología sistemática* de Charles Hodge, tomo II, así como en muchas otras obras teológicas clásicas.

La resurrección de Cristo es preeminente entre las evidencias cristianas de toda la historia de la iglesia. El lema *Cristus veré resurrexit,* «Cristo en verdad ha resucitado», ha sido un punto fuerte para la fe y el testimonio cristianos a través de todos los siglos.

Hay muchas maneras de presentar evidencias. Sugiero el siguiente bosquejo como práctico para los propósitos homiléticos y misioneros.

A. Datos observables hoy

1. El libro cristiano

Antes de todo, presentemos la existencia del Nuevo Testamento como un dato inexplicable aparte de la resurrección histórica de Jesús. ¿De dónde vino el Nuevo Testamento? Cada texto literario, bueno o malo, digno de confianza o no, tiene su origen en algún ambiente histórico, y esto es cierto. Nuestro argumento ahora no es en cuanto a la autoridad de la Biblia, sino acerca del *hecho* de la existencia del Nuevo Testamento.

El Corán de los mahometanos es inexplicable si no se consideran los eventos principales en la vida de Mahoma, y no tenemos deseo alguno de negar que acontecieran en realidad. Las obras de Charles Dickens son inexplicables aparte de las condiciones económicas y sociales de lo que se llama «la revolución industrial». El principio observado en los exámenes literarios en la Universidad de París, llamado *explication de texte*, consiste en determinar la matriz en la que se originaron los cuerpos literarios.

Sabemos, según datos indisputables, que el Nuevo Testamento tuvo su origen al principio de nuestra era entre el movimiento cristiano que tenía sociedades organizadas llamadas «iglesias» en las grandes ciudades del mundo romano. Es evidente, según la naturaleza del Nuevo Testamento mismo, que los escritores de los veintisiete libros creían cabalmente que Jesucristo había resucitado de los muertos. Creían que su tumba estaba vacía y que había aparecido en forma reconocible con el mismo cuerpo con que había sufrido en la cruz.

El Nuevo Testamento no emplea argumentos para probar la resurrección de Jesús; las alusiones a ese hecho son en forma de apelaciones a sucesos conocidos públicamente. Se presume que se necesita contar la historia, pero que nadie con conocimiento de los hechos podía disputarlos inteligentemente. El único argumento contrario a la resurrección de Jesús que menciona el Nuevo Testamento se encuentra en el Evangelio según Mateo (28.11-15).

Mateo relata lo que los hombres dijeron que ocurrió, según ellos, ¡mientras dormían! Naturalmente el escritor no pierde tiempo en tratar de refutar tal alegación. Los escritores del Nuevo Testamento no parecen tener conocimiento de ningún argumento opuesto. Al contrario, el hecho de la resurrección fue proclamado por todas partes y los escritores del Nuevo Testamento obviamente no contemplaron la posibilidad siquiera de que su testimonio sería negado inteligentemente.

Hombres tramposos, culpables de fraude o movidos por alucinaciones, son incapaces de producir una literatura como esta. El Nuevo Testamento mismo es evidencia tangible de que Cristo resucitó de entre los muertos.

2. El movimiento cristiano

Es un hecho real que el movimiento cristiano ha existido en el mundo, y aún perdura, fundamentado solamente en la creencia de que Jesucristo resucitó de entre los muertos. Sabemos que este movimiento tuvo su origen dentro de la cuarta década del primer siglo. En el año 30 no había tal cosa como la iglesia cristiana en el sentido de un movimiento visible en la sociedad humana.

En los años 40 empiezan a aparecer documentos cristianos así como también se observan nombres cristianos en los cementerios. Sociedades cristianas llamadas «iglesias» empiezan a aparecer en las ciudades del mundo romano. La iglesia como un fenómeno sociológico indudable tuvo su origen seguramente entre el año 30 y el 40 A.D. En los primeros 300 años de su existencia, pues, el movimiento cristiano cubrió todo el Imperio Romano de una manera milagrosa.

¿Cómo se originó ese movimiento cristiano? La única explicación que el cristianismo da de su origen se basa en el hecho de que Jesucristo resucitó de entre los muertos. Cuando Él murió, el pequeño grupo de sus seguidores se dispersó y huyó. Sus esperanzas quedaron completamente destrozadas. Ellos mismos testifican de su propia y completa desesperación, no se describen en tales términos en una manera ficticia, diciendo: *«Esperábamos que él era el que había de redimir a Israel»* (Lucas 24.21), pero ahora está muerto y toda esperanza está perdida.

Entonces, de repente, dan un giro de ciento ochenta grados y encaran al mundo con un testimonio de confianza y valor que nunca después se ha extinguido. Jesucristo ha resucitado de entre los muertos y lo hemos visto *«por muchas pruebas indubitables»* (Hechos 1.3). La misma existencia del movimiento cristiano, que tuvo su origen al principio de lo que llamamos la era cristiana, es evidencia no solo de que todo el grupo creía que Jesucristo había resucitado de entre los muertos sino de que efectivamente resucitó.

3. El día del culto cristiano

Un detalle de cierta importancia es el hecho de que, antes de la era cristiana, el día del culto judío era el séptimo de la semana, pero inmediatamente después de la crucifixión de Jesús la iglesia cristiana empezó a adorar a Dios el primer día de la semana. La única razón sostenida para ello es que ese fue el día de la resurrección. El estudiante puede verificar que efectivamente así era, buscando las referencias del Nuevo Testamento al «primer día de la semana» y al «día del Señor».

4. La experiencia cristiana

Otro hecho evidente de la resurrección de Jesús, que también puede observarse en el mundo moderno, es la experiencia cristiana. Cuando un alma pecaminosa y quebrantada pone su confianza en el Señor Jesucristo, experimenta un cambio que llamamos «la vida resucitada». Si Jesús solamente murió, entonces la muerte lo conquistó; pero, si murió y así mismo resucitó, entonces su fallecimiento fue una victoria.

Cuando uno cree en Jesucristo como Salvador personal, en efecto, se designa a sí mismo como identificado simbólicamente con Cristo en su muerte y resurrección, y como viviendo una nueva vida por el poder impartido por el Cristo resucitado. En las palabras de Pablo: «*Somos sepultados juntamente con él para muerte por el bautismo, a fin de que como Cristo resucitó de los muertos por la gloria del Padre, así también nosotros andemos en vida nueva*» (Romanos 6.4). [Nota: La palabra traducida «sepultado» no designa ninguna forma particular de disponer del cuerpo muerto, sino el hecho de que se dispone del cuerpo por medio de un funeral. Uno de los modos primitivos de sepultar era quemar el cuerpo y esparcir las cenizas.]

El milagro de la gracia, impartir una nueva vida espiritual por fe en el Cristo sepultado, es un dato observable en el mundo moderno que no puede explicarse si Jesús solamente murió y no resucitó otra vez.

B. Evidencias del mundo antiguo

1. El Diatessaron de Taciano

Los cuatro evangelios cuentan la resurrección de Cristo y fueron escritos en la generación de los contemporáneos de Jesús. Mientras algunos tenían conocimiento personal de los hechos relacionados con la vida y muerte del Señor, otros tenían que haber estado vivos todavía. Hacia el año 170 después de Cristo, los cuatro evangelios ya habían circulado extensamente en el mundo romano y habían sido combinados en una «armonía».

Un estudiante llamado Taciano de Edesa, en Asia Menor, había visto las escrituras del Antiguo Testamento en su idioma nativo, el siriaco. Taciano dejó su hogar y emprendió un viaje, como acostumbraban los estudiosos de la filosofía del mundo antiguo. Después de visitar Egipto llegó a Roma y se encontró con Justino Mártir, cerca del año 150 A.D.

Justino tenía los cuatro evangelios en su poder y los llamaba las «memorias de los apóstoles». Taciano, por ese entonces, se convirtió en cristiano y regresó a Edesa. Se cree que antes del año 170, Taciano combinó los cuatro evangelios en una narración continua, una armonía «de una sola columna». Evidentemente Taciano consideró los evangelios como autoridad canónica, pues no cambió ni una palabra y omitió solo el material duplicado.

No puede negarse que para el año 170, es decir, 140 después de la muerte de Jesús, los cuatro evangelios ya estaban escritos, habían circulado extensamente, aceptados por casi todos los creyentes y combinados en una armonía completa.

El mismo nombre que Taciano le dio a su armonía, *El Diatessaron*, presume que todos la entenderían. Es como si alguien llamara, a una obra dirigida a los músicos, «El *diapasón*». Cualquier músico conoce ese término, que significa literalmente «a través de todo»; un vocablo musical antiquísimo empleado y muy conocido por los griegos.

Taciano, entonces, creó la palabra *Diatessaron*, que combina *diapasón* con otro término griego, *tessares,* que significa cuatro. Taciano nunca habría usado el nombre *Diatessaron*, literalmente «a través de todos los cuatro», si no hubiera asumido que todos sabrían de los cuatro evangelios que él había armonizado.

2. Los evangelios

Al hablar de la fecha temprana de los evangelios como evidencia para la resurrección de Jesús, no es mi propósito duplicar la obra hecha en los textos sobre introducción al Nuevo Testamento, sino más bien referirme a eventos por lo general admitidos. Ahora que tenemos un fragmento del Evangelio de Juan que data de la primera mitad del siglo II, la idea crítica de hace una generación, que sostenía que ese Evangelio no era historia biográfica sino teológica de fines del segundo siglo, ya no puede considerarse seria.

Se sabe que los evangelios sinópticos fueron escritos antes que el de Juan, y que este apóstol trató conscientemente de suplementarlos. Se dice que Adolf von Harnack, teólogo alemán, en sus últimos años, sostuvo que Mateo, Marcos y Lucas tienen que haber sido escritos antes de la destrucción de Jerusalén en el año 70.

En esto no fue seguido por los eruditos críticos como Goodspeed, pero al menos podemos decir con confianza que ningún estudioso competente del Nuevo Testamento negaría que Mateo, Marcos y Lucas fueron escritos en la generación de los contemporáneos de Jesús, es decir, cuando tenían que haber muchos hombres vivos relacionados con los hechos personalmente.

3. Fuentes escritas

Podemos dar un paso más en el examen de la evidencia de los evangelios mismos. Lucas alude a las fuentes escritas que empleó en la composición de su evangelio (Lucas 1.1-14). Los estudiantes del «problema sinóptico» creen que es posible descubrir algo de la fuente o las fuentes escritas, fuera del evangelio de Marcos, que Mateo y Lucas podrían haber tenido en común.

A.T. Robertson, en su libro *The Christ of the Logia* [El Cristo de la logia], adoptó las conclusiones aducidas por el estudio crítico del problema sinóptico y mostró que la figura de Cristo presentada en las fuentes señaladas y contenidas en Mateo y Lucas no es otra que la de «Dios manifestado en la carne», el *Deus-homo*.

En verdad, el supuesto pasaje sinóptico de Juan (Mateo 11.25-30; Lucas 19.21,22) se halla en aquella fuente aducida por Mateo y Lucas que los estudiantes críticos de la materia llaman «Q» y que Robertson llama la «logia».

Es aparente, pues, que los cuatro evangelios dan evidencia de la generación contemporánea de Jesús indicando su resurrección corporal de entre los muertos, y que el único conocimiento objetivo que tenemos de las fuentes de los evangelios señala la propia figura del Dios-Hombre en la historia.

4. Evidencias del ministerio de Pablo

Es imposible que alguien familiarizado con los hechos niegue que un judío talentoso, instruido a fondo en las enseñanzas rabínicas, que había odiado y perseguido a la iglesia cristiana y que había tratado hasta de eliminarla, se convirtiera en el exponente más grande del cristianismo, el mejor propagandista del sistema de doctrinas basado en la creencia de la resurrección de Jesús, que llegó a ser fundador de sociedades cristianas llamadas «iglesias», en varias ciudades del mundo romano, y autor de al menos cuatro de los libros del Nuevo Testamento, como son Romanos, 1 y 2 de Corintios y Gálatas.

No se puede negar que el relato que Pablo da del cambio radical en su posición se debe a que vio a Jesucristo vivo en una repentina visión sobrenatural y sobrecogedora, por la que quedó convencido de que Jesús había resucitado, y que sus afirmaciones, consideradas antes espurias, eran indiscutiblemente verídicas.

Ni siquiera los antisobrenaturalistas, que niegan la realidad de la visión de Pablo en el camino a Damasco, pueden dudar que su transformación se debió a que quedó convencido, y que creía constantemente después de su convicción que Jesucristo resucitó de entre los muertos. Algunos afirman que la conversión de Saulo de Tarso es por sí misma un evento inexplicable por completo, si la resurrección de Jesucristo no fuese históricamente verídica.

El método de Pablo, mientras viajaba predicando el evangelio y estableciendo iglesias, consistía ante todo en: (1) Predicar en la sinagoga judía explicando la profecía mesiánica. (2) Exponer la relación de las Escrituras proféticas con la vida de Jesús, mostrando que su muerte y resurrección fueron predichas y apelando al hecho de que eso ya había ocurrido. El punto céntrico de su mensaje era que Cristo había resucitado de los muertos. En el caso de cada iglesia establecida, el relato sería incomprensible a no ser que las personas que se unían a la comunión cristiana creyeran en la resurrección corporal de Jesús.

Debe recordarse que en todas estas comunidades judías en las que Pablo predicó había quienes viajaban a Jerusalén año tras año, al tiempo de la Pascua, para asistir a esa fiesta judía. Se supone que habría algunos individuos, en cada grupo de los que nació una iglesia, que irían a Jerusalén y habrían tenido oportunidad de investigar la veracidad de la historia de Pablo.

También es posible que hubiera aquellos cuyos amigos y vecinos fueron a Jerusalén después de la fundación de la iglesia local y quienes, si eran contrarios al evangelio, habrían hecho todo lo posible por refutar el testimonio de Pablo. La misma naturaleza del ministerio de Pablo es tal que las iglesias que fundó y que prosperaron por años después de su muerte no podrían haber existido si hubiese sido posible que alguien negara el testimonio del apóstol presentando evidencia sustancial en contrario.

El mensaje de Pablo tenía como centro a «Jesús y la resurrección» (Hechos 17.18). En Atenas tuvo la oportunidad insólita de hablarles a los filósofos griegos, no en la sinagoga judía, sino en el Areópago.

Puesto que la palabra resurrección, *anastasis*, es un sustantivo femenino, estos filósofos paganos entendieron que Pablo predicaba acerca de «una nueva pareja de dioses», es decir, Jesús y Anastasis. Pablo estableció tanto contacto como le fue posible con su auditorio y proclamó la resurrección del Señor Jesucristo. Naturalmente, al hacerlo, algunos de los filósofos paganos se rieron; otros dijeron: *«Ya te oiremos acerca de esto otra vez»;* sin embargo, *«algunos creyeron».* Ninguna iglesia fue establecida debido a esta reunión en Atenas. Tampoco ninguno de esos filósofos habría visitado Jerusalén; pero la naturaleza del testimonio de Pablo se revela con claridad (Hechos 17.16-34).

No solamente fue la resurrección corporal de Jesús el fundamento doctrinal de todas las iglesias establecidas por Pablo; no solo habría sido imposible que continuaran existiendo si alguien pudiera haberles mostrado evidencia contraria a la resurrección, sino que lo mismo es cierto en el caso de todas las iglesias fundadas por otros. La iglesia de Roma no fue establecida por Pablo. Él escribe su Epístola a los Romanos esperando visitarlos, pero es claro que la iglesia había empezado y prosperado antes de que el apóstol llegara allí.

Al principio de su epístola, Pablo alude a la resurrección de los muertos (Romanos 1.4) como evidencia de que Jesucristo es el Hijo de Dios. El libro entero es de tal naturaleza que nunca podría haber existido si el escritor no hubiera dado por sentado que la resurrección era un hecho indisputable, la base del cristianismo, la única razón de la existencia de la comunidad cristiana en Roma.

5. El juicio romano de Pablo

Avancemos un paso más cerca del acontecimiento mismo y examinemos la naturaleza de la evidencia en el juicio de Pablo delante del tribunal romano. Una vez tras otra, durante todo el procedimiento, Pablo procuró presentar el hecho de que Jesucristo había resucitado, y que habrá una resurrección de todos los muertos «*así de justos como de injustos*» (Hechos 24.15; cf. Daniel 12.2; Juan 5.28,29). Delante del sanedrín judío el apóstol declaró enfáticamente: «*Acerca de la resurrección de los muertos soy juzgado hoy por vosotros*» (Hechos 24.21; cf. 23.6).

Los opositores de Pablo lo acusaban de fomentar desórdenes y, en general, trataron de traer contra él toda acusación posible, pero una cosa evitaron cuidadosamente, y era acusarlo de haber perpetrado un fraude religioso al pretender que Jesucristo había resucitado de entre los muertos. Al contrario, Pablo aludió a la resurrección de Jesús constantemente y parecía estar aguijoneando a sus opositores a que discutieran ese asunto. Delante de Agripa, Pablo aludió a la esperanza común de los fariseos judíos de que habrá una resurrección, diciendo: «*¿Se juzga entre vosotros cosa increíble que Dios resucite a los muertos?*» (Hechos 26.8).

Refiriéndose entonces a la resurrección de Cristo, el apóstol proclamó en aquel tribunal romano que estaba «*dando testimonio a pequeños y a grandes, no diciendo nada fuera de las cosas que los profetas y Moisés dijeron que habían de suceder: Que el Cristo había de padecer, y ser el primero de la resurrección de los muertos para anunciar luz al pueblo y a los gentiles*» (Hechos 26.22,23). Tras una breve interrupción continuó: «*El rey sabe estas cosas, delante de quien, también hablo con toda confianza. Porque no pienso que ignora nada de esto, pues no se ha hecho esto en algún rincón*» (Hechos 26.26).

En otras palabras, el apóstol Pablo, luchando por su vida en un tribunal romano, pidió que la corte reconociera un muy conocido evento atestiguado públicamente, tanto que nadie siquiera trataría de negar, a saber, la resurrección corporal de Jesús.

El relato muestra que al retirarse la corte se declaró que Pablo podría haber sido puesto en libertad porque su argumento era válido, pero que ya había apelado a César. La evidencia adicional de parte de las epístolas pastorales muestra que cuando se oyó su caso en Roma fue puesto en libertad. Todo esto habría sido completamente imposible si se pudiera haber mostrado que su argumento contenía un reclamo fraudulento. Pero el reclamo no era falso. La resurrección de Jesús evidentemente fue reconocida por la corte. No podía ser negada.

6. El día de Pentecostés

Nadie negará que el movimiento cristiano, como uno de los asuntos humanos de los cuales los historiadores seculares toman nota, empezó el día de Pentecostés en Jerusalén en el año en que Jesús murió. El difunto Dr. W.H. Griffith Thomas formuló la pregunta: «¿Dónde estaba el cuerpo de Jesús el día de Pentecostés?»

Estaba en aquella ciudad frente a una multitud entre los cuales muchos estuvieron presentes en la pascua, algunos de los que también estuvieron entre la turba que gritaba: «¡Fuera! ¡Crucifícale!» Estaba en la ciudad en la que se conocía el lugar de la sepultura de Jesús; entre los que podrían haber refutado el testimonio cristiano y probado que era falso si hubiesen podido mostrar el cuerpo de Jesús; fue allí donde el movimiento cristiano se inició.

El Espíritu Santo, por otra parte, manifestó su poder milagroso con el don de lenguas. Pedro se levantó para explicar a la multitud que se había congregado: «*Jesús Nazareno, varón aprobado por Dios entre vosotros con las maravillas, prodigios y señales que Dios hizo entre vosotros por medio de él, como vosotros mismos sabéis, a este, entregado por el determinado consejo y anticipado conocimiento de Dios, prendisteis y matasteis por manos de inicuos, crucificándole; al cual Dios levantó, sueltos los dolores de la muerte, por cuanto era imposible que fuese retenido por ella*» (Hechos 2.22-24).

Pedro procede a aludir a la profecía de David, así como también a la vida y muerte de este. «*David... murió y fue sepultado, y su sepulcro está con nosotros hasta el día de hoy*» (v. 29). Esto es claramente un reto, pues no se puede dudar de que muchos entre la multitud vieron la tumba vacía donde sepultaron a Jesús, así como también deben haber visto los lienzos allí, y que el cuerpo no estaba. Pedro está en efecto diciendo: «Si abrieran el sepulcro de David encontrarían los restos de su cuerpo muerto, pero, ¿qué del sepulcro vacío de Jesús?»

Si la resurrección no hubiera sido un hecho o si el cadáver de Jesús lo hubieran encontrado, el testimonio cristiano habría sido completamente silenciado por los acontecimientos. ¿Dónde estaba el cuerpo de Jesús aquel día? ¿O en los días siguientes? Los enemigos del cristianismo habrían buscado por todo el mundo para conseguirlo, presentarlo y detener el movimiento cristiano.

Los que han dicho con mofa y escarnio que los cristianos escondieron el cuerpo de Jesús pretenden un milagro sicológico más grande aun que la resurrección misma; porque los hombres que mienten y perpetran un fraude religioso no pueden hablar como lo hicieron estos. Los hombres que cometen fraude casi nunca están listos para morir por su testimonio.

Pero ¿cómo reaccionó la multitud el día de Pentecostés, el pueblo que tenía la oportunidad de conocer los hechos? ¡Muchas de esas personas presenciaron la crucifixión! La crónica indica: «*Se compungieron de corazón, y dijeron a Pedro y los otros apóstoles: Varones hermanos ¿qué haremos?*» (v. 37). Pedro les dijo: «*Arrepentíos y bautícese cada uno de vosotros en el nombre de Jesucristo para perdón de los pecados; y recibiréis el don del Espíritu Santo. Porque para nosotros es la promesa, y para vuestros hijos, y para todos los que están lejos; para cuantos el Señor nuestro Dios llamare*» (vv. 38,39).

El hecho es que si se arrepintieron y fueron bautizados, por cientos, y aun por miles, en aquel día y los posteriores, se unieron a la compañía de los que creyeron en la resurrección de Jesús, y lo aceptaron como su Salvador personal.

No es asombroso que a través de los siglos la iglesia haya afirmado que la resurrección de Cristo es un hecho cierto, abierto a la investigación histórica, un hecho contra el cual nadie ha producido evidencia o testimonio.

II. EL NACIMIENTO VIRGINAL DE CRISTO

El nacimiento virginal de Cristo fue considerado en el capítulo anterior de esta obra como parte de la discusión de su divinidad. Veamos a continuación otros aspectos importantes.

A. LUGAR DEL NACIMIENTO VIRGINAL EN EL SISTEMA DE DOCTRINA

El caso el nacimiento virginal de Cristo, por su naturaleza, no es tanto probatorio como explicativo. No es el gran acontecimiento visible y abierto a la investigación pública como lo fue su resurrección. Tampoco era el punto prominente de la predicación cristiana primitiva. Más bien es necesario para una mejor comprensión de lo que está claramente implícito en su resurrección. En verdad, es el único medio por el cual podemos concebir que el Eterno Hijo de Dios llegara a ser entera y completamente hombre sin dejar de ser Dios en ningún sentido.

Jesucristo no es mitad Dios y mitad hombre, como ocurre con los dioses de las mitológicas mundanas. El asunto está bien resumido en las palabras: «Cristo, el Hijo de Dios, se hizo hombre, tomándose un cuerpo verdadero y un alma racional; siendo concebido por obra del Espíritu Santo en el vientre de la Virgen María, de la cual nació, mas sin pecado». Estas constituyen la respuesta a la pregunta número 22 del *Catecismo Menor*, que reza así: «¿Cómo se hizo Cristo hombre siendo como era Hijo de Dios?»

Es usualmente después que uno acepta el hecho de que el Jesús de la historia no es otro que el Eterno Hijo de Dios, que el nacimiento virginal llega a ser una parte esencial y lógica del sistema bíblico de verdades. En el proceso de la generación normal, una nueva persona o ego empieza a existir. Jesús no empezó a existir cuando fue concebido. El nacimiento virginal fue el medio por el cual tomó para sí mismo una naturaleza puramente humana.

B. TESTIMONIO DE LA ESCRITURA

La historia del nacimiento virginal se encuentra en el primer evangelio y en el tercero. La narración de Mateo (1.18-25) parte desde el punto de vista de José, el esposo de María. James Orr indica que Mateo no solo menciona la aparición del ángel a José, y los pensamientos de este en cuanto al asunto, sino también los acontecimientos de la infancia de Jesús, la visita de los magos con sus regalos, la huida a Egipto, y otros detalles que conciernen especialmente a José. Orr sugiere que el relato de Mateo acerca del nacimiento y de la infancia de Cristo bien pudo haber sido deducido por el escritor directamente del testimonio personal de José.

La narración de Lucas (1.26-38; 2.1-7), por otro lado, se pronuncia desde el punto de vista de María. Se relata allí la anunciación del ángel, además nos cuenta las circunstancias del nacimiento de Juan el Bautista en el hogar de Elisabet, la prima de María, la visita de los humildes pastores y la reflexión de María sobre estas cosas (Lucas 2.19).

Orr sugiere que Lucas podía haber oído directamente de labios de María toda la historia del nacimiento de Jesús y su infancia. Ella pudo haber sido uno de los «testigos oculares» (1.2) que el escritor menciona como sus fuentes de información.

1. Mitos paganos

Con frecuencia se alega que la historia del nacimiento virginal es igual a muchos relatos de los nacimientos sobrenaturales narrados en la mitología pagana. Al contrario, las narraciones paganas aducidas como paralelas al nacimiento virginal son, sin excepción, historias de cohabitación de un Dios con un ser humano, lo que produce un semidiós y/o un semihombre. La idea del nacimiento virginal no halla cabida en el paganismo.

Nótese que aun cuando fue el Espíritu Santo quien obró el milagro, ningún grupo de personas que afirman creer la Biblia, ninguna secta ni herejía en la historia eclesiástica, jamás ha considerado el Espíritu Santo como el Padre de Jesús. Hay una alusión gnóstica a «el Espíritu Santo, mi madre» en el libro apócrifo *El evangelio según los hebreos,* pero ningún grupo considerado cristiano jamás ha visto al Espíritu Santo como el Padre de Jesús. Tenemos en los registros neotestamentarios del nacimiento virginal la encarnación de la Divinidad preexistente, algo completamente ausente de toda otra obra literaria religiosa.

2. Discrepancias aducidas

Aunque los críticos han tratado de levantar discrepancias entre las historias de los dos evangelios, un análisis microscópico no revela contradicciones. Más bien las diferencias tienen el valor de revelar fuentes independientes para la misma serie de eventos.

Algunos han intentado alegar una discrepancia interna en el relato de Lucas, en el que tratan de confundir el uso de un pronombre plural que ocurre en el capítulo 2, versículo 22, el cual dice: *«Y cuando se cumplieron los días de la purificación de ellos».*

Si no se estudia cuidadosamente el significado de esta referencia, podemos caer en lo que se ha pretendido en cuanto al pronombre plural «ellos» como referido a José y María, lo cual dejaría ver que Jesús nació por un acto natural entre un hombre y una mujer. Consideremos esto a continuación.

Un examen serio de la ley del Antiguo Testamento, a la que se alude, contesta claramente esta acusación. Levítico 12 nos habla explícitamente de la ofrenda para la purificación de la madre, pero Lucas no se refiere solamente a esta Escritura; él cita directamente de Éxodo 13.2,12 y 15, los versículos relacionados con la santificación del varón primogénito.

De modo que cuando Lucas 2.22 menciona el pronombre «ellos» se refiere a la madre y al niño, y no al padre. Así como se observó la ley judaica en los demás puntos de toda su vida terrenal, también en su nacimiento, circuncisión y presentación en el templo se cumplió y siguió la misma ley.

3. Isaías 7.14

La historia en Mateo del nacimiento virginal declara específicamente que de esta manera se cumplió la profecía de Isaías 7.14: «*Todo esto aconteció para que se cumpliese lo dicho por el Señor por medio del profeta, cuando dijo: He aquí una virgen concebirá y dará a luz un hijo, y llamarás su nombre Emanuel, que traducido es: Dios con nosotros*» (Mateo 1.22,23).

Los críticos se han esforzado intentando desacreditar la cita de Mateo de esta profecía de Isaías. Debe notarse que el evangelista no la da como comentario propio, sino como las palabras del ángel que apareció a José en el sueño. De manera que si la referencia que emplea Mateo se ha de desacreditar, no solo está errado en la aplicación que hace de la Escritura del Antiguo Testamento sino también en lo que él alega como una revelación sobrenatural.

Se afirma que la palabra hebrea usada por Isaías, *almah*, no indica una virgen en el sentido estricto de la palabra. No se trata aquí de presentar datos para un estudio lexicográfico de este término. El estudiante puede consultar las obras de James Orr y J. Gresham Machen (ambas tituladas *The Virgin Birth of Christ* [El nacimiento virginal de Cristo]). Es posible que la palabra no sea técnicamente precisa en todos los casos, sin embargo, es difícil encontrar uno en que se refiera a una joven con esta palabra hebrea de un modo que no implique virginidad.

El vocablo griego *parthenos* lo usaban los judíos para traducir virginidad en la Septuaginta. Es cierto que *parthenos* no es una palabra técnica para ese significado. Sin embargo, es la idea propiamente entendida por la palabra. Mateo, al emplear *parthenos*, sencillamente sigue el uso de los judíos que tradujeron Isaías al griego mucho antes del tiempo de Cristo. Mateo mismo era hebreo y ciertamente sabía bien el uso literario del hebreo.

Aparte del estudio lexicográfico y técnico de la palabra, todo el contexto en Isaías es ideal para indicar que podía esperarse un nacimiento milagroso. El profeta recibió un mensaje del Señor para Acaz y se le instruyó que debía confirmar el mensaje con la oferta de una señal o milagro que ese rey pediría del Señor. Acaz despreció el mensaje particular que Isaías le comunicó y la señal que el profeta ofrecía. Evidentemente tenía sus propios antojos, los que creía superiores a la ayuda sobrenatural.

Con esto Isaías reprocha al rey y emite una declaración, ahora no para Acaz y su círculo inmediato sino para un horizonte mucho más amplio. La promesa de Isaías: *«El Señor mismo os dará señal»* (7.14a), no es dirigida a Acaz como individuo, sino a toda «la casa de David», toda la dinastía davídica.

La señal o el milagro que el Señor dará al linaje de David sin que ellos lo pidan, aun sin que estén deseosos de recibirlo, se expresa en las palabras: *«He aquí que la virgen concebirá, y dará a luz un hijo, y llamarás su nombre Emanuel»*.

Es obvio que no sería nada indicativo ni milagroso que una joven, sin ser virgen, diera a luz un hijo y le asignara tal nombre. En verdad, se puede argumentar propiamente que la palabra que usa Isaías, traducida como «virgen», expresaría la calidad de virginidad; pero aparte del término particular, Isaías declara enfáticamente que el nacimiento sería milagroso, una «señal».

Isaías no solo dirige una predicación a toda la dinastía de David sino que coloca el cumplimiento de ese acontecimiento en un futuro indefinido. Antes que el niño llegase a la edad de entender, el problema crucial que amenazaba a Acaz ya no sería tal cosa.

Entonces debe ser claro que podemos aceptar la historia de Mateo acerca de la revelación sobrenatural del ángel, que incluía una interpretación específica de la profecía de Isaías 7.14, sin la menor turbación desde el punto de vista del contexto lingüístico o histórico o literario. Un examen sincero de lo que Isaías profetizó tomado en su contexto muestra que dio una predicción de un evento exactamente como el que ocurrió en el nacimiento virginal de Cristo.

C. UNA CONSIDERACIÓN NEGATIVA

Hay una interpretación del nacimiento virginal que, a mi juicio, tiene que ser rechazada, un punto de vista que muchas personas cristianas sostienen como resultado de lo que parece ser un malentendido. Algunos sostienen que el nacimiento virginal es necesario para que Cristo sea sin pecado, derivando su opinión en parte, por lo menos, de la doctrina católica del celibato. Sus defensores mantienen que el matrimonio es una concesión a la debilidad de la naturaleza humana, y que está a un nivel ético mucho más bajo que la vida célibe.

Mucha discusión ha levantado este problema, hasta cierto punto en relación con la doctrina del pecado original. Debe decirse enfáticamente, sin embargo, que las ideas de que la relación matrimonial y el engendramiento de hijos son en sí mismos pecaminosos constituyen un concepto completamente contrario a la Biblia. El sentimiento, expresado frecuentemente por muchos protestantes, es que si Jesús hubiese nacido por cohabitación humana ordinaria, ese hecho en sí mismo habría sido pecaminoso. Tal sentimiento es contrario a la ética bíblica.

Hay otros que no consideran la relación matrimonial como mala en sí misma y no obstante sostienen que la procreación es el medio de llevar la culpa del pecado original. A este punto de vista lo llaman «imputación mediata».

En el proceso de generación ordinaria, por otro lado, la nueva persona empieza a existir. Si Jesucristo hubiese nacido de generación ordinaria habría sido un pecador, no porque la procreación sea pecaminosa, ni porque sea transmitido en la especie humana por los procesos de la generación, sino porque todos los que nacen por generación ordinaria son representados personalmente por Adán en el pecado original que ocurrió al comienzo de la especie.

La persona de nuestro Señor Jesucristo no se deriva en ninguna manera ni fue representada por Adán. Su Persona no es otra que el Eterno Hijo de Dios. Él es el creador de Adán. Nació de una virgen por causa de su preexistencia. La humanidad que tomó en su nacimiento fue una naturaleza sin pecado como la de Adán antes de su caída.

Cristo está libre del pecado adánico porque no fue en ninguna manera representado personalmente por Adán. Cristo está libre de la contaminación y corrupción del pecado porque mantuvo perfecta y coherentemente su carácter santo y apartado por completo del pecado.

El nacimiento virginal era la manera apropiada de la encarnación de la eterna Segunda Persona de la Trinidad.

Capítulo 3

La persona de Cristo: su divinidad y su humanidad

I. HISTORIA DE LA DOCTRINA DE LA ENCARNACIÓN

No es mi propósito seguir los detalles de las controversias de los primeros cinco siglos de la historia eclesiástica en cuanto a la persona y naturaleza de Cristo, sino dar solamente una reseña histórica, y contra ese precedente, mostrar las características de la doctrina que son de mayor importancia para nuestros días. Con este fin presento el cuadro que sigue:

Comienzo histórico de la doctrina de la persona y la naturaleza de Cristo

Partido	Época	Referencia	Naturaleza humana	Naturaleza divina
Docetista	Final del siglo I	Juan 4.1-3	Negada	Afirmada
Ebionita	Siglo II	Ireneo, etc.	Afirmada	Negada
Arriano	Siglo IV	Condenado por Nicea, 325	Afirmada	Reducida
Apolinarista	Siglo IV	Condenado por Constantinopla, 381	Reducida	Afirmada
Nestoriano	Siglo V	Condenado por feso, 431	(1) afirmada	Afirmada
Eutiquiano	Siglo V	Condenado por Calcedonia, 451 y III Constantinopla	(2) reducida	Reducida
Ortodoxo	Desde el principio	Definido por Calcedonia, 451	(3) afirmada	Afirmada

(1) Los nestorianos afirmaban que en Cristo había dos personas.
(2) Los eutiquianos sostenían que Cristo tenía una naturaleza mixta, ni completamente humana ni completamente divina.
(3) Punto de vista ortodoxo: Cristo es una persona con una naturaleza completamente divina y una naturaleza completamente humana. Cristo es una persona, *prosopon hipostasis*; sus naturalezas son: sin mezcla *asynchutos*, sin cambios *atreptos*, sin división *adiaretos*, sin separación *achoristo*.

A.El docetismo

Es interesante notar, como solía decir el Dr. Cleland B. McAfee, que la primera herejía formal en cuanto a la persona y la naturaleza de Cristo fue una negación, no de su divinidad, sino de su humanidad. La palabra docetista viene del griego *dokeo,* que significa parecer o semejarse. Marción y los gnósticos en general enseñaron que Jesús solamente parecía ser un hombre, que en realidad no vino en la carne.

Es obvio que esta herejía antecede la época de Marción (c. 140), porque Juan alude claramente a un partido herético cuando dice: «*Todo espíritu que confiesa que Jesucristo ha venido en carne, es de Dios; y todo espíritu que no confiesa a Jesús, no es de Dios; y este es el* espíritu *del anticristo, el cual habéis oído que viene, y ahora está ya en el mundo*» (1 Juan 4.2,3). Las palabras de Juan, «*confiesa a Jesucristo*», significan confesar al Jesús histórico en la carne, como el que es el Eterno Cristo de Dios.

La tendencia de negar al Jesús histórico en la carne como el eterno y preexistente Hijo de Dios, aunque se profesara fe en «Cristo», apareció en una temprana fecha en la iglesia. Había muchos judíos y prosélitos en el primer siglo interesados en «Cristo». Algunos indican que lo que Apolos tuvo que aprender (Hechos 18.24-28) fue «*que el Cristo es Jesús*».

A Apolos se le había instruido correctamente en la profecía mesiánica, que es llamada «la vía del Señor» y «las cosas acerca de Jesús», pero él entendió «*solamente el bautismo de Juan*» (v. 25). En otras palabras, viniendo de Alejandría, Apolos había recibido lo que Juan había dicho en cuanto a la venida futura del Mesías. Todo esto tenía en común con Pablo y los otros cristianos. Lo que Priscila y Aquila tenían que enseñarle a Apolos cuando «*le tomaron aparte y le expusieron más exactamente el camino de Dios*» (v. 26) fue que el Cristo a quien esperaba era en verdad el Jesús histórico. La sintaxis de la oración (v. 28) lo indica.

Además, como otros lo demuestran, los doce hombres que Pablo halló en Éfeso (Hechos 19.1-7) evidentemente estaban es la misma situación intelectual y espiritual en la que estuvo Apolos. Lucas los llama «discípulos» (v. 1) porque cuando él escribió, ya eran cristianos instruidos; pero las palabras de Lucas no significan que cuando Pablo los encontró era tal su condición.

La pregunta de Pablo (v. 2) no presume que ya eran creyentes en el evangelio. La traducción del participio es engañosa. Lo que el apóstol preguntó era: «*¿Habéis creído y recibido el Espíritu Santo?*» Su respuesta de que ni siquiera habían oído hablar del Espíritu Santo indica no solo que no sabían de los sucesos del día de Pentecostés, sino también que no habían oído que Jesús había venido. Fueron bautizados con el bautismo de Juan. Sabían que el Mesías había de venir y sin duda conocían las profecías del Antiguo Testamento acerca del derramamiento del Espíritu Santo. La instrucción dada por Pablo deja claro que estos doce hombres creían en Cristo como Juan el Bautista lo había predicado en su venida futura, pero no habían oído que el Cristo era Jesús.

Mientras que Apolos y los doce discípulos en Éfeso aceptaron con gozo al Señor Jesucristo al oír toda la historia hay evidencia clara de que los otros, especialmente aquellos con tendencias gnósticas, pretendían creer en Cristo de una manera más o menos sublimada, aunque rechazaban al Jesús histórico. La supuesta Segunda Epístola de Clemente es evidencia de esta declaración.

Es mi opinión que el supuesto «partido de Cristo» reflejado en 1 y 2 Corintios fue de esa naturaleza.

La tendencia de distinguir entre Cristo y Jesús es evidentemente una raíz de gnosticismo, el fruto posterior del cual fue una negación de la humanidad genuina de Cristo, considerando su persona física como una aparición solamente.

B. EL EBIONISMO

La segunda herejía formal que se desarrolló en la historia de la iglesia en cuanto a la persona y naturaleza de Cristo involucraba una negación de su naturaleza divina. Ireneo fue el primero en referirse a los ebionitas, y también Hipólito, Orígenes, Eusebio. Parece que los ebionitas fueron judíos cristianos que llevaron a un extremo las tendencias judaizantes a las que Pablo se opuso en su Epístola a los Gálatas. Algunos de ellos negaban el nacimiento virginal de Cristo. Por otro lado, la negación de su preexistencia parece haber sido general entre este grupo. Decir que negaron su naturaleza divina es excesivamente simple, empero esta es la implicación de las muchas fases heréticas conocidas entre ellos.

C. EL ARRIANISMO

Las opiniones de las variadas fases del arrianismo han sido de gran importancia en la iglesia antigua y en toda la historia eclesiástica desde el siglo IV. Se puede decir que el arrianismo es una doctrina que sostiene que Jesucristo, aunque es el más grande de todos los seres divinos creados, no obstante es solo eso, un ser creado. Los arrianos afirmaban que la naturaleza divina de Cristo era similar (*homoiousian*) a Dios, pero no lo mismo (*homoousian*). Este fue el punto más controversial tratado en el Concilio de Nicea, 325 d.C., y fue en ese concilio que la naturaleza divina de Cristo se definió finalmente como «lo mismo» que la naturaleza de Dios el Padre, *homoousian*.

No intentaré trazar las distintas variaciones del arrianismo en detalle. Clasificaría junto con el «semiarrianismo» la opinión sostenida anteriormente por Orígenes de la «generación eterna» del Hijo. Orígenes enseñó que Cristo es Dios procedente de Dios, pero no Dios en sí mismo; que fue «generado», no en tiempo sino en la eternidad. Según su punto de vista, no se podía decir precisamente que hubo un tiempo en que Cristo no existía. Sin embargo, el ser del Hijo, la Segunda Persona de la Trinidad, era en algún sentido verdadero un ser derivado.

La discusión de la doctrina de la generación eterna como se expresa en los grandes credos ortodoxos es constante. Y he sugerido que no significa ninguna subordinación esencial de la Segunda Persona de la Trinidad. No obstante, creo que la forma de la doctrina enseñada por Orígenes es definitivamente de tendencia arriana. El arrianismo está representado en el mundo moderno por los más conservadores de los unitarios.

James Orr, en su gran obra *The Christian View of God and the World* [El punto de vista cristiano de Dios y del mundo], capítulo II, señala que cuando el arrianismo se ha desarrollado en el curso de la historia eclesiástica, tanto en el mundo antiguo como en el moderno, ha resultado ser una posición inestable. Si Jesús era menos que Dios, entonces era finito, y si era finito, bien podría haber sido meramente un hombre, pero si era meramente un hombre, no podría ofrecer un sacrificio suficiente para cubrir nuestros pecados.

El arrianismo tiende a dividirse en dos grupos: uno, el que se remonta hasta el concepto trinitario, y el otro, el que sigue hasta un mero humanitarismo y por último deriva al pesimismo.

D. EL APOLINARISMO

Apolinar el Joven (murió c. 390) se asoció con su padre, Apolinar el Viejo, en la obra teológica. Se considera a Apolinar el Joven como la fuente principal del punto de vista de la persona y naturaleza de Cristo que históricamente lleva su nombre. Se oponía tanto al arrianismo que cayó al otro extremo y redujo la humanidad de Cristo. Se suele afirmar que Apolinar trató de explicar la encarnación por la teoría de que el pre-existente logos divino tomó el lugar del espíritu en el hombre Jesús, en tal forma que este tuvo un cuerpo humano y un «alma» humana aunque no un «espíritu» humano.

Sostenía, además, que Cristo tuvo un cuerpo, pero que el mismo fue tan sublimado que apenas podía considerarse humano. Esta exposición es una simplificación radical, pero por lo menos las fuentes de información están de acuerdo en que Apolinar redujo la naturaleza humana de Cristo a algo menos que humano. La distinción entre «alma» y «espíritu» está claramente basada en la hipótesis tricotómica de que «alma» y «espíritu» no son meros nombres funcionales para la persona inmaterial sino entidades sustanciales distinguibles.

E. Nestorianismo

El artículo sobre el nestorianismo en el tomo 9 de la *Enciclopedia Hastings* declara correctamente: «Este es el nombre dado a una herejía que dividió a Cristo en dos personas... Que Nestorio mismo sostuviera este punto de vista de la encarnación es disputable...» Este artículo escrito por A.J. MacLean, abunda en información histórica. Felipe Schaff en el tomo 3 de su *Historia eclesiástica* trata extensamente de Nestorio y de sus doctrinas.

El propósito nuestro en esta obra no es principalmente histórico sino sistemático. El hecho es que a comienzos del siglo quinto en un esfuerzo por resistir el arrianismo y defender la doctrina de la perfecta divinidad de Cristo sin negar su humanidad genuina se desarrollaría la doctrina de que en realidad eran dos personas, y esta más tarde se difundió ampliamente por el oriente.

El creciente culto a María había dado origen al uso de la palabra *Theotokos,* «Madre de Dios», en un sentido que tendía a hacer de María un objeto de adoración. Nadie negaría que ella fue la madre de Jesús, pero Nestorio negó que lo fuera de su Persona divina. Aparentemente no hubo nadie en el horizonte antiguo que indicara los dos usos distintos de la palabra «madre». (1) La iglesia ortodoxa nunca ha sostenido que María fue la fuente del ser de la persona de Cristo. (2) La iglesia siempre ha sostenido que María fue el vehículo de la encarnación, es decir, que Cristo nació literalmente y asumió una naturaleza humana por medio de María.

Sin reconocer esta distinción, los nestorianos aparentemente razonaron que puesto que María no podía ser la fuente del ser de la persona divina, y sin embargo, Jesús nació de la virgen María, tenía que haber en su ser dos personas distintas, una el Eterno Hijo de Dios, y la otra el Jesús humano.

La doctrina de los nestorianos, definida así, es desde luego intolerable tanto por razones intelectuales como por devocionales. La fe cristiana, fundada en la Biblia, tiene que insistir en que la persona de nuestro Salvador es la Segunda Persona de la Eterna Trinidad, y que esta Persona, en la carne, murió por nuestros pecados en la cruz. [Nota: Tal vez debe repetirse aquí el pensamiento de que, aun cuando Dios no puede morir en el sentido de dejar de existir, sin embargo, en la carne puede pasar literalmente por aquella experiencia que, para el que existe en forma corporal, es la muerte física. Cuando mueren los cristianos, su alma no fallece. Debemos insistir en que la persona que sufrió en la cruz, que expiró allá, cuyo cuerpo fue sepultado en la tumba de José, que resucitó de los muertos «al tercer día», no fue otra que el Eterno Hijo de Dios.]

El nestorianismo fue condenado en el Concilio de Éfeso, 431, y nuevamente en el Concilio de Calcedonia, 451.

F. EUTIQUIANISMO

Eutiques (c. 380-456 A.D.), seguidor de Cirilo de Alejandría pero más extremista que este, se considera el fundador principal de la herejía monofisita. En una reacción extrema contra Nestorio, que dividía la persona de Cristo, los monofisitas declararon que había solamente una naturaleza en Cristo. Ellos afirman que la naturaleza divina fue modificada y adaptada a la humana en forma tal que no se podía decir que Cristo era verdaderamente divino, ni que quedó «en forma de Dios» (Filipenses 2.6). Al mismo tiempo la naturaleza humana fue modificada y cambiada por asimilación a la naturaleza divina en forma tal que ya no se podía decir que era verdaderamente humano.

El error eutiquiano ha sido especialmente persistente. Aun después que fuera condenado rotundamente por el Concilio de Calcedonia, 451 A.D., persistió en la Iglesia Copta del alto Egipto y en la Iglesia Armenia en el Cercano Oriente. Además, parece una trampa en la cual hombres bien intencionados pueden caer independientemente de una influencia directa de la historia eclesiástica antigua. Dos veces en mi propia experiencia me he encontrado con dirigentes cristianos, competentes en otras distintas áreas de la teología, que han salido con una brillante «idea original» que ha probado ser nada más ni menos que la antigua herejía monofisita de Eutiques.

En el siglo V, aparte de los grupos que defendían el eutiquianismo como tal, hubo muchos que se unieron a la misma idea esencialmente bajo un nombre nuevo, el monotelismo. Concediendo verbalmente que Cristo tenía dos naturalezas, la divina y la humana, los monotelistas insistían en que al menos tenía una sola «voluntad» y no dos.

El monotelismo fue condenado por el tercer Concilio de Constantinopla en 680, declarando «que Jesucristo tenía dos voluntades distintas e inseparables (*thelemata*), así como dos naturalezas, una voluntad humana y una voluntad divina obrando en armonía, la humana en subordinación a la divina: siendo considerada la voluntad como un atributo de [su] naturaleza más que de [su] persona». La declaración del concilio añade que las dos voluntades «no son contrarias la una a la otra, no lo permita Dios, como dicen los herejes impíos, pero la voluntad humana está subordinada, y no se opone ni resiste sino más bien se sujeta a la voluntad divina y omnipotente».

G. EL PUNTO DE VISTA ORTODOXO

Los elementos esenciales e irreductibles del punto de vista ortodoxo son: (1) Que Jesucristo es una Persona (en griego, *prosopon* o *hypostasis*). (2) Tiene una naturaleza divina completa y una naturaleza humana completa. (3) Ninguna de las dos naturalezas estaban mezcladas ni confundidas, ni divididas ni separadas. Estas cuatro características son esenciales para el punto de vista ortodoxo.

H. TERMINOLOGÍA MODERNA

La unidad de la persona de Cristo consiste en que el *ego* de Jesús, que vivió en Palestina, es numéricamente idéntico al *ego* de Jehová Dios, que llamó a Abraham a la tierra prometida, es decir, la Segunda Persona de la Trinidad.

Para nuestras mentes modernas es difícil entender la doctrina de las dos naturalezas, particularmente en la manera en que fue expresada en la declaración del tercer concilio de Constantinopla, 680 A.D. Creo que las dificultades pueden aclararse con una explicación de la terminología. Primero, sin embargo, hay que sugerir ciertas definiciones y luego aplicarlas a los problemas controversiales, cuya historia acabamos de ver.

1. Definiciones

(1) Persona es una entidad sustancial inmaterial, y no debe confundirse con naturaleza. Una naturaleza no es parte de una persona en el sentido sustantivo.

(2) Naturaleza es un complejo de atributos, y no debe confundirse con una entidad sustancial.

(3) Voluntad es un modelo de conducta y tampoco debe confundirse con una entidad sustancial.

2. La confusión de la tricotomía

Se ha dicho que la herejía apolinarista se expresó en términos de la tricotomía. El tricótomo sostiene que el «alma» y el «espíritu» del hombre son dos entidades sustanciales distinguibles. El dicótomo, por otro lado, afirma que estas dos palabras son sustantivos operativos, paralelos a los términos «corazón», «mente», «voluntad», etc., nombres que denotan la única entidad que es una esencia inmaterial, el *ego* humano en diferentes relaciones funcionales.

He mostrado que la sicología bíblica es consecuentemente dicótoma, pero la iglesia de los siglos IV y V no tenía facilidad para clarificar este asunto. El sentimiento de la iglesia ortodoxa, guiado por el Espíritu, sencillamente se expresó en la condenación del apolinarismo. Los cánones oficiales del primer concilio de Constantinopla no declaran las razones, pero el pensamiento de los ortodoxos parece haber sido que si Jesús no tuvo un espíritu humano, tampoco tuvo una naturaleza humana completa. Si así fuese, la encarnación habría sido incompleta. En esto, la iglesia antigua actuó claramente en interés de una sana enseñanza bíblica.

Para los que rechazamos la tricotomía hoy, ¿qué implica la decisión del concilio? ¿Estamos identificados con la enseñanza de que Jesús tenía dos espíritus distintos en el sentido de que numéricamente poseía dos entidades sustanciales distinguibles? No, en absoluto. Ninguno de los credos antiguos reconocidos por los protestantes declara tal cosa.

Aunque el rechazo al apolinarismo se considere comúnmente como comprometido con la iglesia, al menos en cuanto se refiere a la posición de que Jesús tenía un espíritu humano, creo que podemos, sin equívoco alguno, aceptar tal implicación y declarar que Jesús tenía un espíritu humano. Quiero decir esto, no en el sentido del tricotomista, no en el sentido de que Él tenía dos espíritus, sino en el sentido de que su eterno ego, su personalidad, tomó en la encarnación todos los atributos esenciales de un espíritu humano.

Tenía un espíritu humano en el sentido de que su espíritu se hizo humano. Podemos insistir en esta declaración sin sugerir que su espíritu en sentido alguno o en grado alguno cesó de ser divino.

3. Las dos «voluntades»

La decisión del tercer concilio de Constantinopla, 680 A.D., declarando que Jesucristo tenía dos «voluntades», expresada en vocabulario antiguo, es tal vez lo que perturba más nuestra conciencia moderna. Creo que aquí también nuestro problema puede ser clarificado por una definición precisa.

No puedo negar que la terminología de la decisión del concilio parece dar a entender que «voluntad» es una entidad sustancial como lo sería una mano o un pie. Empero no creo que pueda afirmar dogmáticamente que tal opinión es lo que en verdad decidió el concilio. Estamos familiarizados con la tendencia de las expresiones humanas, no solo hacia una literal objetivación o *hipóstasis* —que es la propensión a considerar una abstracción como una entidad sustancial—; sino también con la inclinación del lenguaje a la objetivación metafórica.

No puedo probar, por supuesto, que las implicaciones de la terminología empleada en la decisión del tercer concilio de Constantinopla fueran meramente metafóricas y no literales, aunque en mi opinión habría un buen argumento para tal conclusión. De todos modos, no estamos tratando con la Palabra infalible de Dios sino con las decisiones de un concilio venerable generalmente aceptado como verídico.

Sugiero que debemos considerar a la «voluntad» no como una entidad sustancial, sino como un complejo de conducta. Por cierto, eso es lo que intentamos decir hoy cuando nos referimos a una persona como que tiene «una voluntad firme», o «una voluntad débil», o como «con cierta voluntad para sobresalir». Es verdad que la palabra «voluntad» a veces se emplea para referirse al ego personal cuando persiste en una decisión.

Por ejemplo, cuando decimos: «Fulano es de una voluntad firme» o «Fulano es un gran cerebro» usamos los vocablos «voluntad» y «cerebro» para referirnos a la persona misma como una entidad sustancial. No obstante, en la decisión del tercer concilio de Constantinopla tal significación es imposible porque habría sido «nestorianismo» puro. Habría significado que Jesucristo es dos seres personales y el concilio estuvo completamente opuesto a tal herejía.

Por eso sugiero que podemos aceptar la decisión del tercer concilio de Constantinopla en el sentido de que una voluntad es un complejo de conducta. Nuestro Señor Jesucristo, el Eterno Hijo de Dios, reteniendo todos sus atributos divinos, tomó para sí mismo un modelo volitivo humano de conducta cuando asumió todos los atributos esenciales de la naturaleza humana.

Se ha dicho que la humanidad de Cristo está exenta de pecado, como la de Adán antes de la caída. Sabemos que Él era perfectamente inmaculado, no solo en su modelo divino de conducta —es decir, aquel aspecto volitivo con el que mostró que sabía quién era y lo que iba a hacer—; sino también que era puro en su patrón humano de conducta, sus reacciones normales y actos volitivos en todas sus relaciones humanas y terrenales, en otras palabras, en su voluntad humana.

4. Las dos naturalezas

En mi opinión, las dificultades sicológicas que afrontan nuestras mentes modernas al contemplar la doctrina antigua de que Jesucristo tenía dos naturalezas se disuelven si solo recordamos que una naturaleza es un complejo de atributos y no una entidad sustancial. Sencillamente, la doctrina es que nuestro Señor Jesucristo como el Eterno Hijo de Dios tuvo todo su complejo de atributos divinos y siempre, bajo todas las circunstancias, se condujo de una manera perfectamente coherente con esos atributos.

Al mismo tiempo, sin confusión ni contradicción, tomó el complejo total de los atributos humanos esenciales y, durante *«los días de su carne»* (Hebreos 5.7) —siempre y bajo todas las circunstancias—, se comportó en un modo perfectamente consecuente con una naturaleza humana sin pecado.

Su naturaleza divina fue un complejo perfecto y coherente con los atributos que son esenciales a la deidad. *«En él habita corporalmente toda la plenitud de la deidad»* (Colosenses 2.9). Por otra parte, su naturaleza humana fue un complejo perfecto y consecuente de atributos humanos. Adoptó para sí mismo la naturaleza de la simiente de Abraham; y asumió también carne y sangre como todos nosotros. Fue tentado en todos los puntos sensibles como nosotros, aunque sin pecado (Hebreos 2.14-16; 4.15).

a. Las dos naturalezas según Hodge

Charles Hodge, el gran teólogo, no siempre reconoció la distinción entre una naturaleza y una entidad sustancial. Él afirmaba que: «La unión del alma y el cuerpo en la constitución del hombre es análoga a la unión de las naturalezas divina y humana en la Persona de Cristo». Creo que eso es un error. Alma y cuerpo son entidades sustanciales, mientras que una naturaleza es un complejo de atributos.

Hodge reconoce que el analogismo es imperfecto, ya que sostiene que: «Ninguna analogía, en este caso, puede corresponder en todos sus puntos». Y añade: «Él [Jesús] era una persona. La misma persona o ego que dijo: "Sed tengo", e indicó: "Antes que Abraham fuese, yo soy"». No obstante, Hodge asume la posición de que «en este caso, naturaleza significa sustancia. En griego las palabras respectivas son *physis* y *ousia*; en latín, *natura* y *substantia*. La idea de substancia es necesaria».

Contrario a eso, creo que aun cuando la palabra griega *physis* y la latina *natura* significan «naturaleza», los vocablos *ousia* y *substantia* no son traducidas correctamente por «naturaleza» al referirnos a la que le corresponde a una persona o a cualquier cosa.

Siguiendo la idea de que naturaleza es sustancia, Hodge declara: «Es intuitivamente cierto que los atributos de una sustancia no pueden ser transferidos a otra». Pero ese en verdad no es el caso. Si los atributos no son transferibles, entonces el ser del Eterno Hijo de Dios no podría asumir atributos humanos sin perder su identidad.

Hodge procede a distinguir cuatro clases de afirmaciones bíblicas acerca de Cristo. (1) Aquellas en que el predicado pertenece a la persona entera. (2) Los pasajes «en que la persona es el sujeto, aun cuando el predicado es verdad solamente respecto a la naturaleza divina o del Logos». (3) «Pasajes en que la persona es el sujeto, aunque el predicado es cierto solo en cuanto a la naturaleza humana». (4) Pasajes que «tienen la peculiaridad de que la designación se deriva de la naturaleza divina, aun cuando el predicado no es verdad respecto a la naturaleza divina misma, sino solo en cuanto al *theanthropos*».

En esta porción de su discusión me parece que Hodge deja de reconocer que es solamente una persona y no una naturaleza la que siente, piensa y actúa. Cuando Cristo dijo: «Sed tengo», ¿qué significaba esto para Él? Fue la simple experiencia humana de sentir la necesidad fisiológica de agua. Esta experiencia es común en todas las personas que gozan de naturaleza humana, empero es una persona la que experimenta la sed, no una naturaleza.

¿Qué es «llorar»?, por otro lado. Es expresar un estado emocional mediante ciertas acciones fisiológicas, comúnmente es el derramamiento de lágrimas. Este es un modelo característico de conducta de los seres humanos. Sin embargo, la persona es la que llora.

Otro aspecto, por ejemplo, ¿Qué es «morir»? Es separarse del cuerpo en que la persona vivió. En verdad, podríamos decir que el cuerpo muere, y eso sería emplear el lenguaje correctamente, pero en el argot popular es la persona la que muere. Aquella Persona que derramó su sangre y murió en la cruz del Calvario no era otra que la Segunda Persona de la Santísima Trinidad. En verdad, la muerte física es una parte del patrón ordinario de la conducta humana, pero fue el Hijo de Dios en la carne quien pasó literalmente por esta experiencia.

Claro es que en la expresión «fue sepultado» tenemos un uso diferente, uno que puede considerarse como una excepción. Cuando decimos: «Fulano fue sepultado», no contradecimos la doctrina cristiana que enseña que el alma, la personalidad, va al cielo; en esta expresión nos referimos a lo que se le hace al cuerpo y no a la persona. Debemos notar que en este caso el verbo es pasivo y como tal no expresa lo que la persona hace, sino más bien lo que a ella se le hace, no a su personalidad o ego, sino a su cuerpo, del cual ha partido.

En general, pues, cuando hablamos de los pensamientos, sentimientos o acciones de nuestro Señor Jesucristo, nos referimos a los hechos de una Persona. No es correcto hablar como si fuera una de sus naturalezas la que está actuando en un caso específico. Cualquier cosa de las que hizo, la realizó como el Dios-Hombre.

b. Los cuatro grandes adverbios calcedonios

Es absolutamente esencial a la doctrina ortodoxa de la Persona y las naturalezas de Cristo, que sostengamos que poseyó ambas, la divina y la humana, «sin mezcla» *asynchutos*, «sin cambios» *atreptos*, «sin división» *adiairetos*, «sin separación» *achoristos*. Si ahora insistimos en que una naturaleza no es una entidad sustancial sino un complejo de atributos, ¿podemos aceptar consecuentemente estos cuatro grandes adverbios históricos pronunciados por el concilio de Calcedonia? La respuesta tiene que ser positiva.

Entonces ¿qué queremos decir en términos literales cuando afirmamos que las naturalezas humana y divina de Cristo no fueron mezcladas, ni cambiadas, ni divididas, ni separadas? Sencillamente, que todo el complejo de atributos de su deidad se mantuvo lleno y completo en todos los puntos y en todo tiempo, pero también que el complejo total de atributos esenciales a la naturaleza del hombre se mantuvo en todos los puntos y en todo tiempo desde su encarnación sin contradicción ni confusión.

II. LA IMPECABILIDAD DE CRISTO

A. IMPECABLE EN SU NACIMIENTO

Ya discutimos la doctrina del nacimiento virginal en conexión con el hecho de que Cristo en ninguna manera estuvo representado en el pecado original de Adán.

Además de que Cristo no está implicado ni representado en el pecado original de Adán, y por tanto en ninguna manera tiene culpa de ello, se ha sugerido que en su nacimiento fue protegido sobrenaturalmente de la corrupción y contaminación del pecado. Se le dio la promesa a María: «El Espíritu Santo vendrá sobre ti, y el poder del Altísimo te cubrirá con su sombra por lo cual también el santo ser que nacerá será llamado Hijo de Dios» (Lucas 1.35). Se ha sugerido que esta promesa no solo predice el nacimiento virginal de Cristo sino también una protección especial por medio de la cual la santidad de aquel que nació fue presentada perfectamente.

B. IMPECABILIDAD DE CARÁCTER Y CONDUCTA

Las Escrituras declaran unánimemente la absoluta impecabilidad de Cristo bajo todas las circunstancias. Él pudo desafiar a sus enemigos diciendo: «*¿Quién de vosotros me redarguye de pecado?*» (Juan 8.46). Juan se refiere a Él como «*Jesucristo el justo*» (1 Juan 2.1). Y además comenta: «*Todo aquel que tiene esta esperanza* [de verlo tal como es] *se purifica a sí mismo, así como él es puro*» (1 Juan 3.3). Pedro expresa el mismo pensamiento: «*Cristo padeció por nosotros, dejándonos ejemplo para que sigáis sus pisadas; el cual no hizo pecado, ni se halló engaño en su boca*» (1 Pedro 2.21,22). En todas sus pruebas terrenales fue «sin pecado» (Hebreos 4.15).

C. INMACULADO PARA LA EXPIACIÓN

Pablo muestra la conexión entre la impecabilidad de Cristo y su expiación. «*Al que no conoció pecado, por nosotros lo hizo pecado, para que nosotros fuésemos hechos justicia de Dios en él*» (2 Corintios 5.21). Esto es semejante a la enseñanza de Pedro: «*Sabiendo que fuisteis rescatados de vuestra vana manera de vivir, la cual recibisteis de vuestros padres, no con cosas corruptibles como oro o plata, sino con la sangre preciosa de Cristo, como de un cordero sin mancha y sin contaminación*» (1 Pedro 1.18,19).

El cordero «*sin mancha y sin contaminación*» era necesario para la Pascua (Éxodo 12.5), y las palabras «sin mancha» ocurren repetidas veces en las descripciones de los sacrificios que señalaban la expiación obrada por Cristo. El mismo pensamiento se destaca vigorosamente en la discusión de la función de Cristo como sumo sacerdote en la Epístola a los Hebreos: «*Porque tal sumo sacerdote nos convenía: santo, inocente, sin mancha, apartado de los pecadores, y hecho más sublime que los cielos; que no tiene necesidad cada día, como aquellos sumos sacerdotes, de ofrecer primero sacrificios por sus propios pecados y luego por los del pueblo; porque esto lo hizo una vez para siempre, ofreciéndose a sí mismo. Porque la ley constituye sumos sacerdotes a débiles hombres; pero la palabra del juramento, posterior a la ley, al Hijo hecho perfecto para siempre*» (7.26-28; cf. Salmo 110.4).

Las Escrituras anteriores muestran que la impecabilidad de Cristo no es simplemente un atributo personal, característico de su naturaleza humana tanto como de su naturaleza divina, sino que es uno absolutamente indispensable para la expiación que obró en la cruz del Calvario.

A la práctica de esta impecabilidad durante su vida terrenal al obedecer perfectamente la santa ley de Dios se le llama su «obediencia activa». Esto no implica otra expiación, sino que su vida perfecta fue necesaria para que ofreciera un sacrificio perfecto. Más adelante trataremos la obediencia activa de Jesucristo.

D. IMPECABLE SOMETIDO A TENTACIÓN

Que Cristo sufrió la tentación es esencial a la doctrina de la encarnación. Sin embargo, debemos añadir que en el Nuevo Testamento la palabra tentación, *peirasmos*, no indica necesariamente lo que induce a pecar. Aquellas circunstancias en que los seres humanos son conducidos hacia el pecado son solo una clase especial de tentación. Básicamente la palabra quiere decir «prueba».

1. Declaración general y sus limitaciones

Me parece que la Escritura más inclusiva y aclaradora acerca de las tentaciones de Cristo se encuentra en Hebreos 4.15:

«Porque no tenemos un sumo sacerdote que no pueda compadecerse de nuestras debilidades, sino uno que fue tentado en todo según nuestra semejanza, pero sin pecado». Esto lo discutimos ya con respecto a la doctrina general de la encarnación. Ahora debemos notar ciertas calificaciones muy específicas incluidas en este pasaje.

Las palabras traducidas *«en todo según nuestra semejanza»* han sido la base de serios malentendidos. Las palabras *kata panta* literalmente significan «según todo», pero en el uso del griego neotestamentario «todo» significa «todo en general» y no puede forzarse a significar «todo sin excepción». Los términos «nuestra semejanza» estrictamente hablando no son incorrectos, aunque frecuentemente se leen como si quisieran decir «tal como nosotros». *Kath' homoioteta,* literalmente «según la semejanza», simplemente quiere decir «de una manera similar».

En otras palabras, la Escritura no enseña que Jesucristo fue tentado en cada punto particular tal como nosotros lo somos. Lo único a lo que tenemos derecho es a entender las palabras tal como aparecen tomadas literalmente del idioma original, y es que en general Jesús fue probado en una manera similar a nosotros.

Aun esta traducción, sin embargo, está limitada inmediatamente por las últimas palabras de la frase «pero sin pecado». No es el que nuestro Señor Jesucristo fuera tentado como nosotros lo somos en general o en una manera similar sin limitaciones. Con frecuencia somos tentados porque ya hemos sido enredados en el pecado, o estamos comprometidos con él, de manera que somos tentados a internarnos más profundamente en la pecaminosidad.

Jesús nunca fue tentado así, porque en Él no había pecado. Aunque las pruebas e incluso las tentaciones —en el sentido moderno de la palabra— le llegaron, Él no dio ningún paso hacia el pecado, ni había ninguna simpatía pecaminosa en su naturaleza. Creo que Jesús aludía a eso cuando dijo:

«*Viene el príncipe de este mundo, y él nada tiene en mí*» (Iuan 14.30).

2. La tentación en el desierto

Las lecciones morales que aprendemos del relato de la tentación de Jesús en el desierto son valiosas y múltiples. Por ocurrir al principio de su ministerio, evidentemente la tentación en el desierto tenía una significación especial. Sin embargo, puesto que el tema general bajo discusión es la encarnación, limitaré mis palabras a aquellos aspectos de ambos casos que se relacionan.

a. La narración de Marcos

El breve informe de Marcos (1.12,13) no nos comunica nada acerca de las tres tentaciones específicas enumeradas en Mateo y Lucas; eso sí, informa sobre la tentación en el desierto, que duró cuarenta días, que Satanás fue el tentador, que el poder del Espíritu Santo fue lo que motivó y sostuvo a Jesús. Y el escritor añade un detalle que Mateo y Lucas omiten: «*Y estaba con las fieras*».

Es digno de notar que todos los factores que Marcos trae al cuadro pueden aplicarse a cualquier siervo del Señor bajo circunstancias similares. El Eterno Hijo de Dios estaba sufriendo pruebas que son comunes a cualquier hombre (1 Corintios 10.13) y, además, estaba empleando fuerzas espirituales que están al alcance de los hombres guiados por el Espíritu.

b. Convierte piedras en pan

En cuanto a la doctrina de la encarnación, creo que el significado de la primera de las tres tentaciones nombradas por Mateo y Lucas es que Jesús fue incitado a ir más allá del horizonte que se había propuesto al encarnar y a usar poderes sobrenaturales para aliviar su propia miseria. Verdaderamente Dios hace provisión sobrenatural para las necesidades corporales de sus siervos. Obsérvese la provisión de maná en el desierto, por ejemplo, y la provisión para las necesidades físicas de Elías en tres ocasiones por lo menos (1 Reyes 17.2-7; 8.24; 19.5-8).

Sin embargo, no hay indicio alguno de que un profeta de Dios usara directamente medios sobrenaturales para suplir sus propias necesidades sin instrucciones específicas del Señor. Si Jesús hubiera convertido las piedras en pan para satisfacer su propia hambre, la exactitud literal de su encarnación carecería de un característico significado especial.

Las palabras «*a otros salvó, a sí mismo no se puede salvar*» (Mateo 27.42; Marcos 15.31), con las que Jesús fue burlado mientras estaba en la cruz, dan cierta luz al hecho de que Él no quería usar sus poderes sobrenaturales para satisfacer su hambre. Claro está que en su crucifixión pudo haber llamado a «*doce legiones de ángeles*» (Mateo 26.53), pero emplear esos poderes habría sido contrario a los propósitos de su encarnación.

c. El pináculo del templo

A la tentación de arrojarse del pináculo del templo, Cristo contestó citando Deuteronomio 6.16: «*No tentaréis a Jehová vuestro Dios*». Debe entenderse que una cita de este tipo implica una alusión a todo el pasaje del cual proviene. Moisés dijo: «*No tentaréis a Jehová vuestro Dios, como lo tentasteis en Masah*» (cf. Éxodo 17.1-7). La «tentación» a la cual se refiere aquí como «tentando a Jehová» no es una simple prueba.

Hay muchos casos en que los siervos de Dios han pedido señales o probado a Dios para fortalecer su fe. Véase el vellón de Gedeón (Jueces 6.36-40); pero el tipo de prueba que ocurrió en Masah era como para incitar a Dios al enojo (Deuteronomio 9.22; 33.8). Ellos dijeron: «*Está, pues, Jehová entre nosotros, ¿o no?*» (Éxodo 17.7).

Debemos entender, entonces, que si Cristo se hubiese lanzado desde el pináculo del templo habría hecho el típico espectáculo necio que enoja a Dios. También en esto nuestro Señor Jesucristo se conformó perfectamente a sus propósitos de realizar aquellas cosas que debe hacer un hombre al servicio de Dios.

d. Los reinos de este mundo

La tentación de lograr soberanía mundial comprometiéndose con Satanás tiene muchas analogías en la experiencia de los siervos de Dios. ¡Cuán frecuentemente somos tentados a ofrecer lisonjas pecaminosas a personas o fuerzas malignas, llegando a convertirnos en adoradores de Satanás! También en respuesta a esta tentación nuestro Señor Jesucristo mostraba su devoción a su propósito mesiánico en su encarnación.

3. ¿Es posible que Jesús pecara?

Se han planteado muchas discusiones verbales inútiles, a mi parecer, sobre el asunto de que si era posible que Jesús pudiera pecar. ¿Qué queremos decir por «posible»? Como omnipotente que es, Jesús tenía el poder de hacer cualquier acto particular. Pero como es una persona de carácter, y siendo lo que es moralmente, es imposible (no solo físicamente) que pecara.

El Dr. McAfee solía ilustrar el punto preguntando: «¿Podría yo golpear a mi esposa?» Entonces doblaba el brazo en broma y decía: «Creo que sí». Luego afirmaba: «Pero, por supuesto, ustedes saben que yo no podría hacer tal cosa».

En la discusión del asunto, «si Jesús tenía poder para pecar», Anselmo dice que hay «dos sentidos de la palabra "poder"... uno se refiere a su disposición a hacerlo, el otro al acto mismo; ... aunque tenía el poder de mentir, estaba de tal modo constituido... como para no querer hacerlo...».

Abundando en esta relación debemos recalcar el hecho de que las Escrituras no enseñan que Jesús jamás sintió tentación en el sentido de ser inducido al mal. «*Fue tentado ... pero sin pecado*».

E. La prueba en Getsemaní

Ya discutimos las pruebas de Jesús ocurridas entre el momento en que se hizo carne y sangre hasta que murió por nosotros de manera que vino «*a ser misericordioso y fiel sumo sacerdote*» (Hebreos 2.14-18).

Su sufrimiento en Getsemaní se relata en Hebreos 5.7,8: *«Y Cristo, en los días de su carne, ofreciendo ruegos y súplicas con gran clamor y lágrimas al que le podía librar de la muerte, fue oído a causa de su temor reverente. Y aunque era Hijo, por lo que padeció aprendió la obediencia».*

Creo que las últimas palabras de este pasaje, *«aprendió la obediencia»*, son una ilustración más de la sicología normal que Cristo asumió al encarnar.

Suponiendo que el «gran clamor y lágrimas» que aquí se menciona alude a la experiencia de Cristo en Getsemaní, vemos que el autor de la Epístola a los Hebreos entiende que cuando el Señor oró que la «copa» pasara de Él, la «copa» era símbolo de «muerte». Sabemos que murió en la cruz. Personalmente estoy convencido de que la «copa» de la cual pidió ser liberado en Getsemaní fue la postración física y la muerte en el jardín antes de llegar a la cruz (Mateo 26.38-46; Marcos 14.34-42; Lucas 22.41-46).

Lucas describe su condición física: *«Y se le apareció un ángel del cielo para fortalecerle. Y estando en agonía, oraba más intensamente; y era su sudor como grandes gotas de sangre que caían hasta la tierra»* (Lucas 22.43,44). Mateo y Marcos no describen estos síntomas en particular, pero narran que Jesús dijo: *«Mi alma está muy triste, hasta la muerte»* (Mateo 26.38; Marcos 13.34). En este dicho la frase traducida «muy triste» es la que se emplea en la LXX como «abatir», usada también en el refrán repetido en el Salmo 42: *«¿Por qué te abates, oh alma mía?»*

Cuando Jesús usó estas palabras al hablarles a sus discípulos sin duda ellos sabían que se refería a este salmo en particular. Sin embargo, Él añadió: «hasta la muerte», indicando que pensó que estaba en un estado de postración física (a punto de morir).

El sudor tan profuso que Lucas describe es característico de un estado de shock físico en el que el paciente corre peligro inminente de postración y aun de muerte. Mi sugerencia es que nuestro Señor Jesucristo, hallándose en este estado físico de shock extremo, pidió liberación de la muerte en el huerto para así poder lograr su propósito en la cruz. Esta interpretación armonizaría con Hebreos 5.7, y me parece la única que logra ese cometido. El autor de la Epístola a los Hebreos afirma literalmente que Jesús oró «*al que le podía librar de la muerte*». Y «*fue oído a causa de su temor reverente*». Cuando la Escritura dice que una oración es «oída» casi siempre implica que la petición es concedida. No puedo ver ninguna otra posibilidad sino que debemos traducir estas palabras así: «el fue oído [y librado] de lo que temía».

Contra la interpretación que he sugerido se dice que la oración por la liberación de la «copa» viene exactamente en una posición de la narración dramática que señala los eventos que siguen. Respondiendo a eso sugeriría que los evangelistas no fueron letrados escribiendo ficciones artísticas. La grandeza de su estilo reside en la simplicidad y la pureza con que narran los hechos. No obstante algunos de ellos no lo entendieron completamente aun después de la resurrección. La crónica de la oración de Cristo en Getsemaní ciertamente no fue inventada por su efecto dramático al desarrollar un complot literario.

Además, se alega que otras referencias a una «copa» amarga indican la cruz. Como narra Marcos 10.35-45 (cf. Mateo 20-28), Jesús les dijo a Jacobo y a Juan: «*A la verdad del vaso que yo bebo, beberéis, y con el bautismo con que yo soy bautizado, seréis bautizados*» (v. 39). Pero el «vaso» aquí no es la crucifixión, ya que ni Jacobo ni Juan fueron crucificados. Más bien se refiere en este contexto a las experiencias cristianas amargas.

En Juan 18.11 leemos que Jesús le dijo a Pedro: «*La copa que el Padre me ha dado, ¿no la he de beber?*» Esta frase no se encuentra en los sinópticos, sin embargo, la «copa» aquí es la cruz, y el Señor parece reprocharle a Pedro su incapacidad de reconocer que, por supuesto, Él iba directo a ella. Sin duda Juan habría indicado la distinción entre esta «copa» y la «copa» de la oración en Getsemaní, si la hubiera mencionado anteriormente, pero Él no había pronunciado aquella oración todavía. Sin embargo, no hay incoherencia entre las historias de los cuatro evangelios. La «copa» de la oración en Getsemaní, narrada en los sinópticos, en verdad existió. El Hijo bebió, sin titubear, la «copa» que el Padre le dio.

La interpretación usual de la oración en Getsemaní, opuesta a mis sugerencias, es que Jesús estaba orando para que Dios lo librara de morir en la cruz. Para refutar esta opinión recomendaría las siguientes consideraciones.

Desde su juventud, y durante toda su vida, nuestro Señor Jesucristo mostró un conocimiento y una completa consagración a su misión divina. A la edad de doce años sabía que debía estar en los negocios de su Padre (Lucas 2.49). Jesús fue a Jerusalén la última vez con una determinación absoluta (Lucas 9.51). Fue el incrédulo Tomás el que dijo: *«Vamos también nosotros para que muramos con él»* (Juan 11.16).

Los tres evangelios sinópticos destacan el hecho de que inmediatamente después de la confesión de Pedro (Mateo 16.13-20; Marcos 8.27-30; Lucas 9.18-21), Jesús predijo su rechazo, muerte y resurrección (Mateo 16.21-26; Marcos 8.31-37; Lucas 9.22-25). Fue en esta ocasión que Pedro censuró al Señor, y este a su vez amonestó enérgicamente a Pedro.

Otra vez, después de la transfiguración, Jesús repitió la misma predicción (Mateo 17.22,23; Marcos 9.30-32; Lucas 9.44,45). Marcos declara que los discípulos *«no entendían estas palabras y tenían miedo de preguntarle»*. Lucas dice: *«Mas ellos no entendían estas palabras, pues les estaban veladas para que no las entendiesen, y temían preguntarle sobre estas palabras»*. Casi al final de su ministerio terrenal, mostró la misma completa dedicación a la realización de su misión. Fue probablemente el día lunes de su última semana que dijo: *«Ahora está turbada mi alma; ¿y qué diré? ¿Padre, sálvame de esta hora? Mas para esto he llegado a esta hora. Padre, glorifica tu nombre. Entonces vino una voz del cielo: Lo he glorificado, y lo glorificaré otra vez»* (Juan 12.27,28).

El autor de la Epístola a los Hebreos narra la misma devoción a su misión, diciendo que Cristo asumió una naturaleza humana, carne y sangre, *«para destruir por medio de la muerte al que tenía el imperio de la muerte, esto es el diablo, y librar a todos los que por el temor de la muerte estaban durante toda la vida sujetos a servidumbre»* (Hebreos 2.14,15).

En verdad, la tentación (o la prueba) en Getsemaní fue probablemente la más severa de todas las que Jesús resistió con excepción de la crucifixión misma, pero no puedo imaginar que rehuyera de la cruz. Muchos hombres de valor, incluso los malvados, han encarado una muerte cruel sin vacilación.

Me parece que la mayor prueba que experimenta alguien consciente de su misión divina es llegar a percatarse de que los hombres rechazan su mensaje de la gracia de Dios. A esta le sigue en severidad el conocimiento de lo inútil de una obra no completada. Hablando desde el punto de vista terrenal, si Jesús hubiese muerto en el huerto por agotamiento físico o si no hubiese podido terminar su misión en la cruz, no se habría demostrado que el pecado humano rechaza la gracia de Dios deliberada y violentamente, ni se habría efectuado el acto divino de la expiación, el perdón de pecados.

En términos humanos, me imagino que si Cristo hubiese sido sacado del plan divino por su muerte en Getsemaní, sus enemigos habrían estado encantados de honrarlo, ¡e incluso hasta de levantar un monumento en su memoria! Lo que menos deseaban era tener el problema de sus pecados expuestos a la luz, como se mostró en la crucifixión. Todo lo que ellos querían era quitarlo del medio. Su presencia forzó una decisión que a ellos les habría gustado evitar.

Jesús, por supuesto, sabía que el plan de Dios para la redención no podía fallar, pero habiendo elegido guardar su conciencia activa dentro del marco de la experiencia humana, expresó perfecta complacencia en que la voluntad inescrutable del Padre fuese cumplida, aunque eso incluyera la experiencia aparentemente triste de su postración en el jardín. Creo que esto explica las palabras: «*Pero no se haga mi voluntad sino la tuya*».

Esta frase concuerda perfectamente, me parece, con la opinión aquí manifestada; pero resulta muy difícil armonizarla con la opinión que muchos sostienen. La crónica declara tan enfática y repetidamente el deseo y el propósito de Cristo de ofrecerse en la cruz, que es difícil imaginar que su propia voluntad fuera otra que la realización de este propósito, siendo ello también el deseo del Padre.

Dichos como los que tenemos en Juan 5.30 y 6.38 no son excepciones, equivalen a la declaración de que su voluntad es la misma del Padre. Por otra parte, su deseo de no sufrir postración en Getsemaní, manifestado en su oración como sujeto a la voluntad del Padre, parece bastante comprensible.

He observado circunstancias en que hombres cristianos con una posición firme sienten la necesidad de forzar la solución y obligar a los enemigos secretos del Señor a manifestarse abiertamente. No puedo evitar la impresión de que algún pensamiento similar estuviera en la mente de nuestro Señor Jesucristo cuando se enfrentaba a la cruz. Pero ahora, viviendo hasta el fin de su vida divino-humana en el marco puramente humano que escogió, reconoció su debilidad física y contempló la posibilidad (aparente) de postrarse antes del juicio y la ejecución. Estoy seguro de que fue esta copa por la que oró que pudiera pasar. «*Y fue oído ... de su temor*» (Hebreos 5.7).

F. La prueba en la cruz

La prueba (léase tentación) más severa soportada por nuestro Señor Jesucristo durante su vida en esta tierra fue, sin duda, la de la cruz. El sufrimiento físico fue extremo. La crucifixión misma fue antecedida por azotes, corona de espinas, bofetadas, vilezas de todo tipo y, para colmo, por el agotamiento físico y la angustia en el huerto de Getsemaní. De este último fue librado y restaurado, aunque, sin duda, en una condición muy débil.

Hay quienes tienden a destacar los detalles horribles del sufrimiento físico casi excluyendo los otros por los que pasó; pero en mi opinión el sufrimiento físico fue mínimo comparado con la agonía mental y espiritual por la que pasó nuestro Señor. Para un ministro del evangelio o un misionero de la cruz no hay sufrimiento mayor que ver el mensaje de la gracia de Dios rechazado y despreciado.

Uno aprende a amar las almas de aquellos a quienes trata de predicar. Cuando estos rechazan y desprecian el mensaje del evangelio se siente una tristeza sin límites. Cuando Jesús llevó nuestros pecados en la cruz, sufrió el odio de los que amó; lo sufrió en el grado más alto posible.

Jesús sabía, desde luego, que era objeto de creciente hostilidad. De esto hay muchas indicaciones en los evangelios. Cuando Jesús dijo: «*No deis lo santo a los perros, ni echéis vuestras perlas delante de los cerdos, no sea que las pisoteen, y se vuelvan y os despedacen*» (Mateo 7.6), creo que no quería que sus palabras se entendieran como un mandamiento (la gramática y la sintaxis no requieren tal interpretación), sino como una amonestación. Los que son llamados a predicar el evangelio son instados a ofrecer lo más sagrado y lo mejor antes que lo peor. Se les previene que unas veces el mensaje será despreciado y que otras será objeto de ataques.

Lo que Jesús hizo en su vida terrenal fue precisamente dar lo más sagrado a los perros y echar la perla del cielo a los cerdos; y en verdad pisotearon tanto su mensaje como su persona. Esto, y no solamente el sufrimiento físico, es el sacrificio en la cruz.

El grito de «*Dios mío, Dios mío, ¿por qué me has desamparado?*» (Mateo 27.46; Marcos 16.34) quizás indica lo máximo de la prueba de Cristo en la cruz. Estas palabras, tomadas del primer versículo del Salmo 22, contienen un misterio que ninguna mente humana podrá sondear. Si los que hemos confiado en Cristo alguna vez nos sentimos desamparados por Dios, podemos saber que no estamos verdaderamente desamparados ya que Cristo sufrió esto por nosotros como nuestro representante y sustituto en la cruz.

Si alguien, suele consolarse con el pensamiento de que Jesús sufrió cada tentación como nosotros, tiene que decepcionarse porque las palabras *«pero sin pecado»*, en Hebreos 4.15, limitan radicalmente tal punto de vista; puede confortarse con el hecho de que Cristo ha sondeado las profundidades de las pruebas hasta donde nosotros nunca iríamos, mucho más allá de lo que la mente finita puede comprender.

Aunque no podemos saber la totalidad del significado de este grito, podemos estar seguros de que no fue una ilustración ni una falsa impresión. Con estas palabras nuestro Señor Jesucristo indicaba que el primer versículo del Salmo 22 describía su condición en la cruz. Sin embargo, el «desamparado» del versículo 1 no sufrió un desamparo total, pues, el versículo 24 del mismo salmo añade: *«cuando clamó a él, le oyó».*

En el aspecto negativo podemos decir con confianza que este grito no puede representar una división ontológica en el ser del Trino Dios. Cualquiera sea la naturaleza y grado del «abandono» no puede haber trastornado la unidad ontológica o hipostática de las Personas de la Deidad. Podemos muy bien suponer que Cristo, decidido a vivir en la carne —dentro del marco de la experiencia humana—, pudo haber tenido en su conciencia la sensación de haber sido, de alguna manera real, abandonado por el Padre cuando tomó sobre sí los pecados del mundo, sin que eso en forma alguna significara algún modo de separación ontológica.

El punto de vista propuesto más frecuentemente por profesores ortodoxos de Biblia es que como Jesucristo estaba en el acto mismo llevando nuestros pecados, Dios el Padre, motivado por el principio de justicia, tenía que «desampararlo» por el momento. Aunque esta perspectiva es común entre cristianos devotos, creo que contiene un error básico: Parece hacer del Padre el representante del principio de justicia en mayor grado que el Hijo, y del Hijo el representante del principio de gracia mucho más que el Padre. En la medida en que este concepto constituya el trasfondo, tiene que ser rechazado.

Dios el Padre es el Autor del sacrificio de la expiación y está tan verdaderamente lleno del principio de gracia como el Hijo. *«De tal manera amó Dios al mundo que ha dado a su Hijo unigénito...»* (Juan 3.16; 1 Juan 4.10). En otra instancia, Jesucristo es tan verdaderamente la personificación del principio de justicia e ira contra el pecado como lo es el Padre. Es el Hijo quien *«con justicia juzga y pelea»*. Es el Hijo quien *«pisa el lagar del vino del furor y de la ira del Dios Todopoderoso»* (Apocalipsis 19.11-16).

En verdad fue el Hijo, y no el Padre ni el Espíritu, quien murió en la cruz, pero el pecado —valga la redundancia— fue pecado contra el Trino Dios. La motivación del sacrificio y de todo el acto de la expiación es tan verdaderamente la misma que tuvieron el Padre y el Espíritu como la que tuvo el Hijo. El «Dios» de Juan 3.16 está interesado activamente en el cumplimiento de su propósito redentor. Por eso, enseñar que hubo una aparente fractura ontológica entre el Padre y el Hijo —que representa un conflicto entre el principio de justicia y el principio de la gracia—, es completamente erróneo.

Los que entienden el grito de Cristo en términos de una aparente rotura ontológica en la Trinidad, casi siempre se inclinan a hacer la muerte de Cristo un acto directo del Padre, más que un acto indirecto al exponerlo al impacto de nuestro pecado. Pero estos dos puntos de vista son contradictorios. Desamparar en el sentido ontológico es contradictorio con el acto expreso de dar muerte.

Calvino alega: «Cristo fue abatido a tal grado que en la profundidad de su agonía se vio obligado a exclamar: "Dios mío, Dios mío, ¿por qué me has desamparado?" La expresión fue arrancada de la angustia de lo íntimo de su alma. Sin embargo, no insinuamos que Dios jamás le fuera hostil o se airara con Él. ¿Cómo podía estar enojado con el Hijo amado, en quien su alma tenía complacencia? ¿Cómo podría Jesús haber apaciguado al Padre con su intercesión a favor de otros si fuera hostil a sí mismo?»[8] Cuando leemos «*Jehová cargó en él el pecado de todos nosotros... Jehová quiso quebrantarlo ... Cuando haya puesto su vida en expiación por el pecado*» (Isaías 53.6-10), «*No escatimó ni a su propio Hijo sino que lo entregó por todos nosotros*» (Romanos 8.32), ciertamente debemos comprender que el agente directo en la crucifixión de Cristo fue nuestro pecado. Fue por la voluntad del Padre (y desde luego por la suya también) y por el poder del Espíritu Santo (Hebreos 9.14) que Él «se ofreció» para llevar nuestros pecados.

En el aspecto positivo podemos indicar definitivamente que en los tiempos del Nuevo Testamento citar las primeras palabras de un pasaje del Antiguo Testamento, tal como el Salmo 22, equivalía a citar todo el pasaje. Podemos estar seguros de que estas palabras de Jesús habrían sido entendidas por sus discípulos como si hubiera dicho «Recordad el Salmo 22».

Los enemigos de Cristo acababan de citar otra parte de este salmo burlándose: «*Confió en Dios; líbrele ahora si le quiere; porque ha dicho: Soy Hijo de Dios*» (Mateo 27.43, citando 22.8). Este hecho daría más peso a las palabras de Jesús al citar el mismo salmo.

El Salmo 22 no solo describe el sufrimiento tal como Cristo lo experimentó en la cruz sino que está también lleno de palabras de esperanza. Obsérvese: «*Anunciaré tu nombre a mis hermanos; en medio de la congregación te alabaré*» (v. 22). Estas mismas palabras son puestas en los labios de Jesús con una nota triunfante en Hebreos 2.12.

Parece, por lo tanto, que cuando Cristo citó las primeras palabras del salmo mientras pendía de la cruz, sus discípulos habrían entendido algo como esto: En verdad, estoy en la situación descrita en este salmo profético. Otras porciones del salmo ya se están cumpliendo, sobre todo las palabras: «*Re-*

---

[8] Calvino, Juan, *Instituciones*, Libro 2, cap. XVI, sección 11.

partieron entre sí mis vestidos, y sobre mi ropa echaron suertes» (v. 18). Pero recuerde que este salmo termina en triunfo. Aunque los discípulos en ese momento sintieron desesperación, recordar la alusión de Jesús a este salmo bien podía haberles hecho pensar en la promesa: *«Porque no menospreció ni abominó la aflicción del afligido, ni de él escondió su rostro; sino que cuando clamó a él, le oyó»* (Salmo 22.24).

III. CONTINUIDAD DE LAS DOS NATURALEZAS

La doctrina bíblica de la continuidad de las dos naturalezas de Cristo se expresa en la respuesta a la pregunta 21 del *Catecismo Menor* en las palabras que declaran que Él «permanece para siempre, Dios y hombre en dos naturalezas distintas y una sola persona». Nuestro Señor Jesucristo continúa siendo hombre y siempre será un miembro de nuestra especie.

Esto, por supuesto, no quiere decir que esté sujeto a las limitaciones materiales que caracterizan nuestra vida terrenal, pero sí que tiene una forma corporal tangible tal como se manifestó a sus discípulos después de su resurrección, y tal como aparecerá en su glorioso regreso. La promesa de los ángeles cuando Jesús ascendió (Hechos 1.11) fue: *«Este mismo Jesús que ha sido tomado de vosotros al cielo, así vendrá como lo habéis visto ir al cielo»*.

Nuestro Señor Jesucristo tiene desde la eternidad, y nunca ha dejado de tener, todos los atributos de la deidad. Desde su encarnación tiene, y nunca dejará de tener, todos los atributos esenciales de la humanidad. Es con la naturaleza del hombre, creado a la imagen de Dios —aunque caído en pecado e incluso redimido por la gracia de Dios—, que goza la eterna bienaventuranza con Dios en una forma inmortal después de la resurrección. Cualesquiera sean los atributos esenciales de la humanidad en la resurrección, y desplegados aun en la eternidad, nuestro Señor Jesucristo tiene todos estos atributos esenciales. Él es uno de nosotros.

El significado de la continuidad de las dos naturalezas de Cristo será más claro al estudiar su Segunda Venida, su reino milenial, y todo el complejo de eventos y procesos que se abren delante de nosotros en el estudio de la escatología.

Capítulo 4

La doctrina de la expiación

I. Declaraciones de los credos

Es sorprendente que los antiguos credos de la iglesia no sean más explícitos actualmente en referencia a la doctrina de la expiación. El caso no es que los padres antiguos dejaran de discutir el significado de los sufrimientos de Cristo por nuestra salvación, sino que parece que el modo de la eficacia de su sufrimiento no era un tema principal de investigación. Los grandes temas doctrinales que había que establecer fueron la Trinidad así como las naturalezas divina y humana de la Segunda Persona de la Trinidad.

Las palabras del credo apostólico: «... padeció bajo el poder de Poncio Pilato; fue crucificado, muerto y sepultado...» dan por sentado, aun cuando no mencionan explícitamente, que sus sufrimientos fueron por nuestra salvación. El llamado credo de Nicea se refiere igualmente al hecho de su sufrimiento y apenas menciona su propósito: «... también fue crucificado por nosotros bajo Poncio Pilato. Padeció y fue sepultado...» Las palabras «por nosotros» muestran que la expiación se presume, aunque no se define. El llamado credo de Atanasio es un poco más explícito al decir que Él «padeció por nuestra salvación...»

La Confesión de Augsburgo, artículo III, da una breve explicación doctrinal en las palabras: «El Hijo de Dios ... sufrió verdaderamente, fue crucificado, muerto, y sepultado, para que pudiera reconciliar al Padre con nosotros y ser un sacrificio, no solamente por la culpa original sino también por todos los pecados cometidos por los hombres».

Además, el artículo IV sobre «la justificación» enseña que los hombres «son justificados gratuitamente [por la gracia] por amor de Cristo mediante la fe, cuando creyeron que fueron recibidos en gracia, y sus pecados perdonados por amor de Cristo, que por su muerte ha satisfecho nuestros pecados».

En la Fórmula Luterana de la Concordia, el artículo 3, párrafo 1, explica: «Cristo es verdaderamente nuestra justicia... en su... más absoluta obediencia que rindió al Padre aun hasta la muerte, como Dios y hombre, y así mereció por nosotros la remisión de todos nuestros pecados y la vida eterna. Como está escrito: *"Porque así como por la desobediencia de un hombre los muchos fueron constituidos pecadores, así también por la obediencia de uno, los muchos serán constituidos justos"*» (Romanos 5.19).

La doctrina de la expiación llega a ser más clara y explícita en la *Confesión Belga* revisada en el Sínodo de Dordrecht en 1618 y 1619. El párrafo 20 declara: «Dios ha manifestado su justicia y misericordia en Cristo». El párrafo 21 trata «de la satisfacción por nosotros de Cristo, nuestro único sumo sacerdote». El párrafo 23 habla de la doctrina de «la imputación». Estos párrafos exponen clara y positivamente la expiación desde el punto de vista de la «satisfacción».

La misma doctrina se detalla más en *Los cánones* del Sínodo de Dort, «Segunda Sección Doctrinal», Artículos 1-9.

En el artículo 28 de *Los treinta y nueve artículos* de la Iglesia Anglicana leemos: «La Cena del Señor... es un sacramento de nuestra redención por la muerte de Cristo, de tal modo que para aquellos que la reciben correcta, dignamente y con fe, el pan que rompemos es una participación del Cuerpo de Cristo; igualmente, la copa de bendición es una participación de la sangre de Cristo». Aquí, aunque la transustanciación se niega, la expiación misma yace en el fondo, y el énfasis es sacramental.

La *Confesión de Fe de Westminster*, capítulo 8, párrafo 5, declara: «El Señor Jesucristo, por su perfecta obediencia y por el sacrificio de sí mismo que ofreció una sola vez por el Espíritu eterno de Dios, ha satisfecho plenamente a la justicia de su Padre, y compró para aquellos que este le había dado, no solo la reconciliación sino también una herencia eterna en el reino de los cielos».

En el *Catecismo Menor*, en respuesta a la pregunta 25: «¿Cómo ejecuta Cristo el oficio de sacerdote?», afirma: «Cristo ejecuta el oficio de sacerdote, al haberse ofrecido a sí mismo una sola vez en sacrificio para satisfacer las demandas de la justicia divina, reconciliarnos con Dios y al interceder continuamente por nosotros». Esto es esencialmente lo mismo que la respuesta a la pregunta 44 del *Catecismo Mayor*.

II. DOCTRINA BÍBLICA, DECLARACIÓN GENERAL

A. TERMINOLOGÍA

Algunos de los mejores teólogos emplean la palabra *satisfacción* para resumir la doctrina bíblica de la expiación. El significado de este término en tal contexto no es en ninguna manera sicológico. En verdad, la palabra puede conducir a conclusiones erróneas a nuestras mentes modernas si nos permitimos pensar equivocadamente en la mera satisfacción de un deseo.

Una analogía al uso teológico se puede hallar en la expresión: «Un círculo geométrico *satisface* plenamente la fórmula, $x^2 - y^2 = r^2$». El término significa sencillamente que la expiación de Cristo, que Él ofreció por el derramamiento de su sangre en la cruz, satisface las demandas de la santa ley de Dios, o en otras palabras, provee una satisfacción a las exigencias del orden moral del universo.

La doctrina bíblica de la expiación también se designa como el punto de vista *penal*. Esto significa que en la cruz Cristo llevó *la pena* debida justamente por nosotros a causa de nuestros pecados. El pensamiento se expresa en muchos pasajes de la Escritura, como por ejemplo: *«Mas él herido fue por nuestras rebeliones, molido por nuestros pecados; el castigo de nuestra paz fue sobre él...»* (Isaías 53.5). El punto de vista penal destaca que hay un orden moral en el universo que debe ser mantenido mediante la imposición de un castigo por la transgresión de la ley moral.

Los términos *expiación* y *propiciación* se aplican correctamente a la doctrina bíblica. De estas dos palabras, propiciación es la más fuerte y comunica más completamente lo que la Biblia enseña, porque significa una *base objetiva* para la misericordia de Dios.

La palabra más satisfactoria para designar la doctrina bíblica de la expiación para nuestra generación, creo yo, es *sustitución*. Este término indica que Cristo murió por nuestros pecados, en nuestro lugar, como nuestro *sustituto*. La palabra *vicario* implica estrictamente el punto de vista *sustitutivo*, y es menos probable que el término sea mal entendido. El orden moral y la necesidad de satisfacer sus demandas, juntamente con la requisición de castigo para la vindicación del orden moral, todas estas consideraciones, se presumen en el punto de vista *sustitutivo*.

B. EL LUGAR DE LA DOCTRINA

Al discutir la doctrina de la expiación es necesario insistir en el hecho de que nuestra salvación depende, no de nuestro entendimiento teórico sino solamente, de nuestra aceptación genuina en cuanto a lo que Cristo ha hecho por nosotros. Una doctrina falsa de la expiación minaría el evangelio, y esto es especialmente cierto si la misma es diseminada y aplicada en sus implicaciones erróneas.

Es importante que los que predican el evangelio y los que enseñan a otros tengan un entendimiento verdadero de la expiación hasta donde el significado correcto es revelado; aun cuando el evangelio en sí mismo no es una exposición razonada y detallada. Es un hecho sencillo con sus implicaciones directas. Cuando uno cree que *«Cristo murió por nuestros pecados según las Escrituras»* (1 Corintios 15.3), y cree en Él como Salvador, uno es regenerado y llega a ser miembro de la familia de la fe.

Se cuenta la historia de un hombre sencillo que se presentó delante de los ancianos de una gran iglesia urbana y pidió ser admitido como miembro en plena comunión. Este señor no pudo aprenderse de memoria las declaraciones del Catecismo ni explicar las doctrinas con cierto grado de claridad. Los ancianos estaban por despedirlo cuando uno de ellos le preguntó: «¿Por qué vino a solicitar su ingreso si no puede explicar su fe?» Al oír eso las lágrimas llegaron a los ojos del hombre y con una seriedad genuina dijo: «Soy un pobre pecador y no valgo nada, pero Jesús mi Salvador es todo en todo». Fue aceptado y siguió viviendo una vida radiante.

Al otro extremo están algunos intelectuales para quienes las doctrinas fundamentales de nuestra fe son confusas, pero cuya fe en Cristo parece genuina. La obra de Henry Van Dyke, *Gospel for a World of Sin* [El evangelio para un mundo de pecado] me dio la impresión de que aun cuando el autor no tenía ninguna teoría de la expiación, ni ninguna explicación razonada, y aunque no halló satisfactorios ninguno de los sistemas históricos y mucho menos las teorías de Socinio o la influencia moral; sin embargo, con toda sinceridad aceptó la cruz de Jesucristo como lo que efectuaba cuanto era necesario para que sus pecados pudieran ser perdonados.

Tengo la misma impresión de la lectura de dos obras significativas de H.R. Asackintosh: Sus *Studies in Christian Truth* [Estudios de las verdades cristianas] captaron mi atención durante mi servicio en el extranjero como capellán en la Primera Guerra Mundial. Leí su *Christian Experience of Forgiveness* [Experiencia cristiana del perdón] poco después de su publicación, en 1927.

Debo decir que estoy completamente en desacuerdo con su manera de tratar (y aun maltratar) algunos aspectos de las doctrinas ortodoxas. No obstante tengo la impresión de que contempla la cruz del Calvario como algo único en todo el pensamiento humano y en toda la experiencia terrena. Dice: «Es un sencillo hecho sicológico, estoy persuadido de que la única gente en el mundo hoy que vive con la conciencia gozosa de que sus pecados han sido perdonados son aquellos que se han encontrado con Jesús». Su actitud a lo largo de las obras ya aludidas parece ser: «Cuando contemplo la cruz del Calvario y acepto con gracia lo que Jesús efectuó allí en favor mío, sé que mis pecados están perdonados».

En verdad existe cierta insuficiencia en cualquier teoría de la expiación que nuestras mentes finitas podrían entender. Hay falta de adecuación y hasta de sentido en casi todas las maneras históricas en que los maestros de la Biblia han tratado de presentar la doctrina. Sin embargo, en toda la historia de la Iglesia la expiación que Cristo efectuó en la cruz del Calvario ha sido la fe central de los creyentes.

Veamos la sencilla apelación evangélica de Anselmo: «¿Pues qué compasión puede ser superior a estas palabras del Padre, dirigidas al pecador condenado al tormento eterno y sin ningún modo de escape: "Acepta a mi Hijo unigénito y haz una ofrenda para ti mismo"; o estas palabras del Hijo: "Recíbeme, y redime tu alma"? Porque estas son las palabras que dicen, al invitarnos y guiarnos a la fe en el evangelio».

Charles Hodge dice: «Se podrá aludir a la regla antigua para visitar a los enfermos, atribuida a Anselmo aunque de dudosa paternidad literaria: "¿Crees tú que no puedes ser salvo sino por la muerte de Cristo?" El enfermo contesta "Sí". Entonces dígasele: Anda luego, y mientras tu alma mora en ti, pon tu confianza solo en esta muerte, no la pongas en ninguna otra cosa, entrégate completamente a esta muerte, cúbrete por completo con esta muerte, échate por completo en esta muerte, envuélvete totalmente en esta muerte. Y si Dios te juzga, di: Señor, pongo la muerte de nuestro Señor Jesucristo entre tu juicio y yo; de otra manera no contenderé ni entraré en juicio contigo. Y si Él te dijera que eres un pecador, di: Pongo la muerte de nuestro Señor Jesucristo entre mí y mi pecado. Si te dijere que has merecido la condenación, di: Señor, pongo la muerte de nuestro Señor Jesucristo entre ti y todos mis pecados; y ofrezco su mérito por el mío, que debiera tener y no tengo. Si dijere que está enojado contigo, di:

Señor pongo la muerte de nuestro Señor Jesucristo entre mi y tu ira».

C. UNA GENERALIZACIÓN PRELIMINAR

1. El perdón

Antes de repasar la historia de la doctrina de la expiación, y de examinar la Escritura en detalle, debo hacer una generalización que a mi parecer es de suma importancia, y que ha significado mucho para mí a través de los años. Creo que todo perdón genuino implica un sufrimiento sustituto y proporcional a la desestimación de lo que se perdona.

Cuando teólogos ortodoxos, por ejemplo Charles Hodge, rechazan la palabra «perdón» como la transmisión del significado central de la expiación, tengo que decir que estoy completamente de acuerdo. Lo que Hodge y otros quieren decir por «perdón» corresponde correctamente al uso particular y más superficial de la palabra.

Sin embargo, creo que un análisis más profundo de lo que se implica en un perdón genuino no es contrario a la teología ortodoxa tradicional como tales autores lo han explicado. Llegué a la conclusión que sugiero a partir de una aceptación sencilla del punto de vista sustitutivo bíblico de la expiación, y presento mi aporte como una defensa del punto de vista sustituidor.

Cuando me enteré de que hay teólogos racionalistas que han sugerido considerar la expiación desde el punto de vista del «perdón», a la vez que rechazan la perspectiva «sustitutiva», el descubrimiento me impactó de tal modo que me hizo examinar de nuevo mi creencia al punto de escudriñar si me había desviado de la posición bíblica. Más adelante mostraré en qué difiere lo que sugiero de las opiniones «racionalistas» que destacan el perdón.

Mi punto principal es que Cristo no es un «tercero» en el caso, sino la parte agraviada. El «mediador» es *«Dios manifestado en la carne»* (1 Timoteo 2.5; 3.16), puesto que el perdón genuino implica que el pecado perdonado se lleve en forma sustitutiva y que la crucifixión de Cristo ha de tomarse como un acto pecaminoso totalmente representativo e inclusivo, Cristo murió por mi pecado en mi lugar como mi sustituto. En justicia, yo debería haber sido echado al lago de fuego. Él pudo haber dicho: «Ángeles, destruidlos» Pero cuando dijo: «*Padre, perdónalos*», estaba muriendo en mi lugar.

A fin de aclarar mi propia perspectiva en este punto de la discusión pido la indulgencia del lector para introducir aquí un artículo que escribí en los primeros días de mi ministerio, y que fue publicado en 1924.

2. Mi testimonio en 1924

Camino a la Convención de Voluntarios Estudiantiles en Kansas City (en diciembre de 1913), conversé en el tren con un profesor universitario de filosofía. En esta conversación me encontré por primera vez con la crítica modernista de la doctrina de la expiación. Defendí mis opiniones ortodoxas de la sustitución con lo mejor de mi habilidad inmadura. El profesor replicó: «Esas opiniones no lo satisfarán cuando madure. ¿Por qué no decir que Dios sencillamente perdona a los hombres, tal como tenemos que perdonarnos unos a otros y tal como el estado perdona a un criminal?»

En el primer trimestre de verano en la universidad, me encontré con el mismo argumento. Fue presentado por varios estudiantes mayores en una conversación a la hora del almuerzo. Se rieron de que creyera en una expiación sustitutiva. Contesté con lo mejor de mi habilidad y las mejores ilustraciones que podía recordar. Uno de los estudiantes de más edad contestó: «Oh, sí, yo solía creer así y predicar eso, pero lo dejé hace mucho tiempo».

El problema

Volví a mi pieza muy pensativo; allí oré y medité por no sé cuánto tiempo. Recuerdo que paseaba por la habitación, me sentaba, me acostaba en la cama y me levantaba otra vez para seguir caminando. Doy gracias a Dios que aquel día que dudé olvidé mis tareas y me puse a orar y reflexionar en ese problema vital.

Nadie debe suponer que dudé por un momento que *Cristo murió por mis pecados en mi lugar*. Eso no lo dudaba, porque yo había renacido. Mi problema era que no había podido expresar mis convicciones en términos que los hombres modernos pudieran comprender. «Nuestra pascua», «nuestra ofrenda por el pecado», «nuestro Redentor», «nuestro Rescate, «nuestro Mediador», ninguno de esos términos tenía significado alguno en sus mentes, como tampoco lo tiene para miles de jóvenes en todas partes hoy.

Carecíamos de un lenguaje común de términos religiosos, como el de Pablo con los judíos y aun con los paganos de su día. Cuando dije: «Nuestra pascua, que es Cristo, ya fue sacrificada por nosotros», no estaba dando, como Pablo, un significado nuevo y más lleno a un trozo de simbolismo religioso muy querido; para ellos estaba repitiendo meramente y de una manera pueril una fórmula arcaica y absolutamente sin sentido de una edad olvidada ya hace tiempo. «La expiación sustitutiva no es necesaria para el perdón humano —dijeron—. ¿Por qué tendría que ser necesaria para el perdón divino?»

Tengo que presentar las conclusiones a las cuales llegué aquel día, aunque vacilo al darlas en forma tan breve como es necesario aquí... Las brindo consciente de que les han servido de ayuda a algunos de mis amigos que enfrentaron el mismo problema que yo. Además, tengo la esperanza de que ninguna de la buena gente de Dios que no lo haya encontrado y que tal vez no lo observe sea perturbada por la discusión del mismo.

La respuesta

1. La profecía del profesor de filosofía no resultó verídica. Si hay una cosa que ha madurado con mi experiencia, en los años transcurridos desde que la profecía fue dada, es mi creencia en la expiación sustitutiva. *Cristo murió por mis pecados como mi sustituto.*

2. Todo perdón, humano y divino, por la misma naturaleza del caso, *es vicario, sustitutivo*. No puedo desarrollar aquí este pensamiento pero, para mí, es una de las opiniones más valiosas que mi mente jamás haya abrigado. Nadie realmente

perdona a otro sin que lleve en sí mismo el castigo del pecado de ese otro. Cuando el estado perdona a un criminal, la sociedad toma sobre sí la carga de la culpa del criminal.

Cuando oramos «*Perdónanos nuestras deudas, como también perdonamos a nuestros deudores*», no estamos pidiendo a Dios que nos perdone por un sacrificio vicario mientras nos perdonamos unos a otros meramente pasando por alto las faltas que nada nos cuestan. La analogía humana es por supuesto, imperfecta, pero todos los perfiles morales de la expiación sustitutiva divina están presentes en el perdón humano.

3. La culpa del pecado de un individuo contra otro no puede ser transferida moralmente a un tercero. Moisés y Pablo oraron que pudieran ser sustitutos por Israel, y llevar su culpa, pero era moralmente imposible, porque eran terceros en el asunto. «*Ninguno de ellos podrá en manera alguna redimir al hermano, ni dar a Dios su rescate*» (Salmos 49.7). Cuando decimos que Cristo murió como nuestro sustituto, no sugerimos en ningún sentido que Él fuese un tercero que se interpuso entre Dios y el hombre.

4. La culpa del pecado en un individuo contra otro puede ser llevada moralmente o por el pecador (como en el caso de la justicia sin perdón...) o por la persona ofendida (como en el caso del perdón). Cristo no fue un tercero en el acontecimiento del Calvario. Él era el Dios contra quien se cometió aquel pecado (y en último análisis, todo pecado).

En el Calvario, el problema se distinguió entre doce legiones de ángeles, para obligar a los ofensores a llevar la culpa, y el Salvador solitario, el Ofendido, que en perdón llevó sobre sí la culpa. Ningún sistema voluminoso de teología podría entender el significado de la muerte de Jesucristo, pero en la palabra «perdón» está comprendida más completamente que en cualquier otra fórmula humana.

Cuando el Hijo de Dios, al ser colgado en un patíbulo vergonzoso por los hijos de los hombres, dijo: «*Padre, perdónalos*» en vez de exclamar: «Huestes angélicas, destruidlos», sustituyó con su propia persona a los pecadores, llevando sus pecados en su cuerpo sobre el madero de una manera muy clara.

III. Repaso general de teología exegética

El estudio de la teología exegética acerca de la expiación ha sido presentado en forma tan completa y tan competente por los grandes teólogos del pasado que no puedo hacer más que resumir sus conclusiones, con muy poca contribución original.

Además, aunque ha habido períodos importantes en la historia de la Iglesia, especialmente en el siglo XIX, en que hombres que negaron la expiación sustitutiva pretendían adherirse a la Biblia, es mi impresión que en la actualidad casi todos nuestros contemporáneos inclinados a negar la expiación sustitutiva reconocerían de buena gana que la Biblia enseña esta doctrina, aunque también negarían la autoridad de la Biblia.

Por eso, es mi convicción que al señalar los estudios de B.B. Warfield, Charles Hodge, A.A. Hodge, y T.J. Crawford estaré cumpliendo con mi responsabilidad con el presente. Daré adecuadas referencias para que los que sientan la necesidad de estudios exegéticos más detallados puedan hallarlos fácilmente.

A. B. B. Warfield

Es lamentable que Warfield, el teólogo más grande del pasado reciente, no escribiera una teología sistemática. Sus escritos sobre el tema de la expiación, y otros, tienen que ser buscados en las dos colecciones disponibles, aunque incompletas, de sus artículos. Su libro *The Lord of Glory* [El Señor de la Gloria, 1907], ha sido reimpreso por Editorial Zondervan. La obra constituye un estudio magnífico sobre la persona y las naturalezas de Cristo, pero toca la expiación solo en forma indirecta. Su pequeño libro, *The Plan of Salvation* [El plan de salvación], edición revisada, fue publicado por Eerdmans en 1942.

El principal aporte de Warfield al estudio de la doctrina de la expiación reside en su investigación de los términos empleados por los escritores de la Escritura al presentar la obra expiatoria de Cristo. El lector bien puede empezar con el artículo titulado «The New Testament Terminology of Redemption» [La terminología neotestamentaria de la redención]. Junto con este, el lector debe estudiar los artículos de Warfield: «Redeemer and Redemption» [El Redentor y la redención] y «Christ our Sacrifice» [Cristo nuestro sacrificio], hallándose ambos tanto en *Biblical Doctrines* [Doctrinas bíblicas], Oxford Press Warfield, como en *Person and Work of Christ* [Persona y obra de Cristo], Presbyterian and Reformed Publishing Co. Sugiero la lectura de los artículos «Atonement» [Expiación], y «Modern Theories of the Atonement» [Teorías modernas de la expiación]. Ambos se encuentran en los tomos ya mencionados.

Los escritos de Warfield se caracterizan por la amplitud de su perspectiva histórica, la exactitud escrupulosa en los detalles de la evidencia, y la claridad de su presentación. Ha probado sin duda alguna que la terminología usada por los escritores del Nuevo Testamento al presentar la obra expiatoria de Cristo se puede entender solo en el sentido de la doctrina de la expiación sustitutiva.

B. A.A. HODGE

La obra *The Atonement* [La expiación] por Archibald Alexander Hodge (hijo de Charles Hodge), publicado originalmente en 1867, fue reimpreso por Editorial Eerdmans. Escrito desde el punto de vista doctrinal sistemático, es abundante en datos exegéticos tanto como históricos. Su capítulo 3: «Definición de los términos, y especificación de los puntos principales envueltos en la doctrina ortodoxa de la expiación», anticipa muchas de las conclusiones más detalladas de Warfield.

C. CHARLES HODGE

En *Systematic Theology,* del autor Charles Hodge, el lector encontrará un resumen breve pero muy satisfactorio de los datos exegéticos que establecen el punto de vista sustitutivo. Su exégesis es especialmente abundante en el capítulo 53 de Isaías, y en pasajes del Nuevo Testamento como Romanos 3.24, Hebreos 10.10, 1 Juan 2.2 y 1 Pedro 2.24.

D. T.J. CRAWFORD

La presentación más satisfactoria y extensa así como el estudio exegético más completo de la doctrina bíblica de la expiación es la gran obra de Crawford: *The Doctrine of Holy Scripture Respecting the Atonement* [La doctrina de la Sagrada Escritura en cuanto a la expiación]. En la primera parte de su obra, Crawford dedica más de 200 páginas a la exégesis detallada de los modos de presentar la expiación en el Nuevo Testamento. "Sus veinticuatro subdivisiones son muy interesantes.

(1) Muere por los pecadores

(2) Muere por nuestros pecados

(3) Lleva nuestros pecados

(4) Es hecho pecado y maldición por nosotros

(5) Remite de pecados y libera de la ira

(6) Justifica

(7) Redime

(8) Reconcilia con Dios

(9) Es propiciación por el pecado

(10) Es sacerdote

(11) Es representante

(12) Como sacrificio

(13) Relaciona los sufrimientos de Cristo con su intercesión

(14) Media en procura del Espíritu Santo

(15) Libera del dominio de Satanás

(16) Obtiene la vida eterna

(17) El estado mental del Salvador en la perspectiva y en la paciencia de sus sufrimientos

(18) Los llamamientos y ofrecimientos gratuitos del evangelio

(19) La necesidad de fe en Él

(20) Su pacto en el Padre

(21) Su unión con los creyentes

(22) La manifestación del amor de Dios

(23) El ejemplo de paciencia y resignación

(24) Concebido para promover nuestra santificación

La materia exegética de Crawford bajo cada uno de estos veinticuatro títulos es tan clara y satisfactoria que sería una duplicación de esfuerzo tratar de resumirlo.

En el Antiguo Testamento, después de su estudio de la expiación en los libros proféticos, Crawford presenta el significado de los sacrificios levíticos para la doctrina de la expiación bajo cuatro encabezamientos:

(1) Su institución divina

(2) Su carácter expiatorio

(3) El alcance de su eficacia expiatoria

(4) Su referencia típica a Cristo

«Los sacrificios patriarcales y su significado para la doctrina de la expiación» es la última sección de la exégesis del Antiguo Testamento de Crawford.

E. Resumen

1. La ofrenda por el pecado

No se puede negar que el modo de presentar la expiación de Cristo en el Nuevo Testamento es principalmente bajo la figura del ofrecimiento de un sacrificio. La Epístola a los Hebreos en conjunto presenta a Cristo como sumo sacerdote, ofreciéndose en la cruz como altar. Su sacerdocio no es el de Aarón sino el de Melquisedec, tanto rey como sacerdote, un sacerdocio que antecede y supera al aarónico.

Al sacerdote aarónico «rodeado de debilidad», le era necesario hacer una ofrenda no solo por los pecados del pueblo sino también por los suyos propios (Hebreos 5.2,3): «*Así tampoco Cristo se glorificó a sí mismo haciéndose sumo sacerdote, sino el que le dijo: Tú eres mi Hijo, yo te he engendrado hoy* [Salmos 2.7]. *Como también dice en otro lugar* [Salmos 110.4]: *Tú eres sacerdote para siempre, según el orden de Melquisedec*» (Hebreos 5.5,6). «*Porque tal sumo sacerdote nos convenía: santo, inocente, sin mancha, apartado de los pecadores, y hecho más sublime que los cielos; que no tiene necesidad cada día, como aquellos sumos sacerdotes, de ofrecer primero sacrificio por sus propios pecados, y luego por los del pueblo; porque esto lo hizo una vez para siempre, ofreciéndose a sí mismo*» (Hebreos 7.26,27).

No introduciré aquí mi propia exégesis para mostrar que la presentación de una ofrenda por el pecado en el sistema de adoración del Antiguo Testamento fue propiciatoria y apuntaba hacia la expiación sustitutiva de Cristo. Esta exégesis ha quedado establecida con evidencia incuestionable por los grandes teólogos ya citados.

Raras veces encontramos a alguien que niegue esta exégesis hoy, aun entre los que rechazan la doctrina bíblica. En verdad, se admite comúnmente entre los eruditos no creyentes que lo que los escritores del Nuevo Testamento querían comunicar al presentar a Cristo como el sumo sacerdote ofreciéndose a sí mismo como ofrenda por el pecado no fue otra cosa que la expiación sustitutiva.

Tanto Charles Hodge como Crawford citan una declaración sorprendente de Horace Bushnell, que en su obra *On Vicarious Sacrifice*, 1866, fijó una posición firme en contra del punto de vista de la expiación sustitutiva. Hodge alude al contenido de la obra de Bushnell y cita en parte, como sigue:

¿Cómo llegaremos a Dios con ayuda de este martirio? ¿Cómo lo volveremos, o nos volveremos bajo ello, de manera que seamos justificados y puestos en paz con Dios? Claramente hay una falta aquí, y esta se suple dando una interpretación a los hechos que no está en los hechos mismos [*sic*]. Se ponen directamente en los moldes del altar y estamos llamados a aceptar al Dios-Hombre crucificado como nuestro sacrificio, una ofrenda o libación por nosotros, nuestra propiciación ... tanto hay en esto que, sin estas formas del altar, estaríamos completamente perdidos al hacer uso de los hechos cristianos, que nos pondrían en una posición de reconciliación práctica con Dios. Cristo es bueno, hermoso, maravilloso; su amor desinteresado es un cuadro en sí mismo, su paciencia perdonadora se derrite en mis sentimientos; su pasión despedaza mi corazón; pero, ¿para qué es Él, y cómo es hecho para mí la salvación que deseo? Una palabra: Él es mi sacrificio —abre todo para mí, y mirándole con todos mis pecados sobre Él lo considero mi ofrenda. Vengo a Dios por medio de Él y entro al Lugar Santísimo por su sangre.

2. Rescate

El sumo sacerdocio y la ofrenda por el pecado no son los únicos términos con que se presenta la expiación de Cristo en las Escrituras. El vocablo bíblico *rescate* es discutido extensamente por Warfield en el artículo sobre terminología, citado anteriormente. Tanto Mateo como Marcos nos dan las palabras de Cristo en cuanto a que vino *«para dar su vida en rescate por muchos»* (Mateo 20.28; Marcos 10.45).

Pablo escribe a Tito: *«Quien se dio a sí mismo por nosotros para redimirnos de toda iniquidad y purificar para sí un pueblo propio, celoso de buenas obras»* (Tito 2.14). Pedro escribe: *«No con cosas corruptibles, como oro o plata, fuisteis rescatados de vuestra vana manera de vivir, la cual recibisteis de vuestros padres, sino con la sangre preciosa de Cristo, como de un cordero sin mancha y sin contaminación»* (1 Pedro 1.18,19).

Los escritores bíblicos no elaboraron la figura del rescate. Discutiremos el desarrollo patrístico de este pensamiento más adelante. Tomando todos los datos juntos, parece más razonable considerar el rescate, no como una figura distinta e independiente de la ofrenda por el pecado, sino más bien como el punto de vista bíblico de lo que la ofrenda misma por el pecado representaba. Así Pedro, en la cita anterior, identifica el rescate con el cordero del sacrificio.

3. Pago de una deuda

Otra forma de expresión representa la expiación de Cristo como el pago de una deuda. Se nos enseña en el Padrenuestro: *«Perdónanos nuestras deudas como también nosotros perdonamos a nuestros deudores»* (Mateo 6.12). En varios pasajes de las enseñanzas de Jesús se presenta la gracia de Dios como el perdón de una deuda (Mateo 18.30ss; Lucas 7.41). Otra vez debemos sugerir que la referencia a la expiación como el pago de una deuda no debe ser interpretada como un modo distinto y separado de enseñar sino más bien como un análisis del significado de la ofrenda por el pecado.

4. Salvador

La palabra «salvador» y el sustantivo abstracto correspondiente, «salvación» así como el verbo «salvar», aparecen frecuentemente a través de la Escritura. En la concordancia de Moulton y Geden las referencias a estas palabras ocupan más de cuatro columnas. El vocablo «salvador» puede aplicarse a cualquiera que salva de alguna circunstancia lastimosa, y el verbo y el sustantivo abstracto correspondiente se usan de una manera similar.

En el Nuevo Testamento el término «salvador» a veces se le aplica al Padre, por ejemplo, en 1 Timoteo 1.1: *«Dios nuestro Salvador y del Señor Jesucristo nuestra esperanza»;* y en Judas 25, *«Al único y sabio Dios, nuestro Salvador»;* y hasta en 1 Timoteo 4.10; Tito 1.3; 3.4.

El uso más importante y común de estas palabras tiene que ver con la salvación del pecado y sus consecuencias; la salvación que viene de Dios el Padre por Jesucristo, quien en forma preeminente es llamado el Salvador. Su función como tal se declara en Mateo 1.21: *«Y llamarás su nombre Jesús* [«Jesús» es el equivalente griego de Josué, que significa «Jehová es salvación»] *porque él salvara a su pueblo de sus pecados».* El oficio de Cristo como Salvador es presentado en textos como los que siguen:

«*Porque el Hijo del hombre vino a buscar y a salvar lo que se había perdido*» (Lucas 19.10).

«*El Dios de nuestros padres levantó a Jesús, a quien vosotros matasteis colgándole en un madero. A este, Dios ha exaltado con su diestra por Príncipe y Salvador, para dar a Israel arrepentimiento y perdón de pecados*» (Hechos 5.30,31).

«*Estando ya justificados en su sangre, por él seremos salvos de la ira. Porque si siendo enemigos fuimos reconciliados con Dios por la muerte de su Hijo, mucho más, estando reconciliados, seremos salvos por su vida*» (Romanos 5.9,10).

«*Mas nuestra ciudadanía está en los cielos, de donde también esperamos al Salvador, el Señor Jesucristo*» (Filipenses 3.20).

«*Palabra fiel y digna de ser recibida por todos: que Cristo Jesús vino al mundo para salvar a los pecadores, de los cuales yo soy el primero*» (1 Timoteo 1.15).

«*Nuestro Salvador Jesucristo, el cual quitó la muerte y sacó a luz la vida y la inmortalidad por el evangelio*» (2 Timoteo 1.10).

«*Aguardando la esperanza bienaventurada y la manifestación gloriosa de nuestro gran Dios y Salvador Jesucristo, quien se dio a sí mismo por nosotros para redimirnos de toda iniquidad y purificar para sí un pueblo propio, celoso de buenas obras*» (Tito 2.13,14).

«*Por lo cual puede también salvar perpetuamente a los que por él se acercan a Dios, viviendo siempre para interceder por ellos*» (Hebreos 7.25).

Muchos otros usos de la palabra «salvador» podrían estudiarse. Estos son suficientes, sin embargo, para mostrar que la palabra cuando se aplica a Cristo significa que Él nos ha salvado del pecado por su muerte en la cruz. No es que la palabra «salvador» en sí misma implique sufrimiento sustituto, ni que en sí misma esté vinculada directamente con la ofrenda por el pecado. El argumento es que cuando se emplea en los contextos en los cuales ocurre, el sentido usualmente es salvación por el sufrimiento sustitutivo de Cristo en la cruz.

IV. HISTORIA DE LA DOCTRINA DE LA EXPIACIÓN

Hemos visto que los términos bíblicos en que se presenta la expiación se enfocan en el pensamiento del sacrificio sustitutivo sobre la analogía de la ofrenda por el pecado cuando Cristo se ofreció a sí mismo por nosotros en la cruz. A través de la historia de la Iglesia, estos términos, estos modos de pensar, estas figuras de expresión, han sido de lo más satisfactorios. Sin embargo, en todas las edades, la verdadera Iglesia de Cristo ha tenido que enfrentarse con aquellos para quienes los modos bíblicos de expresión son enigmáticos, incluso sin significado, por causa de su ignorancia de la Biblia.

Recuerdo bien mi experiencia como estudiante de teología del primer año, al ocupar el púlpito en una pequeña iglesia modernista del campo. Mi bisabuelo había sido su pastor cincuenta años atrás, pero muchos años después el púlpito fue ocupado por estudiantes de un seminario teológico modernista.

Yo estaba acostumbrado al caluroso ambiente evangelístico de la iglesia de mi padre, en la cual me había criado. También había servido como pastor suplente en una pequeña iglesia llena de gente que amaba y creía la Biblia. Una de mis expresiones favoritas al presentar el significado de Cristo para nuestras vidas era: «*Nuestra pascua, que es Cristo, ya fue sacrificada por nosotros*» (1 Corintios 5.7).

Esas palabras siempre parecían recibir un aprecio intenso. Pero al citarlas en el púlpito de esta pequeña iglesia modernista, observé que eran completamente incomprensibles para la gente. Ellos estaban acostumbrados a sermones sobre la reforma social. Esa gente sabía menos de terminología bíblica que los paganos del primer siglo que iban a oír los mensajes de Pablo en la sinagoga. Muchos de esos pueblos antiguos conocían las Escrituras judías en el idioma en que se escribieron, el griego.

En esta iglesia moderna, sin embargo, pude ver una expresión enigmática en los rostros de los jóvenes y de la gente de mediana edad (aunque algunos de los ancianos quizás entendían). «¿Por qué está hablando acerca de la pascua judía este joven predicador? ¿Qué tiene la pascua que ver con una respetable iglesia congregacional en los suburbios de Chicago?»

Nuestro Señor nos encargó predicar el evangelio a la gente de cada nación y tribu y lengua. Debemos presentar el mensaje en términos comprensibles. Si la gente no entiende la ofrenda por el pecado, la pascua, el sumo sacerdocio levítico, tenemos que hallar lenguaje y figuras de expresión que expresen fielmente el evangelio. Creo que las varias teorías de la expiación que se han desarrollado en el curso de la historia eclesiástica son el resultado del sentimiento de parte de pastores y misioneros cristianos que tienen que hacer comprensible el evangelio a la gente que están tratando de alcanzar.

No quiero decir que el evangelio pueda ser predicado sin un sentido de misterio, o sin un énfasis fuerte en el hecho de que el significado completo de la expiación va más allá de nuestra comprensión. Lo que quiero decir es que cuando invitamos a los paganos a creer el evangelio, sean salvajes ignorantes o personas civilizadas de alta cultura, debemos hallar una manera de expresar en el lenguaje de ellos lo que Cristo significa para nosotros. De otro modo nuestro mensaje degeneraría en un simple misticismo sentimental e irracional.

A. TEORÍA PATRÍSTICA DEL RESCATE

La teoría extrabíblica más temprana de la expiación de la cual tenemos algún informe se encuentra en los escritos de los padres de la iglesia primitiva después de terminada la edad apostólica. Algunos de esos padres, tomaron la palabra «rescate» como aparece en las Escrituras, y formularon el pensamiento de que Cristo en su muerte pagó un rescate a Satanás. Por este pago, el diablo abandonó su dominio sobre los elegidos de Dios. Habiéndose hecho el pago, y siendo Cristo más fuerte que Satanás, luego Cristo se levantó de entre los muertos.

Warfield clasifica este tipo de planteamiento entre las «teorías que conciben la obra de Cristo como prevaleciente sobre Satanás, afectándole en tal forma que pudo conseguir la liberación de las algunas mantenidas por él en esclavitud». Warfield indica: «Estas teorías ... estaban muy de moda en la edad patrística (e.g. Ireneo, Hipólito, Clemente de Alejandría, Orígenes, Basilio, los dos Gregorios, Cirilo de Alejandría, hasta Juan de Damasco y Nicolás de Meyra inclusive; Hilario, Rufino, Jerónimo, Agustín, León el Magno, y aun después Bernardo).

»Las mismas pasaron de moda en cierto grado, mientras la doctrina de la «satisfacción» llegaba a ser conocida más extensamente. No solo el pensamiento de Bernardo corre aún en este canal sino que incluso Lutero utiliza el mismo concepto. La idea asume muchas formas; en algunas se habla de sobornar, en otras de vencer, y en algunas aun de ser más listo que el diablo (e.g., Orígenes). Pero sería injusto suponer que tales teorías representan en cualquiera de sus formas todo el pensamiento en cuanto a la obra de Cristo de los que hicieron uso de ellas, o que fueron consideradas por ellos como una declaración científica de la obra del Señor.

»Más bien demuestran solamente el profundo sentido de su autor en cuanto a la esclavitud con que los hombres están sujetos al pecado y la muerte, y proclaman vivamente el rescate que conciben que Cristo ha obrado por nosotros al vencer a aquel que tiene el poder de la muerte».

Anselmo observó la falacia en la idea de que Cristo pagó un rescate a Satanás. Él afirma: «Dios no le debía nada al diablo sino castigo... Todo lo que se demandó del hombre, lo debió a Dios y no al diablo».[9]

Es obvio que pagar un rescate al enemigo es una admisión de debilidad, y sin embargo he encontrado personas devotas y he leído tratados impresos en nuestro tiempo exponiendo la expiación de Cristo como un rescate pagado a Satanás.

---

[9] Anselmo, *Cur Deus Homo*, Libro II, Capítulo XIX.

Siguiendo la metáfora del rescate, es muy normal que este sea un pago para satisfacer la santidad y justicia del carácter de Dios y su ley moral fundamental. En efecto, somos deudores a la ley de Dios, y si debemos contestar la pregunta de por qué se paga el rescate, la respuesta tiene que ser: «Para satisfacer las demandas de la justicia divina». Como Pablo escribió a Filemón: *«Si en algo te dañó, o te debe, ponlo a mi cuenta. Yo Pablo lo escribo de mi mano, yo lo pagaré»* (Filemón 18,19); así Cristo, en efecto, nos ha redimido a los pecadores de pagar la deuda que debíamos a la justicia divina.

B. ANSELMO DE CANTERBURY

1. Necesidad ontológica de la expiación
a. El carácter santo de Dios

El *Cur Deus Homo*, escrito por Anselmo (1033-1109), es una presentación monumental de la doctrina bíblica de la expiación. La pregunta «¿Por qué el Dios-Hombre?», que da título al libro, es contestada presentando razones de la necesidad ontológica de la encarnación y la muerte de Jesucristo, si es que el pecador se ha de salvar.

La primera presuposición de Anselmo es el carácter santo de Dios. En cuanto a ello señala: «No es justo cancelar el pecado sin compensación o castigo; si no es castigado, entonces es pasado por alto sin cancelarlo... Si el pecado es pasado por alto sin castigarlo... con Dios no hay diferencia alguna entre el culpable y el inocente; y esto es impropio de Dios».[10] Pretender que alguna cosa es impropia para Dios, es presumir, como la Biblia enseña, que Él tiene un carácter definido, y que sería impropio para Él hacer cualquier cosa en violación de su propio carácter.

Anselmo contempla el asunto del libre albedrío de Dios y su poder de hacer cualquier cosa que decida. Anselmo replica: «No hay libertad [para Dios] salvo en cuanto a lo mejor o lo apropiado: ni debe llamarse misericordia lo que sería im-

---

[10] *Idem*, Libro I, Capítulo XII.

propio del carácter divino. Además, cuando se dice que lo que Dios desea es justo, y lo que no desea es injusto, no debemos entender que si Dios deseara algo impropio, entonces sería justo, simplemente porque lo desea. Pues si Dios deseara mentir, no debemos concluir que es correcto mentir, sino más bien que Él no sería Dios.

»Porque ninguna voluntad jamás podrá desear mentir a menos que la verdad en ella sea malograda. Incluso, a no ser que la voluntad misma sea dañada por abandonar la verdad. Entonces, cuando se dice: "Si Dios deseara mentir", quiere decir sencillamente esto: "Si la naturaleza de Dios es tal que Él desea mentir" y, por lo tanto, no se sigue que la mentira sea correcta, excepto que se entienda de la misma manera como cuando hablamos de dos cosas imposibles: "Si esto fuere la verdad, entonces sígase aquello; porque ni *esto* ni *lo otro* es la verdad", como si un hombre dijese: "Supongamos que el agua es seca y el fuego es húmedo"; porque ni el uno ni el otro es el caso.

»Por eso, en cuanto a estas cosas, para hablar toda la verdad: Si Dios desea una cosa, es justo que deseara lo que no involucre ninguna impropiedad.... Por lo cual, si no es propio de Dios hacer algo injustamente, o fuera de lo correcto, eso no tiene que ver con su libertad, su compasión o la voluntad de dejar ir sin castigo al pecador que no le paga lo que le ha defraudado».[11]

En las dos últimas citas mencionadas, Anselmo basa la razón ontológica de la encarnación y la expiación en el propio carácter de Dios. Debe notarse que no toma la posición de que hay leyes de verdad, leyes de ética, o leyes de conveniencia externas a Dios, a las cuales Él tiene que estar sujeto. Anselmo cree que las leyes de la verdad, la bondad y la conveniencia se derivan del carácter de Dios mismo.

[11] *Ibid.*

b. *Puntos de vista contrarios*

Charles Hodge, al hacer contrastar el punto de vista de Anselmo con la artificialidad de las opiniones de Duns Escoto (c. 1265-1308), explica que los escotistas enseñaban que la expiación de Cristo fue «tomada como una satisfacción», *acceptatione gratuita*, es decir, una aceptación gratuita sin hacer caso de su valor intrínseco.

Hodge continúa, mostrando que, con referencia a la demostración de Anselmo acerca de la necesidad ontológica para la expiación, «Este principio ... Escoto lo disputó. Presentó el principio opuesto, a saber, *Tantun valet omne creatum oblatum, pro quanto Deus acceptat*. Es decir: "Cada ofrenda traída cualquiera que sea, tiene el valor que Dios le da"». Hodge prosigue: «Por eso, cualquier hombre podría haber hecho satisfacción por sus propios pecados; o un hombre por los pecados de todos los hombres, si Dios así lo hubiese ordenado».

En la página siguiente Hodge argumenta que esta opinión presentada por los escotistas «equivale a decir que no hay verdad en nada. Dios puede (si se puede perdonar tal lenguaje) aceptar cualquier cosa por otra; el todo por una parte, o una parte por el todo; verdad por error, o error por verdad; lo bueno por lo malo, o lo malo por lo bueno; la sangre de una cabra, por la sangre del Eterno Hijo de Dios. Esto es imposible. La naturaleza de Dios es inmutable: razón, verdad y bondad inmutables; y su naturaleza determina su voluntad y sus juicios. Por eso, es imposible que Él recibiera como satisfacción lo que en verdad no lo es».

Nuevamente, al discutir la doctrina de aquellos que sostienen tales opiniones, Hodge indica: «No querían decir por satisfacción ni *solutio*, un valor verdadero ofrecido por la deuda, ni *acceptio*, recibiendo una cosa en lugar de otra como su equivalente, sino *acceptilatio* la aceptación bondadosa como satisfacción de lo que en su propia naturaleza no era un equivalente, como si Dios aceptara la vida de un animal por la de un hombre...»

Le agradecemos a Anselmo por enunciar el principio de que, si algún pecador se ha de salvar, tiene que haber —por necesidad ontológica—, una satisfacción total de la completa justicia del propio carácter de Dios.

2. La infinita degradación del pecado

El pecador convencido por el Espíritu Santo y confrontado con el mensaje del evangelio reconoce que el pecado es «sobremanera pecaminoso» a la luz de la ley santa de Dios. Anselmo muestra claramente la infinita degradación del pecado en el Libro 1, capítulos 21, 22 y 23. El razonamiento puede impresionar al lector como un poco superficial o pedante, pero una cuidadosa consideración del mismo revelará la validez profunda de la conclusión del autor.

Anselmo pregunta, en efecto: «¿En consideración a cuánto sería justo que yo desobedeciera a Dios y corrompiese la santidad original de su creación?» La respuesta es que todo el universo y aun todos los posibles universos creados no se considerarían suficiente, puesto que Dios puede crear uno de ellos con una palabra.

Hay un demérito infinito en corromper el piadoso carácter santo que Dios les impartió a sus criaturas humanas cuando las creó. El capítulo 22 habla de la pregunta: «¿Qué tomó el hombre de Dios por su pecado?» En respuesta a esto, Anselmo trata efectivamente de la pecaminosidad del acto por el cual «en la caída del hombre toda la naturaleza humana fue corrompida y, por decirlo así, fue contaminada por el pecado».

Cuando meditamos sobre estos argumentos a la luz de las Escrituras, nos convencemos de que la pecaminosidad de nuestros pecados es una degradación infinita. Según pienso, para que una criatura hecha a la imagen de Dios corrompa la santidad de la creación de Dios debe requerir un sacrificio de valor infinito. «*Porque no quieres sacrificio [animal], que yo lo daría; no quieres holocausto*» (Salmos 51.16).

Un sacrificio finito no tiene valor alguno. Solamente uno infinito, como el de Cristo en la cruz, puede valer y esto tiene que ser aceptado por fe como nuestra ofrenda con un espíritu humilde y contrito. «*Y agradará a Jehová más que sacrificio de buey, o becerro que tiene cuernos y pezuñas*» (Salmos 69.31).

3. Otras fases del parecer de Anselmo

a. El número de los ángeles caídos

Anselmo discute otras fases de la expiación en *Cur Deus Homo* que son de menor importancia, de las cuales algunas pueden ser rechazadas. Por ejemplo, él insiste mucho en la idea de que el número de los elegidos de Dios tiene que ser igual al de los ángeles caídos. Esto lo trata extensamente. Sin embargo, no da ninguna razón valida, a mi juicio, para presumir que el número de los elegidos, esto es, las personas que Dios salvará de entre los pecadores, se relaciona necesariamente con el número de los ángeles que cayeron.

b. El Hijo no es un tercero

Anselmo pone de relieve brevemente el hecho de que el principio de justicia es verdaderamente tanto una característica del Hijo como del Padre. Y señala: «Puesto que Él es verdadero Dios, el Hijo de Dios, se ofreció a sí mismo por su propio honor, tanto como por el del Padre y el del Espíritu Santo...» Anselmo no desarrolla este pensamiento y, además, afirma algunas cosas que no son compatibles con el mismo.

c. La ofrenda de hombre representando al hombre

Anselmo presume en toda su obra que la expiación tiene que ser hecha por el hombre como representante de la humanidad perdida. Respecto a ello, indica: «Dios no tenía necesidad alguna de descender del cielo para conquistar al diablo, ni para contender contra él en santidad para librar a la humanidad. Pero Dios demandaba que el hombre conquistara al diablo, para que aquel que había ofendido por el pecado expiara por la santidad... así el hombre solo debía pagar lo debido conquistando al diablo, como ya el hombre había sido conquistado por él».

El argumento de Anselmo continúa en el sentido de que como el hombre mismo no podía proveer una expiación infinita ni una ofrenda de valor infinito, fue por eso necesario el Dios-Hombre. Jesucristo tenía que ser no solamente Dios sino que también debía ser hombre, para tomar el lugar del hombre y representarlo ofreciendo la expiación.

Según este parecer, argumenta Anselmo, «... los ángeles caídos no pueden ser salvos sino por la muerte de un Dios-ángel, quien por su santidad pueda reparar la maldad ocasionada por los pecados de sus compañeros... Y no digo esto como si estuviera negando que la virtud de la muerte de Cristo es mucho más grande que todos los pecados de los hombres y de los ángeles...»

Los teólogos ortodoxos presumen comúnmente que Anselmo tenía razón, y que había una necesidad ontológica de que el que ofreciera la expiación tendría que ser hombre para representar a la humanidad caída. Charles Hodge tiene la misma opinión.

Discutiendo los «requisitos para la obra» del Redentor, razona Hodge: «Tenía que ser un hombre. El apóstol fija como la razón de que Cristo asumió nuestra naturaleza y no la de los ángeles, porque vino a redimirnos (Hebreos 2.14-16). [Uno] ... que pudiera sentir todas las flaquezas de su pueblo y estar unido a ellos en una naturaleza común. El que santifica (purifica del pecado, así de culpa como de contaminación) y los que son santificados son, y tienen que ser, de una misma naturaleza. Por eso, como los hijos participaron de carne y sangre, él también participó de lo mismo (Hebreos 2.11-14)».

La Escritura es perfectamente clara y enfática al señalar que nuestro Señor Jesucristo, aun siendo el Eterno Hijo de Dios, fue hecho hombre en la encarnación. Dos de los propósitos de esto último se citan explícitamente en los versículos citados por Charles Hodge en Hebreos 2. Estos fines son: (1) Para que pudiera compadecerse de nuestras debilidades (cf. también Hebreos 4.15,16ss); (2) para que pudiera morir. Este propósito se declara explícitamente: «*Por cuanto los hijos participaron de carne y sangre, él también participó de lo mismo, para destruir por medio de la muerte al que tenía el imperio de la muerte, esto es, al diablo, y librar a todos...»* (Hebreos 2.14,15).

Los propósitos de la encarnación que culminaron en la expiación y resurrección, sin embargo, son más extensos que los dos puntos aquí enumerados: compasión y muerte sacrificial. Crawford, al discutir el «carácter representativo» de la expiación, muestra que Cristo como nuestro representante tenía que ser hombre para así contrarrestar el pecado original de Adán.

En el gran pasaje que explica la relación entre la caída del hombre y la expiación de Cristo (Romanos 5.12-21), se argumenta repetida y enfáticamente que tal como Adán representó a la humanidad en su caída así Cristo representó a sus redimidos en su expiación. Hallamos un pensamiento paralelo en otras Escrituras: *«Porque por cuanto la muerte entró por un hombre, también por un hombre la resurrección de los muertos. Porque así como en Adán todos mueren, también en Cristo todos serán vivificados»* (1 Corintios 15.21,22). *«Todo sumo sacerdote tomado de entre los hombres es constituido a favor de los hombres en lo que a Dios se refiere»* (Hebreos 5.1).

Parece exageradamente claro que para la redención de los hombres nuestro Redentor tenía que ser un hombre, el cual no representara en la ofrenda del sacrificio en la cruz.

La necesidad de su humanidad y de su muerte como hombre, no es meramente incidental. En todos los asuntos humanos en este mundo la pena capital es el castigo extremo. Ninguna otra pena humana puede ser más severa.

Se podrá razonar que la muerte física de un hombre es un asunto finito. Esto es cierto, pero hemos demostrado que cuando Cristo, el Eterno Hijo de Dios, sufrió la muerte aun en un sentido meramente físico, ello constituyó un sacrificio infinito, más que equivalente al castigo eterno de toda la especie humana. Anselmo argumenta que el valor infinito resulta de la dignidad de su Persona.

Además, hay que recordar que el sufrimiento físico de Cristo comparado con el espiritual fue como nada, cuando toda la fuerza de lo que representaba la suma total del pecado, incluyendo el mío, la «enemistad contra Dios» de todos los pecadores, cayó sobre Él. La expiación de Cristo satisface la justicia divina porque es un sacrificio infinito. También es muy apropiado que, para la redención de la humanidad perdida, Cristo, como Dios y hombre, sufriera la muerte física, el castigo más severo conocido en términos humanos.

d. ¿Salvación de otras criaturas morales?

¿Tendría Cristo que ser tanto hombre como Eterno Hijo de Dios para actuar cual Redentor de los hombres,? ¿Es comprensible que la expiación de Cristo hipotéticamente no podía ser efectiva para la redención de los ángeles? ¿Debemos seguir las razones de Anselmo y sostener que para la salvación hipotética de los ángeles caídos tiene que mediar la muerte de un «Dios-ángel»?

Debo recalcar que esta es una cuestión netamente hipotética. Al discutir la caída de los ángeles, he tratado de mostrar que cuando eso ocurrió, Satanás y sus seguidores cayeron definitivamente. Esta es la enseñanza explícita de 2 Pedro 2.4 y Judas 6. Sin embargo, la cuestión hipotética no carece de importancia porque en hoy no se concibe que se descubran seres morales inteligentes en algún otro planeta, y que pudiera existir pecado contra el carácter santo de nuestro Dios entre esos seres.

Si Anselmo tuviese razón al decir que Cristo tendría que haber sido hecho ángel y morir otra vez por los ángeles caídos; si les fuera ofrecida salvación, entonces tendríamos que sostener que hay otro orden de seres morales inteligentes en el universo que han pecado, y que pudieran ser salvos. Cristo, por tanto, tendría que repetir la analogía de la encarnación y la de la expiación, literalmente como uno de tales seres.

Contrario a tal parecer tenemos la declaración positiva de Pablo: «*Sabiendo que Cristo, habiendo sido resucitado de entre los muertos, no muere ya más*» (Romanos 6.9).

Me inclino a pensar que Anselmo erró en su declaración hipotética. Se ha demostrado que la expiación no solo fue plena, completa y apropiadamente fundamentada en el principio representativo humano, en cuanto a que Él, como inmaculado Dios-Hombre, sufrió la extrema pena conocida en términos humanos como nuestro representante, Además, se ha demostrado que la expiación fue absolutamente infinita en su valor, en que el Eterno Hijo de Dios, muriendo físicamente sobre la cruz, sufrió toda la ignominia, todas las indignidades de todo el pecado del universo completo, no solo en su cuerpo, sino también en la agonía infinita de su alma.

Por eso opino que si hay algún orden de seres morales inteligentes en todo el universo que hayan pecado contra nuestro santo Dios, empero no han pecado en el sentido irremediable de una elección última y final contra Él, la expiación infinita de la cruz del Calvario es más que suficiente. Lo único que se requeriría en caso tal, sería que algún pecador salvado por la gracia narrara la historia y explicara por qué nuestro Señor Jesucristo tiene marcas en sus manos, en sus pies y en su costado.

Además, desde el punto de vista de los decretos eternos de Dios, creo que debemos sostener que si alguna criatura en todo el universo, habiendo caído en pecado, ha de ser salva, ciertamente fue incluida en el decreto eterno de la elección y en el soberano acto de la gracia efectuado para los elegidos en la cruz del Calvario.

e. Supererogación

Había en la enseñanza de Anselmo la doctrina de la supererogación,[12] no muy enfatizada, aunque explícitamente declarada. En el Libro 2, capítulo 18, Anselmo señala: «Ningún hombre, excepto este [Jesús], jamás dio a Dios lo que no estaba obligado a perder, o pagó una deuda que no debía».

---

[12]Supererogación es la acción que se ejecuta adicionalmente a lo debido, es decir, en términos católicos, acciones añadidas a la obra expiatoria de Cristo que complementarían el pago por los pecados. Esto es negar la suficiencia del sacrificio de Cristo.

Esta expresión de Anselmo ciertamente no da ninguna base a la idea de que bajo cualquier circunstancia las obras humanas tienen el mérito de la supererogación, sin embargo, abre la puerta[13] a la idea de los méritos supererogatorios, al añadir los mismos a la obra de Cristo.

C. DOCTRINA CATÓLICO-ROMANA: INDULGENCIAS

En su artículo sobre la expiación (*Expiation and Atonement*) William Adams Brown indica que «el *Cur Deus Homo* ... proporcionó la base teórica para la práctica de las indulgencias, que ya en el tiempo de Anselmo había empezado a tomar proporciones considerables. Por la muerte de Cristo hay una reserva de mérito supererogatorio que está disponible para la remisión de las penas incurridas por los pecados cometidos después del bautismo.

»La administración de este depósito es confiada a la iglesia y es ejercitada por ella por medio del sistema penitencial. La concepción total de las obras supererogatorias, que juega un papel tan importante en la teología del catolicismo romano posterior, tiene su ilustración más eminente en la muerte de Cristo. Lo que Él hizo al someterse voluntariamente a una muerte que no se merecía, da un ejemplo que los santos han de imitar, quienes así por sus buenas obras aumentan las reservas de mérito que el Maestro inició».

No necesito aquí extenderme sobre los males de la doctrina y práctica de las indulgencias católicas. Obras dignas de confianza como *La Reforma alemana,* de Phillip Schaff, y *La historia de la Reforma,* por Merle d'Aubigne, dan los hechos con abundante evidencia. El artículo sobre «Indulgencias» por A. Boudinhon (*Enciclopedia de religión y ética,* Hastings) da el punto de vista católico de la práctica y la doctrina en la forma más favorable posible, y aun aquí las falacias y las maldades son bastante claras.

---

[13]Buswell no está diciendo que Anselmo creyera en las obras supererogatorias, sino que algunos interpretaron sus palabras así.

D. EL PARECER DE LA INFLUENCIA MORAL

La designación «moral» o «ética» se ha usado para cubrir una variedad de doctrinas de la expiación que concuerdan en negar la eficacia sustitutiva y objetiva de la muerte de Cristo, así como también en afirmar que la eficacia de la muerte de Cristo reside en su influencia ética sobre el pecador. Esta doctrina fue enunciada en la época de la Reforma protestante en las actividades y los escritos de Lelio Socino (1525-1562) y su sobrino Fausto Socino (1539-1604). El socinianismo fue unitario en su doctrina acerca de Jesús. Fausto Socino, que llevó las opiniones de su tío a un plano mayor, negó la preexistencia de Cristo, y al escribir en contra de la predestinación negó la omnisciencia de Dios con referencia a las acciones de agentes libres. Es significativo que los socinianos fueron no solo unitarios sino también partidarios de la teoría «moral» de la expiación. Charles Hodge señala: «Es un hecho histórico que las dos doctrinas de la divinidad de Cristo y la expiación por la sangre del Hijo de Dios han ido juntas. Raras veces los que niegan una han sostenido la otra por mucho tiempo».

Hodge distingue tres formas de la teoría «moral»: (1) una que presenta la obra salvadora de Cristo como simplemente la de un *maestro*, y que pone poco énfasis en la eficacia de su muerte expiatoria; (2) otra que presenta a Cristo como un maestro que se convirtió en mártir por las verdades que enseñó, dando con su muerte mayor significado a su enseñanza; (3) un punto de vista que considera a Cristo como un ejemplo de amor abnegado, y su muerte en la cruz el acto supremo de la muestra de ese amor.

Es característico de los defensores de la teoría «moral» que aunque niegan el principio del sacrificio sustitutivo, generalmente sostienen la idea de una ley moral inexorable. El pecado tiene que ser castigado, *a no ser que sea quitado*. La teoría «moral» sostiene que Cristo no llevó nuestro castigo, pero de alguna manera quitó nuestros pecados por su influencia moral.

Tal vez el argumento más fuerte en contra de la teoría «moral» es que es un mensaje de desesperación. Si fuésemos salvos del castigo del pecado solamente por su eliminación, cada cristiano al contemplar la santidad de Dios y la pureza inmaculada de Cristo reconocería en su propia conciencia que no es libre de pecado. «Ningún mero hombre, desde la caída, puede en esta vida guardar perfectamente los mandamientos de Dios, sin embargo, los quebranta diariamente en pensamiento, en palabra y en hechos».[14] Si Cristo ha de ser copiado como ejemplo de amor abnegado, y si he de salvarme imitando su ejemplo y obedeciendo sus enseñanzas, el evangelio no es «buenas nuevas», pues, por más que trate, no puedo alcanzar estas normas.

Además, a no ser que fuera el Eterno Hijo de Dios y que su muerte constituyera el sufrimiento por nuestros pecados y la vindicación de la justicia divina, la crónica de la muerte de Jesús no tiene como fin estimular el heroísmo ni la devoción. Otros han mostrado que la muerte de Sócrates es un ejemplo mucho mejor del heroísmo de un maestro que selló su testimonio con su muerte.

La historia narrada en *La apología* de Platón, en verdad, es emocionante y estimulante. ¡Quién no se ha emocionado por la calmada determinación de Sócrates de obedecer las leyes del estado, tal como había enseñando a sus discípulos a obedecerlas! Sin embargo, ¿Cuándo ha experimentado la regeneración un pecador por creer que Sócrates murió por él?

Si Jesús no era el Hijo de Dios muerto por nuestros pecados, la agonía en Getsemaní y las palabras expresadas en la cruz no son particularmente heroicas. Solo si fue lo que dijo ser, y si su muerte fue como dijo, «un rescate por los pecados de muchos», solamente entonces, todos los detalles son apropiados y comprensibles.

---

[14]*Catecismo Menor*, pregunta 82: ¿Puede algún hombre guardar perfectamente los mandamientos de Dios?

En nuestros días, la teoría «moral» de la expiación ha degenerado en «la fragancia de un florero vacío». Queda como una expresión más o menos anhelante de los testigos racionalistas que ya no creen en la salvación por la sangre de Cristo sino que tienen una especie de apreciación poética de que había algo grande y glorioso en la teología que así creía.

E. EL PUNTO DE VISTA GUBERNAMENTAL

La idea de la expiación elaborada por Hugo Grotio (1583-1645) se llama «gubernamental» porque el carácter de Dios como gobernador del universo moral se acentúa casi hasta la exclusión de su carácter como santo en su ser esencial. Las sagradas leyes de Dios se consideran no tanto una expresión de su carácter santo y de su relación esencial con su creación como una estructura formal de los asuntos públicos universales.

Se niega que Dios, siendo santo, por necesidad lógica odie el pecado y de su propia naturaleza tenga que castigarlo. Según esta opinión, todo lo que se requiere es que la «justicia pública» sea mantenida. Esto quiere decir que la dignidad de la ley santa de Dios como la personificación de su gobierno tiene que ser vindicada. Junto con estas presuposiciones está la de que si la dignidad pública de la ley se mantiene en la apariencia externa, no se requiere una expiación ontológicamente equivalente al valor negativo del pecado.

Todas las objeciones a la idea de Duns Escoto discutidas anteriormente por vía de contraste con las opiniones de Anselmo son aplicables a la teoría gubernamental. La muerte de Cristo se toma como un mero *acceptilatio*, esto es, una simple aceptación artificial sin ningún verdadero pago de deuda, algo que el gobierno de Dios no acepta, cualquiera que sea su base lógica, sin una verdadera propiciación por el pecado.

Se afirma que la muerte de Cristo es una «demostración» de cómo la ley considera el pecado. Habiendo hecho una «demostración» para apoyar la «justicia pública», se dice que el gobierno santo de Dios se justifica al perdonar a los pecadores sin ninguna clase de justificación ni lógica.

Esta interpretación de la expiación fue aceptada por muchos de los inconformes, los arminianos que se opusieron a las decisiones del Sínodo de Dordrecht (1618-1619). Sustancialmente la misma doctrina fue desarrollada más o menos independientemente por Jonatán Edwards, el joven, y sus asociados, cuyas opiniones se denominan «La teología de Nueva Inglaterra».

El gran evangelista Charles Grandison Finney (1792-1875) desarrolló una opinión de la expiación casi idéntica a la de Grotio, sin saber (como dice en su *Autobiografía*) que doctrinas similares ya se habían concebido anteriormente. En su *teología sistemática* Finney trabaja en secciones extensas para mostrar que Cristo no llevó el castigo por nuestro pecado ni el equivalente de ellos, aunque en su muerte satisfizo la «justicia pública».

La idea gubernamental de la expiación ha tenido gran aceptación en el pasado reciente entre metodistas evangélicos y otros grupos arminianos. Incluso se predica con fervor evangélico. Es justo decir que muchos que se han expresado en términos de esta opinión no se han dado cuenta de sus implicaciones antibíblicas.

En el caso de Grotio, sus argumentos fueron motivados por un deseo de combatir el socinianismo. Finney creyó firmemente en la doctrina de la Trinidad y en la salvación por la sangre de la cruz. Predicó a Cristo con fervor, y una multitud de personas renacieron como resultado de su ministerio. He encontrado personas de edad que fueron bendecidas en gran manera por las conferencias de Finney, aunque observaban la falacia de sus escritos teóricos sobre esta doctrina.

Me parece que la falacia básica del punto de vista gubernamental reside en dejar de reconocer las derivaciones lógicas de la santidad de nuestro Dios. Unido a esto va el dejar de reconocer que el castigo de una persona inocente no puede en ninguna manera mantener aun «la justicia pública», por no decir nada de la «justicia divina».

Es verdad que las fuerzas de la ley a veces «marcan un ejemplo» al castigar a unos pocos ofensores, pero tal «ejemplo» es una admisión de parte de la ley de su incapacidad para aprehender a los otros ofensores. Además, no es un «ejemplo», a no ser que la persona o personas castigadas fueran ofensores, y así representantes de los que la ley no podía aprender. Un estudiante consagrado me explicó una vez el punto de vista enseñado por su pastor. En cierta comunidad de Inglaterra alguien había estado robando ovejas. Las autoridades no fueron capaces de apresar al ladrón, sin embargo, un campesino fue llevado ante el juez acusado de ser el ladrón. El magistrado estableció tajantemente su inocencia y lo eximió de cualquier vínculo con la ofensa. El juez dijo: «Usted es un hombre inocente, aunque alguien ha estado robando ovejas. Pero tengo que mostrarle a esta comunidad lo que la ley le haría a un ladrón de ovejas». Entonces sentenció al hombre inocente a un tiempo de prisión, «para mantener la justicia pública». ¡Qué clase de justicia!

Otros han indicado que la teoría gubernamental de la expiación no da razón ontológica para la muerte de Cristo, sino una demostrativa y, además, pobre. ¿Cómo puede alguien que sostenga tal punto de vista decir en algún sentido verdadero: *«Llevó él mismo nuestros pecados en su cuerpo sobre el madero»* (1 Pedro 2.24)? ¿O considerarlo como *«la propiciación por nuestros pecados»* (1 Juan 2.2)? ¿O aceptar cualquiera de una centena de indicaciones bíblicas claras de que Cristo murió en nuestro lugar como nuestro representante y sustituto?

F. OTRAS POSICIONES SOBRENATURALISTAS AJENAS A LA SUSTITUCIÓN

La historia de la teología presenta numerosos puntos de vista de la expiación sostenidos por algunos que creían verdaderamente en Cristo como su Salvador personal, creían completamente en lo sobrenatural, y aun así rechazaban la doctrina sustitutiva de que Cristo en su muerte tomó nuestro lugar y llevó nuestro castigo de modo que satisfizo la justicia de la santa ley de Dios.

Charles Hodge, bajo el título «La teoría mística», muestra que las doctrinas ahora en discusión difieren de la de la influencia moral en que reconocen el poder sobrenatural de Dios para cambiar el carácter del pecador.

1. Puntos de vista místicos

Hodge resume una variedad de opiniones antiguas, medievales y más recientes con las cuales se ha sostenido que una influencia divina fue comunicada a la humanidad por la encarnación. Esencialmente estos puntos de vista son panteístas, aunque no de manera exclusiva.

Hodge afirma que para los defensores de tales teorías, «la encarnación misma, la unión de las naturalezas divina y humana, fue el gran acto de redención. Cristo nos redime por lo que Él es, no por lo que hace».

Tal enseñanza errónea no solo se encuentra en la filosofía panteísta de Juan Escoto Erígena al principio del siglo nueve, sino también en los escritos de Osiander y Schwenkfeld en la época de la Reforma protestante. De la misma manera, como dice Hodge, Oetinger (1702-1780) enseñó que «somos salvos no debido a la obra de Cristo por nosotros, sino por su obra en nosotros».

2. Punto de vista de Augusto Hopkins Strong

Creo oportuno dedicar un espacio exagerado a la teoría de la expiación propuesta en la *Teología sistemática* de A.H. Strong, no porque piense que en las generaciones futuras será diferenciada claramente de otras doctrinas panteístas o casi panteístas, sino porque Strong es recordado por muchos como un conservador y, sin examinar cuidadosamente sus doctrinas, su teología ha sido endosada y recomendada por líderes ortodoxos que no se dan cuenta de lo que Strong enseñó.

Aunque Strong repudia el panteísmo y habla contra él, sus opiniones son literalmente un panteísmo evolucionista. Enfatiza que Cristo es la vitalidad de toda la raza humana. Puesto que Cristo mantiene esta relación de identidad con la humanidad, se declara repetidamente que es responsable del pecado humano. Se afirma que esto es cierto no en un sentido personal sino en uno «genérico», lo que es definitivamente una creencia panteísta.

La teología de Strong está tan llena de un excelente material devocional, citas valiosas, y buenas palabras en general que el lector no se percata del panteísmo evolucionista que subyace en la raíz de su doctrina. En cuanto a mí, Strong fue la *Teología sistemática* que estudié en el seminario y tengo que confesar que como seminarista, casi nunca observé algo contrario a la Biblia. Llevé conmigo la edición en un solo tomo de papel delgado, durante el tiempo que fui capellán en el extranjero.

Como tuve tiempo para leerla reflexionando, empecé a comprender el problema. En el pastorado y en mi estudio personal posterior a los días de seminario, llegué a darme cuenta cabalmente de la dificultad. Mi opinión fue confirmada por las observaciones que me hiciera personalmente el profesor A.T. Robertson del Seminario (Bautista) de Louisville, uno o dos años antes de su muerte.

Robertson hablaba en público contra el panteísmo de Strong. Así que le pregunté personalmente acerca del asunto. Su respuesta fue cortante, como de costumbre: «Sí —dijo—, según Strong la punta de mi meñique es un pedazo de Dios».

Con el tiempo creí necesario hacer una declaración formal de las razones por las que no podíamos usar la *Teología sistemática* de Strong como texto de estudio.

El profesor Elías H. Johnson, de Crozer Theological Seminary, en la década de 1890 criticó las opiniones teológicas de Strong por las mismas razones que yo. Johnson, al igual que Charles Hodge, fue un realista dualista en la metafísica, mientras Strong fue un idealista convencido. Strong publicó en el *Watchman Examiner,* entre 1892 y 1895, varios articulos que ejemplificaban sus opiniones, que él llamó «monismo ético». El profesor Johnson también tuvo sus objeciones, tanto como la doctrina de la expiación en la *Teología sistemática.*

Después de publicar mi material, recibí del Dr. Carl F.H. Henry, una carta particular en la que me decía que en la investigación que hizo para su tesis doctoral tuvo que estudiar la *Teología* de Strong y había llegado a una conclusión similar.

3. Puntos de vista recientes de la «identificación»

Tanto Hodge como Crawford, al estudiar las doctrinas históricas de la expiación, plantean varias opiniones similares a las de Strong. Las ideas de que Cristo tomó para sí mismo una naturaleza humana en sentido genérico con toda su culpa y corrupción, o que Cristo como el hombre «modelo» en un sentido platónico se identificó numéricamente con la humanidad, están sujetas a la misma crítica a que se rige la opinión de Strong.

Parcialmente parecida o superficialmente similar a la opinión de Strong y de los referidos «identificacionistas» platónicos, son las posiciones de algunos evangélicos fundamentalistas populares y hasta varios profesores de Biblia que conozco. Tienen la costumbre de decir: «Usted enseña la "expiación sustitutiva" basado en el principio "representativo", y en verdad eso es ortodoxo, pero nosotros enseñamos "identificación", que es muy superior a "sustitución" o "representación"». Esta forma de expresión proclama la «identificación con Cristo en su muerte, sepultura y resurrección», y tienden a hacer entender que esa identificación se efectúa mediante «el bautismo de los creyentes por inmersión».

Nuestros amigos que se expresan de esta manera son sinceros y el fervor, así como el énfasis, con que pronuncian la palabra «identificación» no deja la menor duda en mi mente de que creen que están diciendo algo con un profundo significado teológico.

No puedo determinar, sin embargo, el significado preciso del término «identificación» en el uso particular bajo discusión. La literatura que he visto sobre este punto de vista es limitada y no va más allá de la predicación oral, es decir, la aseveración fervorosa de que la «identificación» es algo mucho más maravilloso que la «representación» o la «sustitución».

No creo que esta buena gente quiera decir «identificación» en el sentido literal y panteísta de identidad numérica (como cuando un místico cual Jacobo Boehm dice: «Llego a ser nada, me pierdo, llego a ser Dios»). Parecen poseer algunas de las emociones del misticismo panteísta. A veces el neoplatonismo está presente en sus emociones, aunque no en sus definiciones.

Estoy persuadido de que lo que esta gente quiere decir, si al menos definieran sus términos, es la «identificación» de afiliación y comunión fiel y leal, como cuando decimos: *«Con Cristo estoy crucificado... Cristo vive en mí»* (Gálatas 2.20). Este tipo de identificación, por cierto, estremece el corazón y hace regocijar el alma. Pero esta es solamente la manera cariñosa de expresar la representación de nuestro Sustituto.

La lógica de esta identificación de fe, aceptación, amor y lealtad, se expresa en las palabras: *«Uno murió por todos, luego todos murieron; y por todos murió, para que los que viven, ya no vivan para sí, sino para aquel que murió, y resucitó por ellos»* (2 Corintios 5.14,15). La lógica de la identificación bíblica es el sufrimiento sustitutivo de nuestro Representante.

Pero si «identificación» significa literalmente algo más que la expiación sustitutiva, entonces es panteísmo y tenemos que señalar el error que ello contiene.

4. Punto de vista de Waldenström

Paul Peter Waldenström (1938-1917) debe ser clasificado con Charles G. Finney y otros como un creyente consagrado a la deidad de Cristo y un predicador evangelístico fervoroso que proclamaba salvación por la sangre de la cruz. Él tuvo una participación importante en el avivamiento de Suecia a finales del siglo XIX.

Como muchos otros evangélicos, se opuso al formalismo y la frialdad de la iglesia estatal sueca y al ambiente inmoral de ese pueblo. Tuvo grandes campanas evangelísticas en los Estados Unidos y muchos de los ancianos en las iglesias suecas en este país lo recuerdan como un ejemplo evangelizador y una vida piadosa.

Al romper con el formalismo de la iglesia estatal sueca, Waldenström también negó vigorosamente la doctrina sustitutiva de la expiación. Se opuso a cualquier interpretación o modo de hablar forense. Como Finney, predicó con fervor la salvación por la sangre de Cristo, pero a diferencia de este rechazó los aspectos forenses aun de la teoría gubernamental.

Enseñó que la fe en la sangre de la cruz por su poder sobrenatural nos salva del pecado. Si somos salvos del pecado, la cuestión del castigo por los cometidos, y por la pecaminosidad que todavía queda en la vida cristiana, sencillamente se echa a un lado. El pecado es «sanado», y esa es toda la razón que necesitamos para la expiación.

Personalmente hallo los escritos de Waldenström, que existen en una traducción inglesa, bastante inspiradores en la sencilla presentación de la salvación por la sangre de Cristo; pero he observado su exégesis forzada, bastante irritante, cuando trata de deshacerse de la expiación sustitutiva en los grandes pasajes bíblicos que enseñan esa doctrina.

Es mi experiencia que, en la *Swedish Mission Covenant Church* (Iglesia sueca del pacto misionero), de la cual Waldenström fue fundador, los que testifican del espíritu evangelístico de este hombre reconocen el error de su doctrina de la expiación. Pero, por otro lado, los que se han deslizado hacia el modernismo y el racionalismo, pretendiendo a la vez adherirse a la doctrina de la expiación de Waldenström, en la práctica la igualan a una mera teoría de influencia moral.

Cabe señalar que cualquier teoría de la expiación que omita la vindicación lógica y formal del carácter santo de Dios como lo expresa su santa ley, echará por tierra el valor de la predicación del evangelio de salvación por la sangre de la cruz.

Capítulo 5

La doctrina de la expiación

RESUMEN DE LA DOCTRINA BÍBLICA

A. *EL PORTADOR DE PECADO, EL OFENDIDO*

He tratado de mostrar, en el curso de esta obra, que la doctrina bíblica de la expiación sustitutiva se entiende mejor bajo el principio de que el Sustituto no es un tercero en la transacción, sino más bien aquel contra quien se ha pecado. Ya examinamos los principales modos de expresión por los que, a través de la historia de la iglesia, los hombres han tratado de presentar lo que Cristo hizo por nosotros en la cruz.

Confío que he establecido con claridad lo que a mi parecer concuerda directamente y armoniza perfectamente con la doctrina reformada que considera a Cristo como la Cabeza Federal de su pueblo redimido, los elegidos de Dios. La opinión que defiendo en ninguna manera es un cambio en la doctrina de la expiación sustitutiva a otra cualquiera.

Sencillamente, es la opinión de que la doctrina bíblica de la expiación sustitutiva debe ser concebida en términos del acto perdonador por el cual la persona ofendida acepta voluntariamente las consecuencias directas del pecado y elige llevar sus efectos en lugar de la persona que comete el pecado. Es mi convicción que en cada caso de perdón genuino (y no mera cortesía) la persona ofendida lleva directamente las malas consecuencias del pecado cometido contra ella.

En términos humanos casi nunca es posible discernir el sufrimiento sustitutivo, aunque creo que siempre existe. La analogía es válida, por ejemplo, cuando un estado perdona a un criminal. El estado, por medio de sus oficiales, dice en efecto: «Nosotros, la sociedad, llevaremos su pecado». Aunque esta analogía es incompleta, la persona que perdona acarrea con la consecuencia del pecado.

Hipotéticamente, Dios pudo haber hecho un mundo en el que cuando un pecador eligiera pecar, las consecuencias directas de su pecado cayeran inmediatamente sobre él y no sobre otra persona. Pero es obvio que Dios no hizo ese tipo de mundo. Él hizo uno en que los hombres pueden pecar contra otros hombres, y aun contra Dios. En resumen, cada pecado es una ofensa contra Dios, directa o indirectamente, al pecar contra la creación de Dios.

En el caso de la justicia estricta el pecado siempre incurre en castigo y este, por cierto, tiene que ser proporcional a la ofensa. Puesto que el hombre ha pecado contra Dios y es totalmente incapaz de hacer una restitución adecuada por su pecado, queda bajo el pesado castigo de su delito, en cuyo caso el orden moral tiene que ser vindicado. Esta es la lógica de los salmos imprecatorios.

Tómese por ejemplo el Salmo 69. Allí se describen algunos de los aspectos propios de la crucifixión de Cristo: «*El escarnio ha quebrantado mi corazón, y estoy acongojado. Esperé quien se compadeciese de mí, y no lo hubo; y consoladores, y ninguno hallé. Me pusieron además hiel por comida, y en mi sed me dieron a beber vinagre*» (vv. 20,21).

Luego sigue una de las maldiciones más terribles que se hallan en cualquier parte de las Escrituras: «*Sea su convite delante de ellos por lazo, lo que es para bien, por tropiezo. Sean oscurecidos sus ojos para que no vean. Y haz temblar continuamente sus lomos. Derrama sobre ellos tu ira. Y el furor de tu enojo los alcance... Pon maldad sobre su maldad. Y no entren en tu justicia. Sean raídos del libro de los vivientes. Y no sean escritos entre los justos*» (vv. 23-28).

En el caso de la justicia, sin misericordia, habría sido perfectamente justo si Dios hubiese permitido que esta maldición cayera sobre la especie humana cuando dimos muerte a Jesús. Ese habría sido el curso recto de la justicia, y no podría haber habido queja ética alguna de parte del pecador, si nuestro Señor Jesucristo en la cruz hubiese dicho: «Ángeles, destruidlos» (Mateo 26.53). La maldición del salmo imprecatorio habría caído sobre las cabezas de la humanidad y esta especie malvada habría sido echada al «*lago que arde con fuego y azufre*». ¡Medite en que merecimos la maldición del salmo! Reflexione en la manera en que lo escarnecimos y hasta en el desafío que le hicimos a que bajara de la cruz (Mateo 27.39,40; Marcos 15.29,30; Lucas 23.37). Lógicamente podría haber bajado de la cruz, e incluso los ángeles apocalípticos habrían derramado las copas de la ira de Dios sobre nuestra especie. Pero Jesús no dijo: «Ángeles, destruidlos», sino: «*Padre, perdónalos*» (Lucas 23.34).

La ejecución de la justicia no admite que un tercero, no afectado por el pecado, pueda llevar el castigo en lugar del pecador. Hay relatos, sin embargo, de «procesos legales» en los que cuando un hombre comete un crimen, otro —un tercero—, es ahorcado en su lugar. También conocemos historias acerca de la disciplina en la escuela en las que un estudiante toma el castigo de otro, en cuyo caso este nada tenía que ver con la ofensa. Tales ilustraciones son totalmente antibíblicas.

Una opinión extrema acerca de un tercer penitente sostiene que el Padre fue la causa directa o «indirecta» de los sufrimientos de Cristo en la cruz más que reconocer que nuestro pecado lo clavó allí. En verdad, fue la voluntad del Padre que Cristo llevara nuestros pecados. El profeta lo afirma: «*Jehová cargó en él, el pecado de todos nosotros*». Además: «*Cuando haya puesto su vida en expiación por el pecado ... Jehová quiso quebrantarlo*» (Isaías 53.6,10). El apóstol Pablo lo confirma: «*No escatimó ni a su propio Hijo, sino que lo entregó por todos nosotros*» (Romanos 8.32).

Mas interpretar estas palabras como indicación de que el Padre fue el agente directo del sufrimiento del Hijo, y que el pecado humano fue puesto sobre el Hijo solamente en una forma artificial, es sin duda antibíblico e injustificable. Fue la voluntad del Padre, del Hijo y del Espíritu Santo que el Hijo se expusiera al impacto total del pecado humano y lo representara en la crucifixión. Sin embargo, ni en toda la historia bíblica ni en ninguna de las exposiciones escriturales acerca de la expiación, hay algo que indique que la causa directa o indirecta de la crucifixión no fuera otra cosa que nuestros pecados, los que Él llevó por la voluntad del Dios Trino. Consideremos lo que ocurrió al morir Jesús. Nosotros, la especie humana, judíos y gentiles juntos, lo matamos. Debíamos haber sido llevados al castigo eterno, pero en vez de eso, Él llevó la maldición y, por decirlo así, desnudó su pecho para recibir la acometida del pecado humano. *Nos perdonó*. Así, de la manera más concreta imaginable, murió en nuestro lugar como nuestro sustituto.

B. UNA TRANSACCIÓN DE UNA VEZ POR TODAS

La expiación efectuada por Cristo en la cruz del Calvario no fue solamente una etapa en un proceso continuo, ni una fase exclusiva de un espectáculo. Hay que considerarla como una transacción que nunca se repetirá, una realización efectiva de la salvación de los elegidos de Dios de una vez para siempre.

Se ha objetado que si un padre perdona a su hijo por algún hecho terrible, ese acto de perdón no cubre más que una situación aunque pueda ser tomado como ejemplo de una actitud continua.

Yo replicaría que la analogía es incorrecta. Dios requiere fe por parte de nosotros, lo cual es una promesa genuina de la aceptación de su gracia y sus implicaciones. Si en algún acto particular de perdón un padre le dijera a su hijo: «Dejemos que este pecado tuyo testifique, incluya y represente todas tus faltas pasadas y futuras. Además, que este perdón incluya y represente una garantía para todos tus pecados, y dejemos que esto sea entendido estrictamente bajo la condición de que ahora te entregues genuina, completa e irrevocablemente a una actitud filial...», aun tal ilustración estaría muy lejos de la transacción de la cruz del Calvario.

La doctrina de la expiación / 137

Eso podría ilustrar, en parte, el lado forense de las cosas, pero faltaría incluir el milagro de la regeneración y la obra continua de santificación que Dios efectúa en nosotros. Considero que hay cierto peligro en cualquier proceso de generalización y abstracción, peligro de que la realización particular de la transacción específica sea menospreciada. Si se predica que la expiación es el acto de un «tercero» (lo cual estimo que es erróneo), o como el acto de la persona agraviada (lo cual pienso que es correcto), en cualquier caso predicamos que la expiación era y sigue siendo eficaz en todas las edades pasadas y futuras.

Eso fue la base *«de haber pasado por alto ... los pecados pasados»* (Romanos 3.25,26). Significa que Dios es a la vez *«justo, y el que justifica al que es de la fe de Jesús»* (Romanos 3.26), y es el fundamento del proceso continuo de la santificación (1 Juan 1.7). Así relacionamos esta predicación bíblica de la expiación con la satisfacción del principio eterno de la justicia divina y la vindicación de la santa ley de Dios. Que esta predicación de la expiación necesita ser salvaguardada contra el concepto de un mero espectáculo y que debe ser acompañada de un énfasis en la transacción de una vez para siempre, se evidencia de los errores que se han desarrollado en la historia de la teología.

Hay quienes enseñan, por ejemplo, que las heridas de Cristo aún sangran en el cielo. Hay los que presentan la obra intercesora de Cristo como una cuyo resultado todavía está indefinido. Esta es preeminentemente la verdad de la doctrina del «juicio investigativo» de los Adventistas del Séptimo Día. Sostengo que el gran himno de Charles Wesley, «Levántate, oh alma mía», no es culpable del error de menospreciar el evento histórico.

Al leer todo el himno, me parece claro que la expiación debe ser vista en *aoristo*,[15] es decir, como un hecho realizado que se destaca y domina el programa redentor de Dios sin

---

[15]*Aoristo* es un tiempo verbal pasado, y significa un hecho cumplido.

considerar el tiempo particular en que ocurrió, empero un hecho consumado en la historia. Con ese convencimiento me regocijo al cantar: «Levántate, oh alma mía; sacude tus culpables temores. Aparece el cruento sacrificio en favor de ti». En el mismo sentido *aoristo* entiendo la estrofa:

Cinco heridas sangrantes recibió Él en la cruz,
derraman oraciones eficaces, ruegan fervientes por mí.
Perdonadle, claman, oh perdón;
ni dejéis que muera aquel pecador redimido.

Según veo el himno, todo esto se entiende como descansando sobre un hecho efectuado en la historia.

Su sangre expió por toda la especie nuestra
y rocía ahora el trono de la gracia [«suficientemente»]

No obstante, han sido no pocos los evangélicos que se han expresado en las palabras de este himno como si las mismas fuesen términos que indican un sacrificio perpetuo que ocurre continuamente.

Más sobresaliente en el error de considerar la obra expiatoria de Cristo como inconclusa es la doctrina católica de la misa, según la cual cada vez que se dice oficia una se ofrece un nuevo sacrificio por el pecado.

Totalmente contraria a la opinión de una expiación perpetua o inconclusa, y enteramente en pro de la doctrina de una transacción completada en forma perfecta, yace el testimonio unánime de la Escritura. Pablo enseña: «*Sabiendo que Cristo, habiendo resucitado de los muertos, ya no muere; la muerte no se enseñorea más de él. Porque en cuanto murió, al pecado murió una vez por todas; mas en cuanto vive, para Dios vive*» (Romanos 6.9,10).

Aquí en el capítulo sexto de Romanos, el hecho de que Cristo una vez levantado de los muertos no moriría de nuevo es la analogía y el aval de nuestra salvación eterna, y es también la motivación para que el cristiano viva en esta tierra de una manera santa.

La Epístola a los Hebreos enseña no solo que Cristo efectuó la ofrenda de sí mismo como una por el pecado «*una vez para siempre*» (Hebreos 7.27), sino que además recalca la finalidad de esta ofrenda no repetible. «*Y no para ofrecerse muchas veces, como entra el sumo sacerdote en el Lugar Santísimo cada año con sangre ajena. De otra manera le hubiera sido necesario padecer muchas veces desde el principio del mundo; pero ahora, en la consumación de los siglos, se presentó una vez para siempre por el sacrificio de sí mismo para quitar de en medio el pecado*» (Hebreos 9.25,26). Cristo es el «*autor de eterna salvación para todos los que le obedecen*» (Hebreos 5.9). «*Por lo cual puede también salvar completamente y para siempre a los que por él se acercan a Dios, viviendo siempre para interceder por ellos*» (Hebreos 7.25).

Que la expiación deba ser considerada como una transacción no repetible, efectuada una vez para siempre, se enfatiza por el hecho de que la Escritura enseña que algunos hombres en esta vida, de manera irremediable, rechazan terminantemente la gracia de Dios ofrecida en la expiación. No discutiremos extensamente «el pecado contra el Espíritu Santo».

Creo, sin embargo, que un estudio completo de la Escritura pertinente revela que «este pecado imperdonable» es el rechazo irrevocable de la gracia de Dios en la obra expiatoria de Cristo, ofrecido a los hombres perdidos por la acción *convincente* del Espíritu Santo. Jesús no dijo meramente que los que llamaran al acto regenerador del Espíritu Santo obra de Belcebú «estaban en peligro de castigo eterno» sino que eran «*reos de Juicio eterno*» (Marcos 3.29).

«Que Cristo ya no muere» añade un significado interesante a la declaración de Hebreos 6.4-6. Sugiero que el gerundio *anastaurountas* debe ser interpretado como un «presente conativo», esto es, «tratando de crucificar». Pienso que este pasaje, algunas veces considerado oscuro, se refiere a la maldad extrema de los que han tenido toda oportunidad de salvación y la han rechazado definitivamente.

La afirmación es que los que son descritos aquí nunca se arrepentirán: *«Es imposible que ... sean otra vez renovados a* [al punto de] *arrepentimiento»*. Que aquellos a que se refiere aquí no son renacidos es evidente del hecho de que el autor dice a sus lectores: *«Pero en cuanto a vosotros, oh amados, estamos persuadidos de cosas mejores, y que pertenecen a la salvación, aunque hablamos así* [severamente]*»* (Hebreos 6.9).

Se afirman seis cosas de las personas bajo discusión aquí:

(1) Han sido *«iluminados»*. Esto tiene que significar que han recibido la luz del evangelio pero no necesariamente que lo hayan aceptado en verdad.

(2) *«Gustaron del don celestial»*. No es necesario que esto signifique más que han estado en la compañía de los santos, tal vez en una familia cristiana, o en alguna comunión tal como aquella que Judas Iscariote gozaba. Conocen la dulzura de la vida cristiana por contacto íntimo.

(3) *«Fueron hechos partícipes del Espíritu Santo»*. Esta frase no significa necesariamente que hayan sido renacidos, sino que han estado bajo la obra convencedora del Espíritu Santo.

(4) *«Gustaron de la buena palabra de Dios»*. Casi siempre encontramos personas inconversas que han tenido una experiencia gozosa con las Escrituras, y que hablan con ansiedad acerca de la misma, aunque nunca han aceptado a Cristo como su salvador personal.

(5) *«Gustaron ... los poderes del siglo venidero»*. Muchos hombres perdidos han conocido y entendido el poder de la salvación observándolo en las vidas de sus compañeros, empero finalmente le dan la espalda a Jesucristo.

(6) *«Recayeron»*. Esto en el contexto tiene que significar, no que hayan sido salvos y se perdieron otra vez sino que, con todas las ventajas de la instrucción cristiana, comunión con el pueblo cristiano, y la convicción del Espíritu Santo bajo la

gracia común de Dios, han vuelto la espalda a Jesucristo deli
berada y definitivamente.

No es asombroso que el autor inspirado de la Epístola a
los Hebreos describa a tales personas (y evidentemente había
algunos individuos que necesitaban esta amonestación en la
congregación cristiana hebrea a la cual escribía), como seres
que nunca se arrepentirán. Están «tratando personalmente de
crucificar de nuevo al Hijo de Dios, y exponerlo a vituperio
públicamente».

Pablo habló con solemnidad en cuanto a la Cena del Señor: «*De manera que cualquiera que comiere el pan o bebiere
la copa del Señor indignamente, será reo del cuerpo y de la
sangre del Señor. Examínese cada uno a sí mismo, y así coma
del pan y beba de la copa. Porque el que come y bebe sin
discernir el cuerpo del Señor, juicio come y bebe para sí*» (1
Corintios 11.27-29). Estas palabras corroboran que Cristo «*no
muere ya más*» (Romanos 6.9) e iluminan el mensaje de Hebreos 6.6: «*ellos, por su parte, están crucificando* [tratando
de crucificar][16] *de nuevo al Hijo de Dios, y le exponen a vituperio*».

En las palabras del difunto Dr. H.F. Smith, «No hay fuerza
de amor y persuasión más fuerte, no existe mensaje de amor
más grande en el universo que el mensaje de la gracia de Dios
revelada en la cruz de nuestro Señor Jesucristo. Los que rechazan a Cristo deliberada y definitivamente, y resisten el poder convincente del Espíritu Santo, nunca se arrepentirán».

¡NO! Cristo no morirá otra vez.

C. La «obediencia activa» de Cristo

Aunque Calvino no usa la frase «obediencia activa», enseña la sustancia de la doctrina. Y afirma: «En general la realizó
[la expiación] para nosotros, como se ve en el curso completo
de su obediencia. Esto se prueba por el testimonio de Pablo:
"*Porque así como por la desobediencia de un hombre los
muchos fueron constituidos pecadores, así también por la*

---

[16]Traducción del autor.

obediencia de uno, los muchos serán constituidos justos" *(Romanos 5.19)».* Calvino continúa: «En resumen, desde el tiempo en que asumió el carácter de siervo, empezó a pagar el precio de nuestra redención para redimirnos».

Calvino indica que el Credo Apostólico se refiere especialmente a la muerte y resurrección de Cristo, «en lo que a la suma de la salvación perfecta estriba. Con todo, no hay exclusión del resto de la obediencia que mostró en su vida; como Pablo la encierra en su totalidad, desde el principio hasta el fin, cuando dice que *"se despojó a sí mismo, tomando forma de siervo ... haciéndose obediente hasta la muerte, y muerte de cruz" (Filipenses 2.7,8)».*

Charles Hodge no se extiende mucho en la doctrina de la obediencia activa de Cristo, aun cuando la aclara: «Que nuestra excelencia moral, habitual o real, no es ni puede ser la base de ninguna declaración judicial [tal como se incluye en la doctrina de la justificación]. ¿Cuál entonces es la base? La Biblia y el pueblo de Dios contestan a una voz: "La justicia de Cristo" ... es ... la respuesta dada por el corazón de cada creyente. Este confía para su aceptación por Dios, no en sí mismo sino en Cristo; no en lo que él es, o ha hecho, sino en lo que Cristo es y ha hecho por él.

»Por la justicia de Cristo se entiende todo lo que Él llegó a ser y sufrió para satisfacer las demandas de la justicia divina y obtener para su pueblo el perdón de pecados y el don de la vida eterna. Esa justicia se representa comúnmente como incluyendo su obediencia activa y pasiva. Esta distinción es bíblica ciertamente. La Biblia enseña que Cristo obedeció la ley en todos sus preceptos y que sufrió su pena, de modo que esto fue hecho en sentido tal por su pueblo que se dice que ellos lo han hecho ... nosotros le obedecimos en Él, según la enseñanza del apóstol en Romanos 5.12-21, en el mismo sentido en que pecamos en Adán.

»Sin embargo, la obediencia de Cristo, tanto la activa como la pasiva son solo diferentes fases o aspectos de la misma. En la Escritura no se presenta esta distinción como si la obediencia de Cristo respondiera a un propósito, y sus sufrimientos a otro. Somos justificados por su sangre ... en otras palabras, la obediencia de Cristo incluye todo lo que Él hizo al satisfacer las demandas de la ley». A.A. Hodge explica la obediencia activa de Cristo extensamente. Su exégesis es más clara y satisfactoria que la de cualquier otro escritor que conozca sobre el tema. Al oponerse a los que «separarían artificialmente» la obediencia activa de la obediencia pasiva de Cristo, A.A. Hodge sostiene que «son partes inseparables de una obra perfecta de satisfacción que no pueden ser aisladas ni en la obra intercesora de Cristo ni en su efecto sobre la posición de su pueblo en relación al pacto.

»Por eso no pueden ser separados propiamente en una explicación completa de su obra.... Él vivió toda su vida, desde su nacimiento hasta su muerte, como nuestro Representante, obedeciendo y sufriendo en nuestro lugar y por amor a nosotros; y durante todo ese trayecto su sufrimiento fue obediencia y su obediencia fue sufrimiento... Su vida terrenal como sufrimiento anula el castigo y, como obediencia, cumple el precepto y procura la recompensa prometida...»

Otra vez, con referencia a los que hacen objeciones a lo que llaman «dos satisfacciones distintas de la ley», Hodge argumenta: «Por eso, el sufrimiento del castigo se requiere del pueblo de Cristo para que sus pecados sean expiados. Y la obediencia perfecta se requiere por un período definido para que puedan ser justamente promovidos a la gracia que, desde el principio, había sido ofrecida solo con esa condición. La obediencia activa y pasiva de Cristo, el sufrimiento del castigo para la remisión de pecados y la obediencia de la ley toda su vida, no constituyen dos satisfacciones, sino que son una satisfacción perfecta y completa de la ley completa en todas sus relaciones».

Debemos apresurarnos a explicar que el «premio» al cual se refiere A.A. Hodge no debe ser confundido con el galardón por servicio fiel posterior a la salvación, al que alude Pablo en

1 Corintios 3.12-15. Este último, como el proceso de santificación, es una obra en que el individuo renacido coopera con el Espíritu Santo de Dios en pos de una vida cristiana fructífera. El premio al cual se refiere A.A. Hodge es el estado de una filiación madura designado por la palabra *huiothesia* (traducido «adopción».

La doctrina de la obediencia activa de Cristo ha sido descuidada en círculos evangélicos. Confieso que en mi experiencia nunca se había recalcado hasta mi contacto con el Dr. Machen. Poco antes de su muerte prematura, el Dr. Machen me recomendó leer la obra ya citada de A.A. Hodge. La estudié con gran provecho. Creo que Machen estaba escandalizado por mi ignorancia y con razón. Se dice que sus últimas palabras fueron: «La obediencia activa de Cristo ... sin ella no hay esperanza».

Al terminar la discusión de la obediencia activa de Cristo, es importante destacar que *no hay dos expiaciones*. Es muy erróneo considerar la vida santa de Cristo como una partida separada colocada a nuestra cuenta, además de sus sufrimientos, por nuestros pecados en la cruz. Solo hay una expiación, y la obediencia activa de Cristo es una fase importante de ella. Si no hubiese llevado una vida perfecta, en obediencia justa y completa a la santa ley de Dios, no podría haber ofrecido un sacrificio perfecto, «sin mancha», según la analogía de la ofrenda por el pecado del Antiguo Testamento.

Cristo tuvo una vida perfecta como Dios manifestado en la carne. Ofreció esa vida como un sacrificio perfecto en la cruz, como en el altar del tabernáculo celestial. Su resurrección dio evidencia positiva de que su vida y su sacrificio perfectos constituían una victoria para nosotros, una victoria sobre todos sus enemigos y los nuestros. Es a causa de la obediencia activa de Cristo que podemos «*ser hallado*[s] *en él, no teniendo mi* [nuestra] *propia justicia ... sino la justicia que es de Dios por la fe*» (Filipenses 3.9).

D. INFERENCIAS DE LA SANTIDAD DE DIOS

Se ha indicado que el carácter santo de Dios implica la santidad de la creación de Él. Cuando Jesús dijo en el Sermón del Monte: *«Sed, pues, vosotros perfectos, como vuestro Padre que está en los cielos es perfecto»* (Mateo 5.48), sin duda se refería a los muchos pasajes del Antiguo Testamento que demandan la santidad al pueblo de Dios basados en esa misma propiedad del Creador.

Sin duda, Jesús tenía en mente pasajes tales como: Deuteronomio 18.13: *«Perfecto serás delante de Jehová tu Dios»*. *«Yo soy Jehová vuestro Dios; vosotros por tanto os santificareis, y seréis santos, porque yo soy santo ... yo soy Jehová, que os hago subir de la tierra de Egipto para ser vuestro Dios: seréis, pues, santos, porque yo soy santo.... Santos seréis, porque santo soy yo Jehová vuestro Dios»* (Levítico 11.44,45; 19.2).

Isaías quedó profundamente impresionado por las inferencias de la santidad divina para con su creación cuando tuvo la visión del trono de Dios «alto y sublime», y oyó las palabras de los serafines: *«Y el uno al otro daba voces, diciendo: Santo, santo, santo, Jehová de los ejércitos; toda la tierra está llena de su gloria»*. Cuando Isaías vio la santidad de Dios, se convenció de su propia corrupción: *«Entonces dije: ¡Ay de mí! que soy muerto; porque siendo hombre inmundo de labios, y habitando en medio de pueblo que tiene labios inmundos, han visto mis ojos al Rey, Jehová de los ejércitos»* (Isaías 6.1-5).

La proclamación del carácter de Dios que acompañó la nueva declaración de la ley (Éxodo 34.4-7), además de su énfasis en la gracia divina, declara que Dios *«de ningún modo tendrá por inocente al malvado»* (v. 7). Casos específicos en los cuales se usan estas palabras para declarar que Dios no permitirá que el pecado quede sin castigo se hallan en Éxodo 20.7 y Jeremías 30.11.

Habacuc declara el carácter santo de Dios: «*Muy limpio eres de ojos para ver el mal, ni puedes ver el agravio...*» (Habacuc 1.13). No hay que tomar estas palabras del profeta fuera del contexto, pues él continúa: «*¿Por qué ves a los menospreciadores, y callas cuando destruye el impío al más justo que él?*» La respuesta de Habacuc a esta pregunta es que los ofensores vendrán a «juicio» (v. 12), y mientras tanto «*el justo por su fe vivirá*» (2.4). En otras palabras, el carácter santo de Dios tiene que requerir por fin que el pecado sea castigado. Fe en el juicio vindicatorio de Dios es un elemento poderoso en todo el mensaje profético de Habacuc.

El autor de la Epístola a los Hebreos enseña las implicaciones del carácter santo de Dios en lenguaje gráfico: «*¡Horrenda cosa es caer en manos del Dios vivo!*» (Hebreos 10.31). «*Y la santidad, sin la cual nadie verá al Señor*» (Hebreos 12.14). Después de describir la maravillosa manifestación de la majestad de Dios en el monte Sinaí, y de presentar por contraste las glorias de la Jerusalén celestial, sigue una amonestación solemne y una promesa gloriosa que concluye con las palabras, «*porque nuestro Dios es fuego consumidor*» (Hebreos 12.29).

En conclusión, hay que decir dos cosas sobre las implicaciones de la santidad de Dios.

(1) El castigo de todo lo que viola o es contrario al carácter santo de Dios es una inferencia lógica y una consecuencia necesaria de la santidad de Dios. Si Dios es santo, es seguro que vindicará su santidad contra todo el pecado y la corrupción opuestos a ella.

Calvino hace una distinción en lo que llama «necesidad absoluta», tal como está implícita necesariamente por el carácter santo de Dios, y un tipo de necesidad que, según él, no es absoluta.

Con respecto a la necesidad de que el Mediador debe ser tanto hombre como Dios, Calvino indica: «Si alguien preguntara si ello es necesario, en verdad no es una simple necesidad, es absoluta, ya que surgió del decreto celestial, del cual depende la salvación de los hombres».

Calvino alude a menudo a la necesidad moral absoluta que se basa en el carácter santo de Dios. «Fue necesario que él apareciera con un sacrificio. Pues, aun bajo la ley, al sacerdote no le era permitido entrar en el santuario sin sangre; para que los fieles pudieran saber que a pesar de la interposición del oficiante como intercesor, era imposible que Dios fuese propiciado sin la expiación de los pecados». «En verdad, debemos admitir que era imposible que Dios fuese propiciado efectivamente de cualquier otra manera... Porque puesto que Dios es la fuente de toda justicia, necesariamente tiene que ser enemigo y juez de cada pecador».

(2) Hay mentes devotas que no pueden ver la verdad de los párrafos anteriores. A lo menos para ellos esto será suficiente: el Dios de la Biblia odia el pecado y ciertamente lo castigará. Su ira contra todo pecado y corrupción opuestos a su naturaleza santa se revela en juicios temporales, y se predice solemne y enfáticamente como un evento auténtico que vendrá en los tiempos finales de la escatología.

E. La impotencia del pecador, Romanos 7.7—8.4

Está demostrado que el hombre es pecador, no solo en sus hechos particulares de corrupción y en su propia naturaleza corrompida. También es pecador en su condición de miembro de la especie caída, y está representado en el pecado original de Adán y en la crucifixión del Hijo de Dios.

Siendo esto así, desde luego, es inconcebible que la humanidad o cualquier mero hombre individual pueda en alguna manera compensar por el pecado humano u ofrecer vindicación en el orden moral del universo de Dios. Cuando está convencido por el Espíritu Santo de Dios, el hombre natural puede reconocer la justicia de la ley divina y puede sinceramente estar en armonía con ella. Mas el hombre natural necesita categóricamente no solo la propiciación —por la cual podrá ser justificado— sino también la *capacidad* con la que puede empezar y continuar viviendo una vida santa.

Estoy seguro que el «hombre miserable», descrito por el apóstol Pablo en el capítulo 7 de Romanos, es el cuadro que el apóstol da de sí mismo bajo la convicción del Espíritu Santo, poco antes de su conversión en el camino a Damasco. Reconozco que la mayoría de los buenos comentarios calvinistas (aunque no todos) entienden este hombre miserable como un cuadro de una persona regenerada pasando por una lucha espiritual. Al menos en parte, la motivación para esta última interpretación radica en el hecho de que anticalvinistas y perfeccionistas arminianos, casi siempre toman el punto de vista contrario.

El perfeccionista arminiano se inclina a interpretar al «hombre miserable» como pasando por una lucha anterior a su conversión fundamentado en que el cristiano tiene o puede tener perfección en esta vida. Aunque esta es mi interpretación, por lo menos no soy motivado por consideraciones arminianas ni perfeccionistas. Para mí es abundantemente evidente en pasajes como Gálatas 5.13-61, que el cristiano no es perfecto en esta vida, y que hay luchas terribles dentro de la vida cristiana después de la regeneración.

En el pasaje de Gálatas tenemos «la carne» (la naturaleza humana caída) luchando contra el Espíritu Santo, pero el Espíritu Santo contiende contra la carne, *«de modo que no podéis hacer las cosas que quisiereis»* (v. 17).

Concediendo que la mayoría de los detalles afirmados acerca del «hombre miserable» podrían aplicarse a cualquier persona en cualquier tipo de lucha espiritual, sea regenerada o no y, además, que un cristiano mal instruido podría aplicarse erróneamente a sí mismo cada parte de la descripción, aun así hay ciertos detalles en ella que el apóstol Pablo no podría en ninguna manera aplicar a un individuo renacido. Por ejemplo, el hombre miserable declara: *«Soy carnal, vendido* [como se vende un esclavo] *al pecado»* (v. 14).

Pablo acaba de decir en lenguaje claro que «*ya no somos esclavos del pecado, porque el que ha muerto* [con Cristo] *ha sido justificado del pecado*» (6.6,7). Además, el hombre miserable declara: «*Porque el querer lo bueno está conmigo, pero no el efectuarlo*» (Romanos 7.18). Al contrario, Pablo enseña constantemente que a la persona renacida *se le suministra* la capacitación de la gracia. «*No os ha sobrevenido ninguna tentación que no sea humana; pero fiel es Dios, que no os dejará ser tentados más de lo que podéis resistir, sino que dará juntamente con la tentación la salida, para que podáis soportar*» (1 Corintios 10.13). «*Todo lo puedo en Cristo que me fortalece*» (Filipenses 4.13).

Hay otros detalles en la descripción que se aplican de una manera mucho más correcta al hombre perdido bajo convicción, que al regenerado, pero estos dos puntos me parecen bastante concluyentes.

La descripción empieza con la cuestión del hombre caído en cuanto a la ley: «*¿Qué diremos, pues? ¿La ley es pecado? En ninguna manera. Pero yo no conocí el pecado sino por la ley; porque tampoco conociera la codicia si la ley no dijera: No codiciarás* [Éxodo 20.17]» (Romanos 7.7).

Bien podemos imaginar a Saulo de Tarso como un joven talentoso estudiando en Jerusalén, examinándose a sí mismo en cuanto a los Diez Mandamientos. Su orgullo espiritual podría hacerle inmune a los primeros nueve; aunque a la luz de la interpretación dada por el Señor en el Sermón del Monte, habría sido condenado por todos ellos. Sin embargo, fue el décimo mandamiento el que examinó los móviles de su corazón. Cuando la ley dijo: «*No tendrás deseos malos*», experimentó la convicción. «*Porque por medio de la ley es el conocimiento del pecado*» (Romanos 3.20). Entonces continúa la descripción: «*El pecado, tomando ocasión por el mandamiento, produjo en mí la codicia*» (v. 8a).

Estas palabras están seguidas de una reminiscencia: «*Sin la ley el pecado está muerto. Y yo sin la ley vivía en un tiempo*» (vv. 8b, 9a). ¿Cuándo vivió Pablo «sin la ley»? O ¿cuándo estuvo en tal condición que «el pecado estaba muerto»? En mi opinión, la única respuesta posible a estas preguntas es que estas palabras describen una etapa en la juventud de Saulo de Tarso. Era un joven de un hogar bueno, acorde con las convicciones de su padre y su abuelo. En el judaísmo, aventajaba a muchos de sus contemporáneos (Gálatas 1.14). Bien podemos imaginar que Saulo de Tarso, en un periodo de su vida, no sintió ninguna condenación de la ley. Estaba «vivo» a sí mismo en el marco del mundo en que vivía. Sus padres y sus profesores lo alababan. Estaba bien contento consigo mismo. La idea de que la ley lo condenaba estaba muy lejos de su conciencia.

No obstante, cuando llegó a tener una conciencia clara del *décimo* mandamiento, todo cambió. *«Pero venido el mandamiento, el pecado revivió y yo morí. Y hallé que el mismo mandamiento que era para vida, a mí me resultó para muerte; porque el pecado, tomando ocasión por el mandamiento, me engañó, y por él me mató»* (vv. 9-11).

Ahora Pablo formula una pregunta básica para entender la expiación: ¿Acaso la sagrada ley de Dios debe ser condenada, o puesta a un lado, o anulada porque la ley trae el pecado a la luz? La respuesta del apóstol es que los hechos anteriores prueban lo contrario:

«De manera que la ley a la verdad es santa, y el mandamiento santo, justo y bueno. ¿Luego lo que es bueno, vino a ser muerte para mí? En ninguna manera; sino que el pecado, para mostrarse pecado, produjo en mí la muerte por medio de lo que es bueno, a fin de que por el mandamiento el pecado llegase a ser sobremanera pecaminoso. Porque sabemos que la ley es espiritual; más yo soy carnal [vale decir, mi naturaleza es aquella de la humanidad caída], *vendido* [como se vende un esclavo] *al* [bajo el dominio del] *pecado»* (vv. 12-14).

¿Qué podría exponer más vívidamente el estado de convicción de aquel joven justo, según su propio concepto, que la santa ley de Dios que le mostraba evidencia abrumadora de su pecado? ¿Qué podría mostrar más gráficamente la impotencia y la desesperación, el estado de condenación, de la humanidad caída frente a la ley santa de Dios?

Pablo sigue con una descripción conmovedora de la agonía de una mente bajo profunda convicción, aunque no regenerada. Veamos lo que dice al respecto: *«Porque lo que hago, no lo entiendo; pues no hago lo que quiero, sino lo que aborrezco, eso hago. Y si lo que no quiero, esto hago, apruebo que la ley es buena. De manera que ya no soy yo quien hace aquello, sino el pecado que mora en mí.*

»Y yo sé que en mí, esto es, en mi carne, no mora el bien; porque el querer el bien está en mí, pero no el hacerlo. Porque no hago el bien que quiero, sino el mal que no quiero, eso hago. Y si hago lo que no quiero, ya no lo hago yo, sino el pecado que mora en mí.

»Así que, queriendo yo hacer el bien, hallo esta ley: que el mal está en mí. Porque según el hombre interior, me deleito en la ley de Dios; pero veo otra ley en mis miembros, que se rebela contra la ley de mi mente, y que me lleva cautivo a la ley del pecado que está en mis miembros» (vv. 15-23).

¡Qué gran descripción de la mente no regenerada, sin el poder de la gracia de Dios aunque, sin embargo, convencida por el Espíritu Santo mediante la ley, por la cual *«es el conocimiento del pecado»* (Romanos 3.20)!

A eso le sigue el llanto desesperado, el lamento del pecador completamente vencido, acompañado por la exclamación irreprimible de Pablo mismo al narrar la experiencia. Lo mejor que el hombre perdido podría hacer, separado de Cristo, sería encontrar la liberación de su cuerpo. La muerte terminará la lucha. Pero Pablo no puede refrenarse y exclama que la solución no está en la muerte sino en Cristo.

«¡Miserable de mí! ¿Quién me librará de este cuerpo de [caracterizado por la] *muerte?»* (v. 24). El mismo sonido de las palabras es un llanto de desesperación, *Talaiporos ego anthropos!* (v. 24). Aun después de su conversión, el apóstol Pablo nunca podría haber dicho eso respecto a sí mismo. Cuan-

do pensaba acerca de la muerte, en alguna manera favorable, era en términos de «*estar con Cristo, lo cual es muchísimo mejor*» (Filipenses 1.23). El anhelo de Pablo como cristiano no era la muerte, sino la venida de Cristo, y la inmortalidad instantánea sin la muerte, que será la suerte de los que vivan hasta la venida del Señor (2 Corintios 5.4).

La exclamación gozosa, «*Gracias doy a Dios, por Jesucristo Señor nuestro*» (v. 25a), debe tomarse como la respuesta a la lucha en su totalidad, y no como si quisiera decir que por medio de Cristo el hombre miserable sería liberado de su cuerpo. Esta última interpretación sería notablemente opuesta a la enseñanza de Pablo, por lo que la anterior es más natural en tanto que se acerca a la conclusión de esta descripción particular.

A mi modo de interpretar el texto, la conclusión de Pablo en esta sección incluye Romanos 7.25b—8.4: «*Así que, yo mismo con la mente sirvo a la ley de Dios, mas con la carne a la ley del pecado. Por tanto, ninguna condenación hay para los que están en Cristo Jesús, porque la ley del espíritu de vida en Cristo Jesús me ha librado de la ley del pecado y de la muerte. Porque lo que era imposible para la ley, por cuando era débil por la carne, Dios, enviando a su Hijo en semejanza de carne de pecado y a causa del pecado, condenó al pecado en la carne; para que la justicia de la ley se cumpliese en nosotros, que no andamos conforme a la carne, sino conforme al espíritu*».

La expresión «*enviando a su Hijo ... a causa del pecado condenó al pecado en la carne*» se refiere definitivamente a la expiación. La frase, «*en la carne*», designa aquí el lugar de la condenación. Dios había condenado el pecado en Edén. Lo condenó desde el monte Sinaí. Desde el cielo. Pero ahora lo condena en la carne. Cristo vivió una vida perfecta en la carne, en «obediencia activa», y ofreció esa clase de vida como sacrificio perfecto en su propia carne y en la cruz. Es más, en el mismo cuerpo en que sufrió se levantó otra vez de entre los muertos. Así que, en su obediencia activa, obedeciendo en su sufrimiento y en su resurrección, Dios condenó en la carne al pecado.

Luego, la conclusión de Pablo en conjunto es que la desesperanza absoluta de la humanidad perdida, confrontada por la santa ley de Dios, es totalmente incapaz de remediar algo, solo la expiación que Cristo efectuó en la cruz puede salvar al pecador.

F. EL PRINCIPIO REPRESENTATIVO, ILUSTRACIONES

El principio representativo (Romanos 5.12-21) tiene vigencia a través de las edades. Aparte de que actuamos como individuos con nuestras responsabilidades, como miembros de un grupo a veces tenemos que actuar mediante ciertos representantes. La historia bíblica abunda en relatos que confirman que Dios no solo trata con individuos sino con familias, con naciones y con la especie humana en forma solidaria, pero una solidaridad en la cual la responsabilidad individual nunca es alterada por la del grupo.

La doctrina bíblica de la expiación, la cual expone que Cristo murió por mis pecados, en mi lugar, sustituyéndome, se basa lógicamente en el principio representativo. Tal como Adán me representó en su pecado, y por su acción fui constituido pecador, así Cristo en la cruz representó a sus elegidos como su cabeza federal o del pacto.

Para ilustrar el principio representativo en asuntos seculares, se puede decir que «yo firmé la Declaración de Independencia [de los Estados Unidos de América] el 4 de julio de 1776». No estuve allí, pero mis representantes actuaron por todos los que nacerían después o llegarían a ser ciudadanos de esta tierra. Estuve involucrado e implicado definitivamente en ese hecho.

De la misma manera declaré la guerra contra el militante totalitarismo autocrático el 7 de diciembre de 1941. No estuve allí cuando tomaron la acción, la escuché por la radio. Es posible, aun, que estuviera en el vientre de mi madre, pero esa fue la acción de mis representantes y estoy involucrado en lo que ellos hicieron.

En la sociedad vemos con frecuencia que es posible que un individuo, aunque legal y moralmente representado, y por lo tanto implicado, repudie a sus representantes originales y escoja otros. En términos humanos se puede hacer esto mediante una revolución, o por efectos de la emigración o mediante cualquiera otra forma de identificación con un grupo opuesto.

Por ejemplo, si yo escogiese repudiar la Declaración de Independencia (que por supuesto no es el caso), podría tratar de anular sus efectos por vía revolucionaria o enmendando la constitución del país. Tal vez podría emigrar a otra nación en la que los principios de libertad no existan.

Si hubiese querido repudiar al Congreso cuando declaró la guerra en diciembre de 1941, podría haber emigrado a un país neutral o a uno enemigo, aunque esto habría sido casi imposible; o sencillamente podría haber declarado mi repudio, y en tal caso ser identificado con el enemigo y enviado a un campo de concentración.

Así es como llegué a ser un pecador malvado, culpable y corrompido, en el jardín de Edén. No estuve allí, pero mi representante obró en mi lugar. Estoy involucrado no simplemente debido a la solidaridad fisiológica de la especie humana sino especialmente a causa del principio representativo.

Repudié, sin embargo, a mi representante, por el cual fui constituido pecador culpable y corrompido; morí por mis pecados en la cruz del Calvario en el 30 A.D. No estuve allí, pero mi representante estuvo por mí. He decidido aceptarlo a Él como mi representante, mi cabeza del pacto, el que llevó mis pecados como mi sustituto. He ido a Él, por decirlo así, *«fuera del campamento»* (Hebreos 13.12,13).

Tal como el principio representativo es justo, adecuado y comprensible en términos humanos, así la doctrina de la expiación sustitutiva no solo se enseña de forma explícita en las Escrituras sino también es comprensible racional y moralmente.

G. EL PACTO DE GRACIA

Es mi propósito mostrar a continuación que todo el plan de salvación, y especialmente la expiación, puede presentarse provechosamente en términos de los pactos de Dios.

1. Declaraciones de los credos

La doctrina bíblica del «pacto de obras» está resumida en la *Confesión de Westminster*, capítulo VII, secciones 1 y 2; en el *Catecismo Mayor* en la pregunta 20; y en el *Catecismo Menor* en la 12. En ambos catecismos se llama el «pacto de vida», más que el «pacto de obras», pero el significado es el mismo.

La doctrina bíblica del «pacto de gracia», por otra parte, está resumida en la *Confesión* en el capítulo VII, secciones 3-6; en el *Catecismo Mayor,* en las preguntas 30-36; y en el *Catecismo Menor* en la pregunta 20. En esta última referencia el asunto completo se resume así: «Habiendo Dios, de su propia y soberana voluntad, elegido desde el principio a los que han de gozar de la vida eterna, entró en una alianza de gracia para libertarles de su estado de pecado y de miseria e introducirles a un estado de salud, por medio de un Redentor».

2. Historia de la teología del pacto

La historia de la «teología del pacto» se presenta detallada en un artículo con el mismo título, escrito por W.A. Brown (*Enciclopedia Hastings de Educación Religiosa*, Tomo IV). Este artículo sigue la teología del pacto de Heinrich Bullinger (1504-1575) y de las fuentes británicas y escocesas, incluido Ames (Amesius), autor de *The Marrow of Sacred Divinity*, uno de los profesores de Coccius —el mismo Coccius (1603-1699) considerado fundador de la teología del pacto— hasta Hermann Witsius (1636-1708), en cuyas obras según Brown, «la teología del pacto llegó a su desarrollo pleno».

Brown, que no simpatiza particularmente con la teología del pacto, indica: «La importancia del pacto consistía, para estos teólogos, en la certeza de que tal condescendencia [de parte de Dios] en verdad ocurrió. Con ese pacto Dios no solo se obligó a mantener una línea definida de conducta en cuanto al hombre, restringiendo así la libertad de su propia elección, sino que le comunicó a su creación la naturaleza y las condiciones de su propósito misericordioso, de modo que removió la incertidumbre a la cual de otra forma el hombre habría estado expuesto».

Brown recalca que: «Para sus más fervorosos seguidores, la teología del pacto, en contradistinción al tipo de pensamiento que la oponía, expresaba la diferencia entre un Dios cuyo propósito era conocido. Un Dios con un carácter en el que se podía confiar, cuya naturaleza era misteriosa y cuyas acciones no podían ser predichas».

Brown concluye su artículo con las palabras: «Una buena monografía sobre la historia de la teología del pacto es todavía un desiderátum». La bibliografía y documentación de Brown, son mucho más completas que cualquiera que haya encontrado sobre este tema.

3. *La cuestión de los dos pactos*

Entre teólogos calvinistas que concuerdan con la «teología del pacto» ha habido cierto desacuerdo en cuanto a si el plan de salvación debe ser considerado bajo dos pactos distintos o solo uno. Charles Hodge prevalece entre los que mantienen que hay dos. Primero fue el «pacto de redención» entre el Padre y el Hijo, y luego «el pacto de gracia» mediante el cual la salvación se ofrece a los pecadores. W.A. Brown, en el artículo ya mencionado, expresa la opinión de que aquellos que enseñaban un «pacto de redención» estricto fueron los llamados «hipercalvinistas».

Estos sostenían que el plan de salvación es completamente incondicional. Sin embargo, ello no es cierto respecto a Charles Hodge, porque a él no se le considera «hipercalvinista» ya que presenta «las condiciones del pacto» en una sección separada. Además, explica con sumo cuidado que la condición no es mérito alguno, sin embargo es un genuino *sine que non*; esto es, la condición es un auténtico «si» y no un «porque».

Hodge basa su argumento para distinguir entre los dos pactos en el hecho de que en el plan de salvación se presenta a Cristo como el Mediador y al mismo tiempo como una de las partes del pacto. Hodge piensa que esto causa confusión a no ser que se haga distinción entre los dos pactos. Aunque reconoce que la *Confesión de Westminster* y el *Catecismo Menor* hablan del plan de salvación como de un solo pacto, el pacto de gracia, Hodge piensa que el *Catecismo Mayor* tiene una razón para hacer la distinción. Para ello cita la respuesta a la pregunta 31 como evidencia: «¿Con quién fue hecho el pacto de gracia? El pacto de gracia fue hecho con Cristo como segundo Adán, y en él, con todos los elegidos como su simiente».

No obstante no hay razón para tal distinción de dos pactos en el *Catecismo Mayor*. La pregunta número 30 se refiere claramente al pacto de gracia como «un segundo pacto» (siendo el primero de las obras). La pregunta 32 alude otra vez a la gracia como «el segundo pacto». No es posible dudar que el «pacto de gracia» aludido en la pregunta 31, recién citado, fue interpretado por los autores como el inicio del pacto de gracia, incluyendo aun la materia que Hodge atribuye a dos pactos distintos.

Por eso debemos concluir que no hay base alguna para un pacto de redención separado y bien definido en el *Catecismo Mayor*, y ciertamente no la hay en la *Confesión* ni en el *Catecismo Menor*. Hodge no pretende tener apoyo directo de las Escrituras para su distinción, sino que basa su punto de vista en lo que considera una inferencia lógica.

¿Por qué debe considerarse desconcertante que Cristo sea a la vez una de las partes del pacto de gracia y el Mediador de ese mismo pacto? La propia sustancia del pacto, como uno entre el Padre y el Hijo respecto a los elegidos de Dios, es que Cristo será el Mediador por el cual los elegidos serán salvados. Hablando estrictamente, no debemos entender que los pecadores son partes en el contrato del pacto de gracia. Los elegidos de Dios son los beneficiarios, en el sentido de que por los términos del pacto, y por la eficacia infalible de la expiación de Cristo, habrán de ser salvados.

Todos los pecadores son beneficiarios del pacto en el sentido de que la oferta de salvación se hace a todos por la expiación, que es suficiente para todos y aplicable a todos. Sin embargo, aunque beneficiarios, los pecadores no son parte contratante. Resulta abundantemente claro por los numerosos pasajes de la Escritura que el pacto de gracia es entre el Padre y el Hijo, para nuestra salvación.

Somos *«escogidos en Cristo antes de la fundación del mundo»* (Efesios 1.4). *«Dios nos salvó y llamó con llamamiento santo, no conforme a nuestras obras, sino según el propósito suyo y la gracia que nos fue dada en Cristo Jesús antes de los tiempos de los siglos»* (2 Timoteo 1.9).

4. Importancia del concepto del pacto

Para concluir la discusión del pacto de gracia debemos aclarar que aunque hay diferencias de interpretación entre los teólogos del pacto, y aun cuando hay aspectos de la verdad en los que algunos teólogos aparentemente han forzado ese concepto en forma arbitraria ante las Escrituras que no son explícitamente del pacto por naturaleza, sin embargo el concepto del pacto es de una importancia suprema para nuestro entendimiento del evangelio y nuestro programa misionero de evangelización.

Tenemos un Dios soberano, y predicamos su gracia soberana. Nuestro Dios soberano no es de naturaleza caprichosa, mutable o inconstante. Se ha revelado a sí mismo como el Dios que guarda el pacto. No puede mentir (Hebreos 6.18). No puede negarse a sí mismo (2 Timoteo 2.13).

Cuando predicamos el evangelio, ofreciendo salvación a todo aquel que cree, no estamos proclamando meramente la amnistía caprichosa de un potentado inconstante, sino que predicamos la gracia soberana del Dios que no cambia (Malaquías 3.6). Estamos anunciando sus promesas, su pacto; el que está sellado con la sangre de la cruz del Calvario.

H. EL HECHO DE LA EXPIACIÓN

Una vez dicho todo, no hay otra teoría expiatoria adecuada. La expiación de Jesucristo yace como un hecho basado en el pacto y las promesas de Dios, uno que el pueblo de Dios experimenta a través de las edades. Las teorías y las doctrinas son muy valiosas en la proclamación del evangelio, son buenas para profundizar la consagración cristiana, pero carecen de valor sin el hecho mismo de la expiación. La fe en la cruz de Cristo ha producido el milagro de la gracia. Multitudes de hombres y mujeres han expresado su testimonio en palabras similares a las del que nació ciego: *«Una cosa sé, que habiendo yo sido ciego, ahora veo»* (Juan 9.25). Es un hecho irrefutable que en Cristo *«tenemos redención por su sangre, el perdón de pecados según las riquezas de su gracia»* (Efesios 1.7).

Después de mostrar la condición perdida y frustrante del hombre bajo el orgullo espiritual del legalismo, Pablo anuncia: *«Pero ahora, aparte de la ley, se ha manifestado la justicia de Dios, testificada por la ley y por los profetas; la justicia de Dios por medio de la fe en Jesucristo, para todos los que creen en él. Porque no hay diferencia, por cuanto todos pecaron* [en Adán, cf. Romanos 5.12], *y están destituidos de la gloria de Dios, siendo justificados gratuitamente por su gracia, mediante la redención que es en Cristo Jesús, a quien Dios puso como propiciación por medio de la fe en su sangre, para manifestar su justicia, a causa de haber pasado por alto, en su paciencia, los pecados pasados, con la mira de manifestar en este tiempo su justicia, a fin de que él sea el justo, y el que justifica al que es de la fe de Jesús»* (Romanos 3.21-26).

I. LA GLORIA DE LA CRUZ

La palabra «gloria», por supuesto, significa magnificencia, esplendor, o lo que se admira. En el Evangelio según San Juan hay pasajes en los que indica claramente la cruz, mostrando que la gloria de Dios se revela en forma relevante en la cruz.

Uno de esos pasajes se encuentra en el capítulo 12. Jesús estaba enseñando; la multitud también estaba allí. Felipe y Andrés acababan de traer a los visitantes griegos, y se los presentaron al Señor. «*Jesús les respondió diciendo: Ha llegado la hora para que el Hijo del Hombre sea glorificado. De cierto de cierto os digo, que si el grano de trigo no cae en la tierra y muere, queda solo; pero si muere, lleva mucho fruto*» (vv. 23,24).

Vistas superficialmente, estas palabras no parecen pertinentes. Algunos piensan que hay cierta interrupción en el relato. Pero creo que las palabras son pertinentes. Los griegos tienen que haber observado la popularidad momentánea de Jesús. Su deseo de conocerlo puede haber sido el gesto superficial de turistas que saludan a una celebridad, o puede haber tenido un móvil más profundo. De cualquier manera, las palabras de Jesús son calculadas para mostrar la superficialidad de la popularidad momentánea y la sombra inminente de la cruz.

Después de unas pocas palabras en cuanto a la naturaleza sacrificial del discipulado (vv. 25,26), Jesús prosigue: «*Ahora está turbada mi alma; ¿Y qué diré? ¿Padre, sálvame de esta hora? Mas para esto he llegado a esta hora. Padre, glorifica tu nombre. Entonces vino una voz del cielo: Lo he glorificado, y lo glorificaré otra vez*» (vv. 26-28).

Parecería claro, en base al contexto, que cuando Jesús dijo: «*Ha llegado la hora para que el Hijo del Hombre sea glorificado*» (v. 23), aludía directamente a la crucifixión. Parece colocar la cruz en antítesis directa a la posibilidad de huir, al repudiar la idea de una oración por liberación, y proclamó: «*Padre, glorifica tu nombre*».

Que Juan use la palabra «gloria» en este contexto con referencia a la cruz arroja luz sobre el versículo 16 del mismo capítulo. «*Estas cosas no las entendieron sus discípulos* [el cumplimiento de la profecía en la entrada triunfal de Jesús] *al principio; pero cuando Jesús fue glorificado, entonces se acordaron de que estas cosas estaban escritas de él, y de que se las habían hecho»* (Juan 12.16).

Si la frase «*la hora para que el Hijo del Hombre sea glorificado*» en el versículo 23 significa la hora en que Él debía ser crucificado, entonces las palabras «*cuando Jesús fue glorificado*» en el versículo 16 quieren decir cuando fue crucificado. Esto es, no fue sino hasta después de la cruz que los discípulos reconocieron el significado cabal de la profecía que se cumplió en su entrada triunfal a la ciudad.

El uso del término «gloria», en el capítulo 12, da cierta luz a lo que se aduce en cuanto a que «*Jesús no había sido aún glorificado*», en Juan 7.39. Los «ríos de agua viva» que manan de los corazones de los creyentes, es decir, el programa misionero para esta edad, no empezaría hasta después de la cruz.

La alusión a la «gloria», en Juan 12.41ss, no indica la cruz directamente, pero creo que la gloria de la cruz es el pensamiento central. En los versículos anteriores Juan cita Isaías 53.1: «*Señor, ¿Quién ha creído a nuestro anuncio? ¿Y a quién se ha revelado el brazo del Señor?*» Para explicar el hecho extraño de la incredulidad, Juan cita además: «*Cegó los ojos de ellos, y endureció su corazón; para que no vean con los ojos, y entiendan con el corazón, y se conviertan y yo los sane*» (Isaías 6.9, citado en Juan 12.40).

Es inmediatamente después de estas tristes palabras que Juan indica: «*Isaías dijo esto cuando vio su gloria, y habló acerca de él*» (Juan 12.41). Ver «su gloria» sin duda se refiere a Isaías 6.1: «*Vi yo al Señor sentado sobre un trono alto y sublime...*», aunque Juan en realidad no cita esas palabras. Tomando el contexto de Isaías capítulos 6 y 53, creo que Juan estaba pensando que, aun cuando Isaías había visto la gloria del Señor en el sentido sencillo de la palabra, sin embargo, la visión en cierta manera anunciaba la gloria suprema que había de ser manifestada en la cruz.

Juan continúa: «*Aun de los gobernantes muchos creyeron en él, pero a causa de los fariseos no lo confesaron, para no ser expulsados de la sinagoga. Porque amaban más la gloria de los hombres que la gloria de Dios*» (vv. 42,43). Para esos gobernantes que creyeron, confesar al Señor Jesús habría significado la persecución y el sufrimiento, la gloria de la cruz, lo que en verdad es la gloria de Dios.

Otra vez en el capítulo 13 se refiere a la crucifixión como la glorificación de Cristo. Judas acababa de tomar el bocado de comida y había salido, cuando Jesús dijo: «*Ahora es glorificado el Hijo del Hombre, y Dios es glorificado en él. Si Dios es glorificado en él, Dios también lo glorificará en sí mismo, y enseguida le glorificará*» (vv. 31,32).

Que la cruz es la revelación suprema de la gloria de Dios se muestra ricamente en Juan capítulo 17. La oración del Señor empieza: «*Padre, la hora ha llegado; glorifica a tu Hijo, para que también tu Hijo te glorifique a ti... Yo te he glorificado en la tierra, he acabado la obra que me diste que hiciese. Ahora pues, Padre, glorifícame tú al lado tuyo, con aquella gloria que tuve contigo antes que el mundo fuese*» (vv. 1,4,5).

En vista de otros pasajes en el Evangelio de Juan, como los ya citados, tengo que creer que la *expresión* «*la hora ha llegado; glorifica a tu Hijo...*» tiene que referirse directamente a la cruz. Si este es el caso, ¿a qué gloria se refiere como aquella que Cristo tenía «*antes que el mundo fuese*»? Por supuesto, podría referirse al estado celestial eterno de la Segunda Persona de la Trinidad. No es incoherente interpretar estas palabras como una indicación de que el Señor tenía un deseo natural de dejar este estado de existencia terrenal y regresar a su gloria celestial.

No obstante en vista de que en esta oración Cristo estaba contemplando la cruz definitivamente, y de que en otras partes del Evangelio de Juan la palabra «gloria» se refiere de modo concreto a la cruz, creo que con la frase «*aquella gloria que tuve contigo antes que el mundo fuese*» el Señor se refería a que Él era «*el cordero que fue inmolado desde el principio del mundo*» (Apocalipsis 13.8; 17.8; 1 Pedro 1.20; Efesios 1.4).

Antes de la fundación del mundo se decretó que la gloria de Dios debía ser revelada principalmente en la cruz de Cristo. En efecto, Cristo está diciendo ahora: Tal como en nuestro decreto eterno la gloria del amor redentor iba a ser efectuada en la cruz, sea así ahora.

Si esta interpretación es la correcta, el versículo 24 del mismo capítulo se aclara. Cristo oró: «*Padre, aquellos que me has dado, quiero que donde yo estoy, también ellos estén conmigo, para que vean mi gloria que me has dado; porque me has amado desde antes de la fundación del mundo*».

Esas palabras también podrían ser interpretadas como una alusión a la gloria del cielo. ¿Estaba acaso diciendo: Deseo que estas personas me acompañen al cielo? Creo que eso no es lo que significa. Al contrario, desde el punto de vista humano existía el verdadero peligro de que no hubiera un creyente que presenciara la crucifixión.

Hubo momentos en la noche que fue entregado (1 Corintios 11.23) en que sus seguidores más cercanos lo observaban desde lejos (Mateo 26.58; 27.55; Marcos 15.40; Lucas 22.54; 23.49). Aun hubo uno en que «*todos los discípulos, dejándole, huyeron*» (Mateo 26.56, Marcos 14.50). Por eso creo que la petición de Jesús de que los que el Padre le había dado pudiesen estar con Él donde estuviere, fue una oración porque sus discípulos fieles pudiesen estar presentes para observar la crucifixión para que así pudieran contar la historia en forma más efectiva.

Es significativo, sin dudas, que tengamos la historia auténtica de la cruz por parte de algunos de los que lo amaron, aunque entendieran poco de eso en el momento de presenciar el evento.

Si esta interpretación es la correcta, no es improbable que cuando Juan dijo: «*Y aquel Verbo fue hecho carne, y habitó entre nosotros (y vimos su gloria, gloria como del unigénito del Padre), lleno de gracia y de verdad»* (Juan 1.14), las palabras *«vimos su gloria»* incluyan en forma destacada, aunque no exclusiva, la gloria de la cruz.

Otra fase de la gloria de la cruz se observa en la misma oración sumosacerdotal mencionada. Jesús, con referencia a sus discípulos, dijo: *«He sido glorificado en ellos»* (Juan 17.10). *«La gloria que me diste, yo les he dado, para que sean uno, así como nosotros somos uno»* (Juan 17.22). Si la gloria suprema de la vida terrenal de Jesús fue la cruz; si fue por su muerte que glorificó a Dios soberanamente; si Él es glorificado en nosotros, y si nos ha dado la gloria que el Padre le dio, entonces tenemos que vivir la vida crucificada.

Las palabras del Señor a Pedro en Juan 21.18,19, *«dando a entender con qué muerte debía glorificar a Dios»*, son una confirmación notable de este principio. Si nuestras vidas ejemplifican la generosidad y la abnegación, o en otros términos, si vivimos la vida crucificada, no será tan difícil que los hombres crean que verdaderamente tenemos un Salvador crucificado y resucitado.

Pensar que la cruz de Jesucristo, en la que el pecado humano se revela y se comprende en un espantoso acto de vergüenza y violencia, y que es también la revelación suprema de la gloria de Dios, es para mí maravillosamente iluminador.

En la cruz de Cristo me glorío
Remontando las ruinas del tiempo,
Toda la luz de la sagrada historia,
Se une alrededor de su sublime cabeza.

INFERENCIAS DIRECTAS DE LA EXPIACIÓN

A. PERDÓN HACIA LOS DEMÁS

1. Aplicación bíblica

Si Cristo murió por nuestros pecados y llevó nuestra pena en el propio acto en que nos perdonó nuestras faltas contra

Él, una de las primeras inferencias es que debemos vivir perdonando los demás. El texto clave de esta enseñanza se halla en Efesios 4.32: *«Sed benignos unos con otros, misericordiosos, perdonándoos unos a otros, como Dios también os perdonó a vosotros en Cristo».*

La misma enseñanza se halla en Colosenses 3.12,13: *«Vestíos, pues, como escogidos de Dios, santos y amados, de entrañable misericordia, de benignidad, de humildad, de mansedumbre, de paciencia; soportándoos unos a otros, y perdonándoos unos a otros, si alguno tuviere queja contra otro. De la manera que Cristo os perdonó, así también hacedlo vosotros».*

Las palabras del Padrenuestro indican claramente que hay una relación positiva entre nuestro perdón fraternal y el que recibimos de Dios por medio de la expiación de Cristo. Jesús enseñó a sus discípulos a orar: *«Y perdónanos nuestras deudas, como también nosotros perdonamos a nuestros deudores»* (Mateo 6.12). Esto no significa que pedimos perdón *porque* somos muy buenos. La palabra «como», es decir, *hos kai*, no es igual a «porque». No indica nada más que una relación positiva entre el perdón que recibimos y nuestro perdonar.

Es verdad que en la versión de Lucas se dice: *«Y perdónanos nuestros pecados, porque también nosotros perdonamos a todos los que nos deben».* Debe notarse que las palabras traducidas «porque» en este contexto no declaran una razón para conceder la petición sino una circunstancia colateral. Las palabras son *kai gar.*

En este contexto deben ser traducidas «y en verdad» — *«Perdónanos nuestros pecados; y en verdad nosotros perdonamos ...»* Por eso vemos que en la versión del Padrenuestro en Lucas no se enseña la idea absurda de que debemos pedir que Dios nos perdone a nosotros porque somos tan buenos que perdonamos a otros. Las palabras bien interpretadas enseñan que existe una relación positiva entre nuestro perdonar y el ser perdonados por Dios. Ya se indicó en las referencias a Efesios 4.32 y Colosenses 3.13 en qué consiste esa relación.

Otra Escritura relacionada con la obligación que tenemos de perdonar porque somos perdonados se halla en las observaciones de Jesús que siguen a lo que llamamos el «Padrenuestro» en el Sermón del Monte. *«Porque si perdonáis a los hombres sus ofensas, os perdonará también a vosotros vuestro Padre celestial; mas si no perdonáis a los hombres sus ofensas, tampoco vuestro Padre os perdonará vuestras ofensas»* (Mateo 6.14,15).

Hallamos dichos similares en otras partes: *«Y cuando estéis orando, perdonad, si tenéis algo contra alguno, para que también vuestro Padre que está en los cielos os perdone a vosotros vuestras ofensas»* (Marcos 11.25). *«Si tu hermano pecare contra ti, repréndele; y si se arrepintiere, perdónale. Y si siete veces al día pecare contra ti, y siete veces al ida volviere a ti, diciendo: Me arrepiento; perdónale»* (Lucas 17.3,4).

La extensa parábola sobre el tema del perdón que Jesús narró en respuesta a la pregunta de Pedro, *«¿Cuántas veces perdonaré a mi hermano que peque contra mí?»*, concluye con las palabras: *«Así también* [por un castigo similar al que se acaba de aludir] *mi Padre celestial hará con vosotros si no perdonáis de todo corazón cada uno a su hermano sus ofensas»* (Mateo 18.21-35).

En cada uno de estos pasajes, la relación positiva entre el perdón recibido de Dios y nuestro perdón a otros se asevera enfáticamente, pero en ningún caso se dice que nuestro perdonar sea la razón para recibir el perdón de Dios. Aun en Marcos 11.25, ya citado, la cláusula introducida por *hina*, «para que», no puede llevar el peso de una interpretación causante, como si el hecho de perdonar fuera la base y razón para que Dios esté dispuesto a perdonarnos.

El significado en todos estos dichos de Cristo es mucho más serio que eso. Hemos de perdonar porque somos perdonados (Efesios 4.32). La inferencia solemne de las palabras de Cristo es que si guardamos rencor en nuestros corazones es evidencia de que no somos renacidos, que en verdad nunca aceptamos a Cristo como nuestro Salvador personal, como nuestro sustituto en la cruz. Si en verdad somos perdonados, limpiados y regenerados por la expiación de Cristo, viviremos la vida crucificada y mostraremos el perdón de Aquel que murió por nosotros.

Creo que Pablo se refiere a esto cuando apela a sus amados gálatas: «*¡Oh gálatas insensatos! ¿quién os fascinó para no obedecer a la verdad, a vosotros ante cuyos ojos Jesucristo fue ya presentado claramente entre vosotros como crucificado?*» (Gálatas 3.1). Se cree que Pablo, que fuera atropellado y perseguido, apedreado y dejado por muerto en las ciudades de Galacia, se refiere aquí al hecho de que él había experimentado la vida crucificada en su ministerio en Galacia, y no había sido difícil para los gálatas conversos creer que en verdad tenía un Salvador crucificado y resucitado.

No perdonar o guardar rencor, es uno de los obstáculos más grandes en la obra cristiana. Muchas iglesias están paralizadas por el hecho de que algunos de sus líderes guardan rencores y no quieren perdonar. Persistir en no perdonar es evidencia de una condición no regenerada, según las palabras de nuestro Señor Jesucristo mismo.

2. Una doctrina práctica

Debemos entender claramente que la doctrina bíblica del perdón basada en la expiación de Cristo, por la que hemos sido perdonados, es puramente práctica. Es verdad que no hay «*condenación ... para los que están en Cristo Jesús*» (Romanos 8.1); pero es igualmente verdad que «*el Señor al que ama, disciplina, y azota a todo el que recibe por hijo*» (Hebreos 12.6).

Los que mantienen la ley y el orden en el gobierno civil, y los que rigen la disciplina bíblica en la iglesia o en la escuela, no deben estar motivados por el deseo de venganza al ejercer la disciplina. Sugiero que si un cristiano que ejercita la disciplina se siente en algún caso motivado por cualquier sentimiento de venganza, debe declararse incompetente o transferir el caso a otra persona u organismo responsable. La doctrina bíblica del perdón no es contraria a la enseñanza bíblica sobre la ley, el orden y la justa disciplina.

La doctrina bíblica del perdón tampoco es opuesta a la prudencia. Hace algunos años prediqué sobre el tema del perdón en cierta reunión de oración. Después de mis palabras, durante el momento de los testimonios, un carpintero se levantó con lágrimas en los ojos y pidió consejo. Algunos años antes estuvo trabajando en un andamio construido por otro carpintero. Como fue mal construido, uno de esos días en que estaba sobre el referido andamio, se desplomó y el cristiano tuvo que ser hospitalizado por varias semanas. A partir de ese momento siempre recordó con rencor al constructor del aparato que le produjo la caída.

«Ahora —me dijo el creyente— no siento rencor en mi corazón hacia aquel hombre, y si pudiera hacerle bien en cualquier manera, ciertamente lo haría, pero no puedo subir a un andamio construido por ese hombre sin examinarlo y probar su resistencia. Quiero preguntarle si, a vuestro juicio, estoy guardando rencor».

La respuesta, por supuesto, fue negativa. La doctrina bíblica de la vida crucificada, la del perdón cristiano, basado en la expiación de Cristo, es sana en principio y práctica en su aplicación. Un cristiano regenerado no guardará rencor reiterada y persistentemente.

B. UNA VIDA SANTA

Además del asunto del perdón, las inferencias de la expiación de Cristo para una vida santa se declaran gráfica y explícitamente. *«Pues si habéis muerto con Cristo en cuanto a los rudimentos del mundo... Si, pues, habéis resucitado con Cristo, buscad las cosas de arriba.... Poned la mira en las cosas de arriba, no en las de la tierra. Porque habéis muerto, y vuestra vida está escondida con Cristo en Dios. Cuando Cristo, vuestra vida, se manifieste, entonces vosotros también seréis manifestados con él en gloria»* (Colosenses 2.20-3.4). «Ha-

béis sido comprados por precio; glorificad, pues, a Dios en vuestro cuerpo» (1 Corintios 6.20; cf. 7.23).

Todo el capítulo 6 de Romanos es un argumento para una vida santa basada en la expiación de Cristo. *«Porque en cuanto murió, al pecado murió una vez por todas; mas en cuanto vive, para Dios vive. Así también vosotros consideraos muertos al pecado, pero vivos para Dios en Cristo Jesús, Señor nuestro»* (vv. 10,11). *«El amor de Cristo nos constriñe, pensando esto: que si uno murió por todos, luego todos murieron; y por todos murió, para que los que viven, ya no vivan para sí, sino para aquel que murió y resucitó por ellos»* (2 Corintios 5.14,15).

Capítulo 6

La aplicación de la explación

LA EXPIACIÓN HACE EFECTIVO EL DECRETO DE ELECCIÓN

En la discusión de «los decretos de Dios», citamos la siguiente definición: «Los decretos de Dios son su propósito eterno, según el consejo de su propia voluntad, en virtud del cual ha preordenado, para su propia gloria, todo lo que sucede» (*Catecismo Menor*, pregunta 7: ¿Cuáles son los decretos de Dios?). Al respecto se indicó que los decretos de Dios incluyen el de la elección de algunos entre la descendencia caída de Adán.

La doctrina de la elección se define en el *Catecismo Menor*, p. 20, que ya hemos citado en otra ocasión: «Habiendo Dios, de su propia y soberana voluntad, elegido desde el principio a los que han de gozar de la vida eterna, entró en una alianza de gracia para libertarles de su estado de pecado y de miseria, e introducirlos a un estado de salud por medio de un Redentor». El tema que estudiaremos a continuación es la relación lógica de la expiación con el decreto de la elección.

A. EL ORDEN DE LOS DECRETOS DE DIOS

Al mencionar la cuestión del orden de los decretos de Dios evidentemente no estamos hablando de uno cronológico, porque ya se ha aclarado que los mismos son eternos e inmutables. El ordenamiento de los decretos es cuestión del sentido lógico como lo revelan las Escrituras y como lo entienden nuestras mentes finitas.

En su espléndida obra, *The Plan of Salvation*, B.B. Warfield presenta un diagrama que muestra las opiniones relevantes que se han mantenido históricamente con referencia al orden lógico de los decretos de Dios. No trataré de presentar los datos históricos dados por Warfield, solamente presentaré lo que creo es la enseñanza bíblica, en comparación con aquellas opiniones más estrechamente afines

Las primeras tres columnas de Warfield, se titulan supralapsario, infralapsario y amyraldiano. (Véase el esquema siguiente.) «Supralapsario» se deriva del latín *supra*, que significa «arriba» o «antes», y *lapsus*, que significa «caída». «Infralapsario» es de infra, que significa «abajo» o «subsecuente», y lapsus. «Amyraldiano» viene de las enseñanzas de Moisés Amyraut (1596-1664), el teólogo protestante francés que enseñó una forma modificada de las doctrinas calvinistas o semicalvinistas. Amyraut había estudiado bajo el famoso Juan Cameron (1579-1625).

La diferencia entre «supra» e «infra» es que la doctrina supralapsaria coloca el decreto de elección a la vida eterna anterior al que permite la caída del hombre; y estos dos decretos, anteriores al que determina que la expiación debe ser provista por Cristo. Según la doctrina infralapsaria, la cual me parece compatible con las Escrituras, el decreto de elección a la vida eterna viene lógicamente después del decreto de permitir la caída del hombre.

Como en la doctrina supralapsaria, la infralapsaria también sostiene que el decreto de elección precede al que determinó que Cristo provee la expiación. Me parece razonable afirmar que el decreto de elección a la salvación debe ser considerado lógicamente como después de —*infra*—, el decreto de permitir la caída del hombre, en vez de sostener, como señala la supralapsaria, que la primera consideración es la elección de algunos a la vida eterna y luego la caída.

El orden lógico de los decretos de Dios
(Adaptado de B.B. Warfield, *The Plan of Salvation*.)

	Supralapsario	Infralapsario	Amyraldiano
(1)	Creación del hombre a la imagen de Dios	Creación del hombre a la imagen de Dios	Creación del hombre a la imagen de Dios
(2)	Elección de algunos a la vida eterna	Permiso para la caída del hombre	Permiso para la caída del hombre
(3)	Permiso para la caída del hombre	Elección de algunos a la vida eterna	Expiación por Cristo para hacer posible la salvación
(4)	Expiación por Cristo, base de la gracia común y especial	Expiación por Cristo, base de la gracia común y especial	Elección de algunos con habilidad moral
(5)	Don del Espíritu Santo para convencer al mundo	Don del Espíritu Santo para convencer al mundo	Don del Espíritu Santo para convencer al mundo
(6)	Regeneración de los elegidos	Regeneración de los elegidos	Regeneración de los elegidos que creen
(7)	Santificación de los regenerados	Santificación de los regenerados	Santificación de los regenerados

Charles Hodge como teólogo y Felipe Schaff como historiador indican que no se puede clasificar definitivamente a Juan Calvino ni como supra ni como infralapsario. Es cierto que Calvino no discute directamente el problema, pero veo opiniones definitivamente infralapsarias en Calvino, y no he encontrado ninguna opuesta.

Por ejemplo, en su *Institución*, Libro II, capítulo XII, párrafo 7, en oposición a las ideas de Osiander (1498-1555), Calvino dice: «Pablo, al llamarlo el segundo Adán, coloca la caída ... en un punto intermedio entre el ... [origen] de la humanidad y la restitución que obtenemos por Cristo; de donde se sigue que la caída fue la causa de la encarnación del Hijo de Dios». Esto es explícitamente el orden infralapsario.

La diferencia entre los puntos de vista supra e infralapsarios, por un lado, y el amyraldiano, por el otro, es que en este el decreto por el cual Cristo provee la expiación es anterior al de la elección a la vida eterna. Por eso, según el punto de vista amyraldiano, la expiación no obtiene verdaderamente la salvación de los elegidos de Dios sino solo hace posible la salvación hipotéticamente.

Argumentaría, particularmente, al punto de vista supralapsario que debemos sostener que la determinación de Dios de salvar a un pueblo debe ser considerada lógicamente como posterior a su decisión de permitir que el hombre peque. Por otra parte, en oposición al punto de vista amyraldiano, argüiría que debemos sostener que el decreto de salvar a un pueblo, esto es, decretar la elección a la vida eterna, debe ser considerado lógicamente como anterior al de proveer la expiación como el medio de salvación. Cristo no murió solo para que la gente pudiera salvarse, hipotéticamente; Cristo murió para *salvar a la gente*.

B. Los cinco puntos del calvinismo

Juan Calvino murió en 1564. Su obra fue continuada capaz y lealmente por su sucesor Teodoro Beza (1519-1605), que a su vez instruyó a Jacobo Arminio (1560-1609) en Ginebra. Aunque originalmente Arminio aceptó el supralapsarianismo de Beza, más tarde no solo reaccionó contra esa posición sino que atrajo a algunos de sus opositores al infralapsarianismo. Pero, además, enfatizó el libre albedrío del hombre al punto de poner en tela de juicio, por lo menos en forma implícita, la soberanía de Dios. Enseñó que el decreto de la elección a la vida eterna no es inmutable sino hipotético.

Según todos los comentarios, Arminio fue un individuo de disposición bondadosa, aunque no muy firme en sus opiniones, ni autor de un sistema de doctrina bien articulado. Su sucesor, Simón Episcopio (1583-1643), se considera como el que sistematizó las doctrinas de Arminio.

1. Los cinco puntos de la refutación

En 1610, tras la muerte de Arminio, sus simpatizantes, incluido Episcopio y el más conocido Hugo Grotio (1583-

1645), presentaron una «refutación». La literatura relacionada con este documento es enorme. Un artículo corto
(*Remonstrants*) en la edición corriente de la *Enciclopedia
Británica* resume correctamente los puntos principales de ese
partido como sigue:
(1) Que el decreto divino de la predestinación es condicional, y no absoluto. (2) Que la expiación es universal en su
intención. (3) Que el hombre no puede ejercer por sí mismo
una fe salvadora. (4) Que aun cuando la gracia de Dios es una
condición necesaria en el esfuerzo humano, no acciona
irresistiblemente en el hombre. (5) Que los creyentes son capaces de resistir el pecado pero que no están más allá de la
posibilidad de caer de la gracia.
La posición arminiana o refutatoria es creíble, pero un
examen cuidadoso de estos cinco puntos revela las presun-
ciones e inferencias antibíblicas: (1) Si el decreto de la elección es condicional en el sentido de que no es inmutable, una
gran parte del primer capítulo de Efesios queda anulada y no
se podría sostener que Dios «*hace todas las cosas según el
designio de su voluntad*» (v. 11). Tampoco hay consuelo en el
pensamiento de que hemos sido escogidos «*en él antes de la
fundación del mundo*» (v. 4).
(2) Si la expiación es universal en su intención, de tal modo
que sea destinada igualmente y en el mismo sentido para todos los hombres, entonces, o llegamos a la doctrina de la salvación universal, o a la doctrina arminiana más común: que la
expiación no cumple todo lo que estaba destinada a cumplir.
Esto, por supuesto, se aparta de las Escrituras mucho más
que la doctrina amyraldiana.
(3) Que «el hombre no puede ejercer por sí mismo una fe
salvadora», por supuesto, es verdad. La fe es «*un don de Dios*»
(Efesios 2.8). «*Porque Dios es el que en nosotros produce así
el querer como el hacer por su buena voluntad*» (Filipenses
2.13). Pero este punto de la refutación usualmente se junta
con la doctrina de que todos los hombres están capacitados
igualmente para creer; y esto lleva a la idea de que la fe es en

sí misma una obra de mérito por la cual el individuo perdido puede cooperar con la gracia de Dios en apoyo a su propia salvación.

(4) Que la gracia de Dios no es infalible en el caso de los elegidos de Dios es solamente otra manera de declarar el primer punto de refutación. No todos los elegidos de Dios a la vida eterna serán realmente salvos.

(5) Que los pecadores pueden ser salvos y luego perderse es solo otra inferencia del primer punto, a saber, que algunos de aquellos que Dios ha escogido para vida eterna no la recibirán.

Es cierto que los arminianos que enfatizan el quinto punto de la refutación tienen una queja genuina contra ciertas formas del así llamado «calvinismo». La doctrina de la «perseverancia de los santos» —a saber, que los que Dios ha elegido para la salvación serán salvos para siempre—, depende completamente del punto de vista bíblico y lógico, de la elección infalible de Dios.

Es lamentable, pero hay calvinistas mal informados que crasamente entienden e interpretan la doctrina, que predican que cualquiera que ha pasado por una así llamada «experiencia de conversión» irá infaliblemente a los cielos, y que no hay necesidad de que los «frutos del espíritu» den evidencia consecuente de la autenticidad de la fe.

Esta doctrina, a veces llamada «una vez salvo, siempre salvo», se predica frecuentemente de tal manera que amerita la descripción de «seguridad carnal» (un personaje de la obra de Juan Bunyan *Guerra santa*). No es de maravillar que arminianos fervorosos y evangélicos se escandalicen por la presentación crasamente errónea de esta así llamada doctrina calvinista. Una persona que vive continua y persistentemente una vida mala seguro que no debe ser considerada por la iglesia como regenerada.

Por otra parte, la doctrina arminiana elimina la sencilla confianza de quien se ha entregado completamente a la gracia de Dios.

2. Respuesta a los refutantes

El Sínodo de Dort, Dortrecht, Holanda, 1618-1619, se reunió con el propósito de contrarrestar el arminianismo. Los intereses políticos implicados y los métodos empleados no son pertinentes. La historia eclesiástica contiene muchos métodos carnales, a pesar de los cuales la doctrina sana y edificante a veces se ha clarificado. Esto es especialmente cierto en algunos de los grandes concilios ecuménicos de la iglesia antigua, aun el Concilio de Éfeso (451 A.D.). Es la doctrina clarificada en el Sínodo de Dort, sin embargo, lo que nos interesa, pues aquí se elaboraron los «cinco puntos del calvinismo» como respuesta a los cinco puntos de la refutación ya considerados.

Veamos a continuación los «cinco puntos del calvinismo»: (1) Incapacidad total. (2) Elección incondicional. (3) Expiación limitada (prefiero decir expiación particular). (4) Gracia irresistible. (5) Perseverancia de los santos. Un vistazo mostrará que el orden asignado a estos puntos no es el mismo que el de los puntos de la refutación. El número uno responde al tres. El dos responde al uno; el tres contesta al dos; el cuatro a su par el número cuatro, y el cinco a su igual. Creo que este es un orden lógico para los efectos del estudio presente.

a. Incapacidad total

Cuando tratamos la caída del hombre en esta obra se explicó la pecaminosidad humana. Resta solo indicar que, según las Escrituras, y también la experiencia cristiana, el hombre natural en su condición caída es completamente incapaz de contribuir o cooperar a su regeneración en lo más mínimo. Pablo afirma: «*Yo sé que en mí, esto es, en mi carne, no mora el bien*» (Romanos 7.18). «*Los que son de la naturaleza humana caída piensan en las cosas de la naturaleza humana caída... El ocuparse de la naturaleza humana caída es muerte ... porque los designios de la naturaleza humana caída son enemistad contra Dios; porque no se somete a la ley de Dios, ni tampoco puede; y los que viven según la naturaleza huma-*

na caída no pueden agradar a Dios» (Romanos 8.5-8). [N. del E. «Naturaleza humana caída»: «carne» en el original.] Hace algunos años, mientras leía *The Dynamic of Service* [La dinámica del servicio], por Paget Wilkes, de Japan Evangelistic Band [Grupo evangelístico japonés], llegó con fuerza a mi mente que el hombre natural, aparte del poder convincente del Espíritu Santo de Dios, no está consciente de su condición perdida ni tiene deseos en cuanto a las cosas de Dios. Hablamos con razón de la condición lastimosa de los paganos que no conocen al Señor. El hecho es que ellos no saben que no lo conocen hasta que Dios mismo opera en sus corazones por el poder convincente del Espíritu Santo.

«¿Cómo somos hechos partícipes de la redención comprada por Cristo?» «Somos hechos partícipes de la redención comprada por Cristo por la aplicación eficaz que de ella nos hace el Espíritu Santo». «¿Cómo nos aplica el Espíritu Santo la redención comprada por Cristo?» «El Espíritu Santo nos aplica la redención comprada por Cristo, obrando fe en nosotros, y uniéndonos así a Cristo por nuestro llamamiento eficaz» (*Catecismo Menor*, preguntas 29 y 30).

Más adelante discutiremos el «llamamiento eficaz». El punto ahora bajo consideración es que, aparte de la obra sobrenatural del Espíritu Santo, la humanidad caída es totalmente incapaz de volverse hacia la gracia de Dios. *«No depende del que quiere, ni del que corre, sino de Dios que tiene misericordia»* (Romanos 9.16). Si no fuera así los redimidos serían capaces, por lo menos en cierto grado, de jactarse de su condición salvada en la eternidad. Los redimidos podrían decir: Soy salvo porque había en mí al menos el bien suficiente para volverme a Dios, y afirmarme en su gracia. La causa digna de crédito para la salvación estaría, entonces, en el pecador y no en el Salvador.

b. Elección incondicional

La doctrina de la elección incondicional sigue necesariamente a la de la incapacidad total. Si el hombre es incapaz por completo de contribuir en un grado mínimo a su propia salvación, entonces la salvación es totalmente por la gracia de Dios, y no condicionada por alguna virtud, prevista o no, en la humanidad caída.

Nuestra salvación *«no es por obras, para que nadie se gloríe. Porque somos hechura suya, creados en Cristo Jesús para buenas obras, las cuales Dios preparó de antemano, para que anduviésemos en ellas»* (Efesios 2.8-10). La fe por la cual somos salvos es un «don de Dios». Es Dios quien *«en nosotros produce así el querer como el hacer, por su buena voluntad»* (Filipenses 2.13). *«¿Dónde, pues, está la jactancia? Queda excluida. Por cuál ley, ¿por la de las obras? No, sino por la ley de la fe. Concluimos, pues, que el hombre es justificado por fe sin las obras de la ley»* (Romanos 3.27,28). *«Nos salvó, no por obras de justicia que nosotros hubiéramos hecho, sino por su misericordia, por el lavamiento de la regeneración y por la renovación del Espíritu Santo»* (Tito 3.5).

Uno de los errores más sutiles que da gloria al hombre y no a Dios, es la idea de que el decreto divino de la elección se basa en una fe preconocida. Algunos hablan como si Dios hubiese visto a través de las edades y observado a los que serían lo suficientemente buenos para creer en su Hijo, y luego hubiese elegido salvarlos basado en la fe de ellos.

Recuerdo claramente haber caído yo mismo en este error cuando, como estudiante de secundaria, traté de explicarles el evangelio a los incrédulos. Comparé la fe con el papel tornasol, que se vuelve rojo en una solución ácida y azul en una solución alcalina. Así prosigue este error: Dios ha hecho de la fe «la prueba del ácido» para la humanidad perdida. Puedo testificar con gratitud que fue el gran sermón de Lutero sobre «el método y el fruto de la justificación», en que muestra claramente que la fe no es una obra meritoria, lo que en mi primer año en la universidad corrigió este error en mi pensamiento.

A veces el argumento arminiano sobre este punto se presenta por causa de una mala interpretación de 1 Pedro 1.1,2, que incluye la frase *«elegidos según la presciencia de Dios Padre»*. El planteamiento arminiano interpreta mal la preposición *kata*, como si fuera *epi* con el dativo, que significa «sobre la base de», o *dia* con el acusativo, que significa «a causa de». Estas palabras de Pedro no pueden indicar que la base o razón de la elección sea la presciencia de Dios con ninguna exégesis sintáctica adecuada.

La preposición usada aquí, *kata* con el acusativo, indica sencillamente la armonía de los detalles mencionados —elección y presciencia—, y este texto no tiene nada que decir respecto a si la elección depende de la presciencia o si la presciencia depende de la elección. El texto dice solamente que los dos armonizan y son paralelos. No hay aquí el menor estímulo para la posición arminiana.

Lamentablemente, hay una interpretación que circula entre algunos de nuestros amigos. Reconociendo el error de la interpretación arminiana en 1 Pedro 1.1,2, han contestado con el siguiente curso de razonamiento: (1) La palabra «conocer» casi siempre se refiere no a un conocimiento literal sino a uno fraternal. Desde luego, esto es cierto. Amós 3.2 indica: *«A vosotros solamente he conocido de todas las familias de la tierra; por tanto, os castigaré por vuestras maldades»*. También Mateo 25.12 afirma: *«De cierto os digo, que no os conozco»*.

(2) Puesto que la palabra «conocer» a veces indica el conocimiento fraterno y no literal, la palabra «presciencia» necesariamente tiene que referirse a presciencia fraterna y no a una presciencia literal. (3) Puesto que presciencia tiene que significar presciencia fraterna, entonces, presciencia es idéntica a elección y no puede significar otra cosa. (4) Por consiguiente, la frase *«elegidos según la presciencia»*, significa nada más ni menos que «elegidos según la elección». Esto reduce la frase de Pedro a una mera tautología. Compárese la *Institución* de Calvino, Libro III, capítulo 21, párrafo 5.

Aparte del punto de sintaxis, que *kata* con el acusativo no relaciona identidad sino que implica dos artículos distintos y paralelos, debo rechazar una suposición sutil que comúnmente acompaña la interpretación que describo. Frecuentemente se sostiene que el conocimiento de Dios es un atributo subordinado, dependiente de su voluntad.

A veces aun se alega que Dios es incapaz de una presciencia literal en el sentido de una comprensión cognoscitiva de los eventos futuros. Algunos llamados calvinistas han adoptado la posición «tomista» de que para Dios el conocer y el hacer son idénticos. Debo decir bien claro que al rechazar la interpretación arminiana de 1 Pedro 1.1,2, en ninguna manera estoy aceptando la que hace de la presciencia de Dios nada más que su decreto de elección. La elección divina es una cosa y la presciencia divina es otra. No hay ni discordia ni dependencia entre ellas, como lo indica la Escritura.

Entonces, la elección incondicional basa nuestra salvación completamente en la gracia de Dios. Como se suele decir: «¿Si alguien se salva, Dios obra la salvación». Se cuenta que Spurgeon declaró no hallar ninguna dificultad lógica en creer la doctrina del castigo eterno de los malos, pero que no podía menos que sentir un asombro abrumador ante la doctrina de la salvación del pecador. En las futuras edades eternas, diez mil años tras diez mil años, nuestra salvación aún permanecerá como objeto de asombro. Ese asombro de «gracia tan sublime» nunca disminuirá.

c. *Expiación particular*

La doctrina de la expiación particular se expresa en la fórmula citada de Agustín: «Suficiente para todos, eficiente para los elegidos» [*Sufficienter pro omnibus, efficienter pro electis*]. Esta fórmula es citada también por A.A. Hodge, quien indica que Calvino en su comentario a 1 Juan 2.2 la acepta como correcta. El capítulo de Charles Hodge, titulado «Para quienes murió Cristo», es una presentación muy satisfactoria de esta doctrina, a la cual le aventaja solamente la que planteó su hijo.

No hay controversia entre los que siguen el sistema de doctrina calvinista en cuanto a que la expiación de Cristo es universal en tres aspectos: (1) Es suficiente para todos. Es absolutamente infinita en su valor y por ende en su potencialidad. A.A. Hodge declara que ningún pecador se perderá por falta de una expiación suficiente. Puesto que la doctrina la presentan tanto Charles Hodge, A.A. Hodge y Calvino mismo, como también Agustín, no hay razón lógica para que un calvinista vacile en emplear las palabras del gran himno de Wesley:

Señor, si hubiese más pecadores
que arena en las playas del mar,
Pagaste enteramente el rescate,
Hiciste una expiación cabal.

(2) La expiación es aplicable a todos. No hay nada que falte en el modo de la encarnación de Cristo ni en su muerte y resurrección que la haga inaplicable a cualquier miembro de la especie humana en cualquiera circunstancia terrenal. (3) La expiación se ofrece a todos. Sobre esto ningún calvinista fiel tiene la menor duda, aunque es un punto de ataque de los opositores arminianos. Sin embargo, en verdad el arminiano no tiene ventaja lógica. Sabe muy bien que Dios no va a salvar a todas las personas; aunque el evangelio ha de ser predicado a todos los hombres sin excepción.

Sobre estos tres puntos de la universalidad de la expiación, no hay diferencia esencial entre el arminiano evangélico y el verdadero calvinista. Hay un cuarto punto en el que concuerdan el arminiano evangélico y el verdadero calvinista, y tiene que ver con la particularidad de la expiación.

(4) La expiación es particular en sus resultados finales. Los arminianos evangélicos concuerdan con los calvinistas en que muchos, tal vez la mayoría de los que alcanzan la madurez, no son salvos, sino que están perdidos eternamente.

(5) Es en el quinto punto en el que hay una diferencia aguda entre los que sostienen el sistema de doctrina calvinista por un lado, y los arminianos y amyraldianos, por el otro. Se

sostiene que la expiación es particular en su designio y en su intención. Hay un sentido especial en que Cristo es el Mediador de sus elegidos, y no de todos. Él dijo: «*Yo ruego por ellos; no ruego por el mundo, sino por los que me diste; porque tuyos son*» (Juan 17.9).

Entre los decretos de Dios, la expiación fue destinada a efectuar exactamente lo que realiza. Efectúa la salvación de los elegidos de Dios; provee la base lógica y ética para la gracia común (Romanos 3.25); y deja a los perdidos ética y lógicamente inexcusables (Romanos 1.20).

Los que niegan la expiación particular tienen que sostener que Cristo murió para que un pueblo pudiera, hipotéticamente, ser salvo. Por contraste, bien recuerdo las palabras del Dr. Machen, con su característico ademán enfático: «Cuando Cristo se propone salvar a un pueblo, lo salva». Además, los que niegan la expiación particular implican lógicamente, si no lo enseñan explícitamente, que el decreto de elección es solo hipotético e inseguro. En verdad, si el designio y la intención de la expiación no es efectuar precisamente lo que hace, entonces no hay seguridad, no hay certeza, en ningún aspecto acerca de los decretos de Dios.

Para concluir la discusión de la expiación particular, quisiera enfatizar el hecho de que esta doctrina en ninguna manera contradice ni debilita los numerosos pasajes de la Biblia en los que se nos manda y exhorta a predicar el evangelio por todo el mundo a toda la humanidad. Dios ha prometido enfática y repetidamente que «todo aquel» que recibe a Jesucristo como su Salvador personal, «todo aquel» que cree y confía en Él, será salvo infaliblemente para una vida eterna de bienaventuranza.

Uno de los dichos de Calvino que aparece repetidas veces es la exhortación «Confiad absolutamente en la veracidad de Dios». En idioma moderno y sencillo diríamos: «Aceptar sin dudas la palabra de Dios», pero me gusta la frase poderosa tomada del latín *Fides Deum veracem credit* [La fe cree en la veracidad de Dios]. En el Libro III de sus *Institutos*, capítulo

2, párrafo 43, Calvino afirma: «Pero, en cuanto a nosotros, puesto que vemos que a los pecadores se les manda por los oráculos de Dios abrigar una esperanza de salvación, jubilosamente confiemos tanto en su veracidad de manera que rechacemos toda confianza en nuestras propias obras, para depender solo de su misericordia y que osemos abrigar una esperanza de felicidad. El que dijo *"Conforme a vuestra fe os sea hecho"* (Mateo 9.29) no nos engañará».

Las promesas de Dios son claras e inmutables. Si uno no puede ver que la expiación deba ser considerada particular en su designio e intención, puede creer las promesas explícitas de Dios. Charles Hodge aconseja a los que no puedan comprender la doctrina de la expiación particular y a los que temen que contradice la proclamación del evangelio a «todo aquel»: «Siendo que la justicia de Cristo es de valor o mérito infinito, y siendo en su naturaleza precisamente lo que cada hombre necesita, puede ser ofrecida a todos los hombres. De modo que es ofrecida a elegidos y a no elegidos; y se ofrece a ambas clases condicionalmente.

»Esa condición es una aceptación cordial de ella... Si alguno de los elegidos... no la acepta, perece. Si algunos de los no elegidos creyere, se salvaría... Todo lo que ellos [los que niegan la expiación particular] quieren decir con esto es que si algún hombre (elegido o no) cree, será salvado en base a lo que Cristo ha hecho. Pero los agustinianos dicen la misma cosa».

Más adelante, al discutir la doctrina similar del «llamamiento eficaz», y después de aludir a Juan 3.16; Joel 2.32; Hechos 2.21; Romanos 10.13; Salmos 86.5; Isaías 55.1 y Mateo 11.28, todas ellas invitaciones misericordiosas dirigidas a cada hombre, Hodge concluye: «*El canon sagrado termina con las mismas palabras misericordiosas: "Y el Espíritu y la Esposa dicen: Ven. Y el que oye, diga: Ven. Y el que tiene sed, venga; y el que quiera, tome del agua de la vida gratuitamente"* (Apocalipsis 22.17).

»Por tanto, los apóstoles, cuando salieron a ejecutar la comisión que habían recibido, predicaron el evangelio a toda clase de hombres, y les aseguraron, a cada uno, que si se arrepentían y creían en el Señor Jesucristo serían salvos. Por eso, si alguien sostiene cualquier idea acerca de los decretos de Dios o de la satisfacción de Cristo, u otra doctrina bíblica, que le impida hacer esta oferta general del evangelio, puede estar seguro de que sus doctrinas o sus procesos lógicos son erróneos. Los apóstoles no fueron obstaculizados en esta manera, y actuaron según la comisión dada a ellos».

En mi propia experiencia, la doctrina de la expiación particular me da amplia seguridad mientras procuro adelantarme predicando el evangelio y preparando jóvenes para la obra pastoral, misionera y evangelística. Si creyese de otra manera tendría, por lo menos inconscientemente, un mensaje restringido, como si se dijera: Dios no estaba completamente seguro de cómo resultaría esto, pero ha hecho una oferta de salvación para que, hipotéticamente, si alguien creyere será salvado y continuará en esa condición de salvación si sigue haciendo su parte.

Cuánto más tranquilizadoras y rebosantes de gozo son las «buenas nuevas» tal como se expresan en las Escrituras. Dios ha escogido a un pueblo en Cristo, desde antes de la fundación del mundo. Ha provisto en su Hijo la seguridad de su salvación y su crecimiento en gracia. Ha hecho a todos los hombres la oferta universal de salvación por fe en Cristo. Luego, si usted pone su fe y confianza en Cristo como su salvador personal, puede saber, con la seguridad infalible de la Palabra de Dios, que es uno de sus elegidos. Confíe absolutamente en la veracidad de Dios.

d. Gracia irresistible

La doctrina de la gracia irresistible se infiere analíticamente de lo que se ha dicho acerca de la elección incondicional y la expiación particular. Si Dios ha elegido salvar a un pueblo, y ha provisto la seguridad de su salvación, entonces efectuara infaliblemente esa salvación.

Para enfocar el asunto desde otro ángulo, si uno niega que los elegidos de Dios serán salvos infaliblemente, niega también la eficacia de la expiación y la doctrina de la elección. Además, si Dios hubiese elegido salvar a algunos que no iban a serlo realmente, toda la estructura de los decretos de Dios sería demolida. El gobierno del mundo por Dios sería incierto y se negaría la soberanía de Él.

Tal vez la frase «gracia irresistible», con la que se designa esta doctrina, muchas veces incline la mente hacia un horizonte demasiado limitado. Por supuesto, es cierto que los hombres resisten la gracia de Dios. Hay aquellos que, después de estar completamente convencidos por el Espíritu Santo, «recaen» y nunca se arrepentirán (Hebreos 6.4-6). Hay también los que pecan *«voluntariamente después de haber recibido el conocimiento de la verdad»* (Hebreos 10.26). Además, es verdad que algunos hombres resisten la gracia de Dios por algún tiempo, pero finalmente manifiestan *«cosas mejores ... que pertenecen a la salvación»* (Hebreos 6.9).

El plan de salvación no es simétrico. Los que son perdidos lo son «por cuanto» han resistido la gracia de Dios en Cristo (Juan 3.18). Los que son salvos lo son porque Dios los salva, y por ninguna otra razón (Romanos 9.16). Es preferible llamar esta doctrina «la gracia infalible». La palabra «irresistible» parece poner el énfasis en el concepto finito de resistencia, mientras que la palabra «infalible» coloca la fuerza donde es pertinente, dentro de los decretos eternos de Dios y las eventualidades definitivas de su programa redentor. Dios salvará a sus elegidos infaliblemente.

e. Perseverancia de los santos

Aquí tenemos de nuevo una inferencia necesaria de lo que se dijo ya. Si Dios ha elegido incondicionalmente salvar a un pueblo, y si ha provisto una expiación que asegura su salvación, por lógica es inevitable que los que Dios elige para salvación eterna han de llegar a esa salvación eterna. En otras palabras, negar la doctrina de la perseverancia de los santos es aborrecer la gracia soberana de Dios en la elección incondicional.

Se ha dicho que en lugar de «perseverancia de los santos» debemos decir «la perseverancia del Salvador». A.H. Strong afirma: «Luego, la perseverancia es el lado o aspecto humano de aquel proceso espiritual que, visto desde el ángulo divino, llamamos santificación». Prefiero decir que la perseverancia es el aspecto visible de la elección y la expiación. La santificación, por otro lado, tiene aspectos humanos y divinos.

Como se ha indicado en la discusión de la contradicción arminiana de esta doctrina, la doctrina (bíblica) calvinista de la perseverancia casi siempre se tergiversa en una de «seguridad carnal». El lema: «Una vez salvo, siempre salvo», se predica en base a la así llamada experiencia de conversión, aunque nunca debe predicarse sino en base a la doctrina de la elección.

En una conferencia de jóvenes escuche a un laico decir lo siguiente: «Una vez fui miembro de un equipo evangelístico de jóvenes. *Todos éramos salvos*, y tuvimos algo de éxito predicando el evangelio. Pero un miembro del equipo empezó a reunirse con amigos no cristianos. Se casó con una joven mundana. Negó su profesión de fe y murió borracho. Ahora jóvenes, como ven era cristiano, se fue al cielo; pero era un "cristiano carnal" y no recibió el premio de un cristiano espiritual».

No es asombroso que los arminianos se escandalicen por lo que llaman falsamente calvinismo. He escuchado a varios conferencistas seudocalvinistas decir en universidades cristianas: «Estimados jóvenes, hay dos maneras de ir al cielo: el camino espiritual y el camino carnal. Por supuesto, es mejor ir por el espiritual».

Conocí a otro joven que creía en esta falsa doctrina y le dijo a su consejero: «Soy cristiano, y no me importa desviarme de la carrera. He escogido ir al cielo por el camino carnal».

¡No!, el camino carnal es el que conduce al castigo eterno. «*Los que practican tales cosas no heredarán el reino de Dios*» (Gálatas 5.21). En mi libro *Diez razones por las que un cristiano no vive una mala vida* traté de mostrar por las Escrituras que una persona verdaderamente renacida no continúa persistentemente en una vida de pecado.

No niego que un hijo de Dios regenerado pueda caer en cierta carnalidad. Esta triste verdad se expresa apropiadamente en la *Confesión de fe de Westminster*, capítulo XVII, párrafo 3. El capítulo se titula «La perseverancia de los santos», y el párrafo dice así: «No obstante esto, los creyentes, por las tentaciones de Satanás y del mundo, la influencia de los restos de la corrupción que queda en ellos, debido al descuido de los medios necesarios para preservarse, pueden caer en pecados graves, y continuar en ellos por algún tiempo, por lo cual incurrirán en el desagrado de Dios, entristecerán a su Espíritu Santo, se verán privados en cierto grado de sus consuelos y de sus influencias, endurecerán sus corazones, debilitarán sus conciencias, ofenderán y escandalizarán a otros, y atraerán sobre sí juicios temporales».

Pero mi punto es que aun cuando alguien que profesa ser cristiano esté en un estado de carnalidad, ningún pastor ni cristiano, tiene la menor base para sostener que esa persona carnal jamás se ha regenerado. No debemos juzgar en el sentido de pronunciar el destino eterno.

Los juicios de Dios son inescrutables. Sin embargo, es el deber de un pastor aconsejar a una persona así. «Usted no da evidencia de estar regenerado. Debe recordar la amonestación de Pablo: *Examinaos a vosotros mismos si estáis en la fe; probaos a vosotros mismos. ¿O no os conocéis a vosotros mismos, que Jesucristo está en vosotros, a menos que estéis reprobados?*» (2 Corintios 13.5).

Las Escrituras están llenas de amonestaciones en contra de la apostasía. «*Si la sal se desvaneciere ¿con qué será salada?*» (Mateo 5.13). En su contexto, Jesús usa esta ilustración para mostrar la inutilidad de una falsa profesión. La misma verdad se declara en el ejemplo de la semilla buena que no tenía raíces profundas (Mateo 13.6).

Pedro habla con amargura vehemente de los que están «huyendo un poco» de los que «viven en error». Dice: «*Ciertamente, si habiéndose ellos escapado de las contaminaciones del mundo, por el conocimiento del Señor y Salvador Jesucristo, enredándose otra vez en ellas son vencidos, su postrer estado viene a ser peor que el primero. Porque mejor les hubiera sido no haber conocido el camino de la justicia que, después de haberlo conocido, volverse atrás del santo mandamiento que les fue dado. Pero les ha acontecido lo del verdadero proverbio: El perro vuelve a su vómito* [Proverbios 26.11], *y la puerca lavada a revolcarse en el cieno*» (2 Pedro 2.18-22).

Ningún calvinista debe menospreciar o dejar de dar el más fuerte énfasis a tales amonestaciones. Es el que continúa hasta el fin el que será salvo (Mateo 24.13; cf. Marcos 13.13; Lucas 21.19). La firme seguridad de la inmutabilidad de las promesas de Dios se expresa una vez tras otra en la Epístola a los Hebreos, pero tenemos repetida en Hebreos 3.6,14 la cláusula condicional: «*Si retenemos firme hasta el fin la confianza y el gloriarnos en la esperanza.... Con tal que retengamos firmes hasta el fin nuestra confianza*».

El arminiano argumenta: «Si a los cristianos profesos se les amonesta así, ¿cómo podemos creer la doctrina de la perseverancia de los santos?» La respuesta es doble. (1) Estas son amonestaciones a los cristianos profesos. Nunca recalcaremos demasiado que una profesión de fe, aun lo que podamos considerar una «experiencia de conversión», no es garantía de la vida eterna para uno que vive persistentemente en el pecado.

(2) Estas amonestaciones son una parte de los medios por los cuales Dios preserva a los regenerados en el camino de la vida cristiana. Dios no solo ha preordenado el fin, la salvación de su pueblo, también preordenó los medios por los cuales

serán salvados y preservados. Estas amonestaciones son una parte de esos medios.

C. Elección, RESUMEN GENERAL

El estudiante tiene que recordar, al usar el término «elección», como en el caso de tantos otros en los campos en que tratamos de hacer distinciones cuidadosas, que las palabras tienen diferentes usos en contextos diferentes. Apenas pasa una semana en mis clases que no tenga que recordarles a los estudiantes que el lenguaje no es álgebra. La palabra «elección» indica simplemente un escogimiento, una selección y una asignación.

La naturaleza y el propósito de la elección tienen que ser determinados en cada caso por el contexto. De la misma manera, la palabra «predestinación» indica simplemente la designación anterior y el arreglo de un horizonte, una situación o un evento en el futuro. Siempre es el contexto el que tiene que determinar quién o qué está predestinado y cuál es la condición a que la predestinación se refiere.

1. Elección a funciones específicas

Es un hecho sencillo, contra el cual nada pueden nuestros deseos, que los escritores de las Escrituras usan exactamente la misma palabra para indicar elección a una función específica y para designar la elección a la salvación eterna. Cuando Dios dijo de Saulo de Tarso: «*Instrumento escogido me es este...*» (Hechos 9.15,16), la palabra «escogido» es *ekloges*, que sencillamente significa «elegido». No puede haber duda alguna de que en este contexto Dios usó la palabra respecto a una función específica que el gran apóstol iba a desempeñar.

Hay varias alusiones a la elección en la primera parte de Romanos capítulo nueve que parecen indicar claramente una elección al linaje del Mesías, más que a la salvación eterna como tal. Cuando leemos: «*Los que son hijos según la promesa son contados como descendientes*» (v. 8), la palabra «contados» viene de la misma raíz y tiene en general el mismo significado que la palabra «elegir». Pablo está refiriéndose al hecho de que la línea mesiánica iba a ser perpetuada en Isaac y no en Ismael.

Pero no debemos entender por esto que Ismael necesariamente estaba entre los reprobados, en cuanto toca a la salvación eterna. La historia de Génesis nos habla claramente de la oración de Abraham por Ismael su hijo y de la promesa firme de Dios. *«Dijo Abraham a Dios: Ojalá Ismael viva delante de ti. Respondió Dios: ... y en cuanto a Ismael, también te he oído; he aquí que le bendeciré y le haré fructificar ... mas yo estableceré mi pacto* [mesiánico] *con Isaac...»* (Génesis 17.18-21).

La referencia en Romanos a Jacob y Esaú es similar: «... (pues no habían aún nacido, ni habían hecho aún ni bien ni mal, para que el propósito de Dios conforme a la elección permaneciese, no por las obras sino por el que llama), *se le dijo* [a Rebeca]: *El mayor servirá al menor»* (Romanos 9.11,12).

En este caso la observación con que Pablo concluye la referencia a Jacob y Esaú coincide con la idea de que la «elección» a que se alude aquí es la del linaje mesiánico, y no la de un individuo a la vida eterna. Pablo indica: *«Como está escrito: A Jacob amé, mas a Esaú aborrecí* [Malaquías 1.1-4]» (Romanos 9.13). En el pasaje de Malaquías del cual Pablo cita estas palabras, el profeta se refiere claramente no a Esaú como individuo sino a Edom, que había sido un pueblo pecaminoso y rebelde, aunque, según las promesas de Dios, fue elegible a ser considerado dentro del pacto de Dios con Israel.

Nada hay en la historia de Génesis que indique que Esaú no fuera un adorador sincero de Jehová cuando Jacob regresó a su tierra materna. El hecho de que él y Jacob juntos cumplieron los ritos funerales de su padre (Génesis 35.29) parecería indicar que él personalmente fue contado entre el pueblo santo de Dios.

El hecho de que Dios seleccione individuos para la obra particular a la cual los llama es indisputable. Compárese la selección de Bezaleel y Aholiab (Éxodo 31.1-11; 35.30-35), y la selección de Pablo y Bernabé como misioneros (Hechos 13.1-3). El punto bajo discusión aquí es el hecho de que la palabra común «elección» se usa para tales nombramientos vocacionales. El «remanente» de Israel al cual Pablo se refiere en Romanos 11.5,7 son los sujetos de la «elección de gracia». Parecería que este es un caso de elección a la salvación y al mismo tiempo elección para la función especial de servir como testigos de la gracia de Dios.

2. La elección a la vida eterna

El uso particular de palabras, ya explicado, en ninguna manera puede borrar el hecho de que frecuentemente en las Escrituras la elección se refiere al decreto eterno de Dios por el cual escogió un pueblo de entre la masa de la humanidad pecaminosa, y lo eligió para obtener la vida eterna por nuestro Señor Jesucristo. Esto es especialmente claro cuando Pablo sigue adelante con su argumento basado en el caso de Faraón y el pueblo de Israel.

Pablo argumenta: «*¿Y qué, si Dios, queriendo mostrar su ira y hacer notorio su poder, soportó con mucha paciencia los vasos de ira preparados para destrucción, y para hacer notorias las riquezas de su gloria, las mostró para con los vasos de misericordia que él preparó de antemano para gloria...*» (Romanos 9.22,23). Ciertamente no puede haber aquí ninguna duda de que Pablo estaba discutiendo el decreto divino de la elección a la vida eterna para los que escogió como objeto de su misericordia.

Estas palabras son una explicación de la enseñanza clara del capítulo anterior. «*Y sabemos que a los que aman a Dios, todas las cosas les ayudan a bien, esto es, a los que conforme a su propósito son llamados. Porque a los que antes conoció, también los predestinó para que fuesen hechos conforme a la imagen de su Hijo, para que él sea el primogénito entre muchos hermanos. Y a los que predestinó, a estos también llamó; y a los que llamó, a estos también justificó; y a los que justificó, a estos también glorificó ¿Qué, pues, diremos a esto?»* (Romanos 8.28-31).

Los detalles enumerados en estos versículos son todos de la mayor significación: (1) amor hacia Dios; (2) la buena providencia de Dios; (3) la presciencia de Dios; (4) la predestinación de los elegidos a ser hijos de Dios; (5) el llamamiento de ellos; (6) la justificación de ellos; (7) la glorificación de ellos. Nótese que los que aman a Dios son los mismos individuos que los llamados conforme a su propósito. Aquí no hay fundamento para la doctrina arminiana de la elección basada en el amor o la fe conocidos de antemano. Al contrario, sabemos de otra Escritura que la fe misma es un don de Dios (Efesios 2.8-10; Filipenses 2.13).

La presciencia de la que habla el versículo 29 es claramente el conocimiento de la comunión, y esto es evidente no de la mera palabra misma sino del contexto inmediato. Los que son objeto de la presciencia son los mismos individuos designados desde el principio al fin de esta enumeración. Este hecho queda de manifiesto no por consideraciones teóricas o *a priori* sino por la sintaxis clara de la oración.

Debe notarse que los siete puntos de esta serie forman un tejido apretado en el cual no hay agujeros. Los que aman a Dios son los que han sido llamados, predestinados, según su propósito (eterno); y han sido escogidos divinamente para disfrutar todos los beneficios de la gracia, desde la justificación hasta la glorificación. No hay escapatoria de esta red tan bien tejida. Si uno está dentro de ella, está seguro, porque no hay roturas en sus tejidos, desde los decretos eternos hasta la gloria eterna.

Me parece que la última frase citada anteriormente (v. 31a) es el clímax para la evangelización de los perdidos y para la edificación de los creyentes. «*¿Qué, pues, diremos* [en vista de estas cosas]?» Si uno acepta a Cristo como su Salvador personal, puede estar absoluta y eternamente seguro de que está dentro de ese tejido del programa redentor de Dios. Hay una seguridad absoluta y sin falla de las promesas de Dios para los que se han entregado completamente al Señor Jesucristo.

Su juramento, su pacto,
su sangre me sostienen en el diluvio abrumador.

Debe ser un pensamiento como este el que Pedro tenía en su mente cuando dijo: *«Por lo cual, hermanos ... procurad hacer firme vuestra vocación y elección, porque haciendo estas cosas, no caeréis jamás. Porque de esta manera os será otorgada amplia y generosa entrada en el reino eterno de nuestro Señor y Salvador Jesucristo»* (2 Pedro 1.10,11).

Tomando estas palabras en su significado concreto y obvio, si nos entregamos, de la manera que Pedro acaba de describir, a recibir a Cristo como nuestro Salvador y Señor personal, se nos asegura con toda certeza la participación en las glorias de su reino. En otras palabras, si aceptamos a Cristo efectivamente, hacemos firmes nuestra vocación y elección.

Las palabras con que Pablo concluye esta discusión especial de la doctrina de la elección están entre los pasajes más bondadosos y alentadores de las Escrituras: *«Si Dios es por nosotros, ¿quién contra nosotros? El que no escatimó ni a su propio Hijo sino que lo entregó por todos nosotros, ¿cómo no nos dará también con él todas las cosas? ¿Quién acusará a los escogidos de Dios? Dios es el que justifica. ¿Quién es el que condenará? Cristo es el que murió; más aun, el que también resucitó, el que además está a la diestra de Dios, el que también intercede por nosotros. ¿Quién nos separará del amor de Cristo?...»* (Romanos 8.31b-35a) y así hasta el final del capítulo.

3. La elección a una vida santa

Lejos está la doctrina de la elección de estimular la indiferencia y el descuido, y se declara repetidamente que nuestra elección en Cristo es a una vida santa. *«Según nos escogió en él antes de la fundación del mundo para que fuésemos santos y sin mancha delante de él, en amor habiéndonos predestina-*

do para ser adoptados hijos suyos por medio de Jesucristo según el puro afecto de su voluntad, para alabanza de la gloria de su gracia, con la cual nos hizo aceptos en el amado» (Efesios 1.4-6). *«En él* [Cristo] *asimismo pusimos herencia, habiendo sido predestinados conforme al propósito del que hace todas las cosas según el designio de su voluntad, a fin de que seamos para alabanza de su gloria...»* (Efesios 1.11,12).

4. Una palabra de precaución

La *Confesión de fe de Westminster*, en la conclusión del capítulo 3 (párrafo 8), añade sabiamente: «La doctrina de este alto misterio de la predestinación debe tratarse con especial prudencia y cuidado, para que los hombres, persuadidos de su vocación eficaz, le rindan obediencia y se aseguren de su elección eterna atendiendo a la voluntad revelada en la Palabra de Dios. De esta manera dicha doctrina proporcionará motivos de alabanzas, reverencia y admiración a Dios, y también de humildad, diligencia y abundante consuelo a todos los que sinceramente obedecen al evangelio».

En el espíritu de esta palabra de precaución bien podemos decir algo del manejo de las Escrituras relacionadas con esta doctrina. Esta aparece con frecuencia en toda la palabra de Dios. Un inventario completo de todo lo que la Escritura tiene que decir sobre este tema resultaría una obra voluminosa. Por otro lado, el estudiante de la Biblia debe tener cuidado de no hacer una manía de esta doctrina y de no encontrarla en todos los contextos posibles, contrario a la intención y propósito de los escritores inspirados.

En Hechos 13.48, por ejemplo, respecto a la predicación del evangelio en Antioquía de Pisidia, leemos: *«Los gentiles, oyendo esto, se regocijaban y glorificaban la palabra del Señor, y creyeron todos los que estaban ordenados para vida eterna»* (Hechos 13.48).

Algunos han argumentado, basados en las palabras *«y creyeron todos los que estaban ordenados para vida eterna»*, que en aquella misión particular de Pablo y Bernabé, cada individuo de la ciudad que estaba entre los elegidos de Dios se salvó en esa ocasión. Esta idea aun se ha llevado al punto de enseñar una doctrina que llaman de «campos quemados» [donde queman el rastrojo]. He oído argumentos de que las misiones a Europa son inútiles porque ya ese continente fue evangelizado.

Al contrario, Dios siempre ha guardado el número de sus elegidos totalmente dentro de su consejo privado, y nunca nos ha dado razón por argüir que todos los elegidos en una situación dada ya han sido salvados. Siempre debemos predicar el evangelio a toda criatura.

En realidad, las palabras de Hechos 13.48,49 no tienen necesariamente referencia alguna a la doctrina del decreto eterno de Dios de la elección. El participio pasado *tetagmenoi* puede significar simplemente «listos», y bien podríamos leer, «todos los que estaban preparados para la vida eterna, creyeron».

En su comentario sobre esto, Alford dice: «Hay que determinar el significado de esta palabra por el contexto. Los judíos se habían juzgado a sí mismos indignos de la vida eterna (v. 46); los gentiles, "todos los que estaban dispuestos a vida eterna", creyeron... Encontrar en este texto una reordenación a la vida es forzar tanto la palabra como el contexto a un significado que no contienen». La discusión completa de Alford acerca de este pasaje es provechosa.

La alusión a los «escogidos» en Mateo 24.31, también ha sido sometida a un malentendido. Jesús está hablando de la venida, *parousia*, del Hijo del Hombre (vv. 27ss) y los grandes desórdenes cósmicos que ocurrirán en ese tiempo. «*Entonces aparecerá la señal del Hijo del Hombre en el cielo; y entonces lamentarán todas las tribus de la tierra y verán al Hijo del Hombre viniendo sobre las nubes del cielo, con poder y gran gloria. Y enviará sus ángeles con gran voz de trompeta, y juntarán a sus escogidos, de los cuatro vientos desde un extremo del cielo hasta el otro*» (vv. 30,31).

Obviamente, esta es una referencia al mismo evento, el «arrebatamiento» de la verdadera Iglesia, al que se alude en 1 Tesalonicenses 4.16,17. En este pasaje son «*los muertos en Cristo*», y «*nosotros los que vivimos, los que hayamos quedado*», quienes se juntarán al sonido de la trompeta. Esto parece designar claramente a todos los creyentes vivos y los que han muerto antes de ese evento.

Este incidente también se describe en 1 Corintios 15.51ss. La cita en Mateo 24.31 no incluye todos los detalles que se dan en 1 Tesalonicenses 4 y 1 Corintios 15. No hay una referencia a la resurrección de los muertos justos, pero tenemos la venida del Hijo del Hombre en las nubes, y la reunión de «sus elegidos» al sonido de una gran trompeta.

Un argumento que me parece muy falaz se ha basado en este texto. Se desarrolla como sigue: Puesto que «los elegidos» serán juntados al sonido de la trompeta a la *parousia* del Hijo del Hombre, y puesto que «los elegidos» incluyen a todos los que serán salvos, por eso ningún ser mortal que viva en la tierra tras el sonido de aquella trompeta podrá ser incluido entre los elegidos, y por consiguiente nadie puede ser salvo después.

Al contrario, alegaría que tomar la palabra «elegidos» y hacerla un término técnico en Mateo 24.31 es tan erróneo como tomar las palabras, «los que fueron preparados para la vida eterna», en Hechos 13.48 como un término técnico que incluye a todos los elegidos de Dios en aquella región. El uso paulino de la palabra «elegidos» debe haber sido conocido en casi todas las iglesias antes que el evangelio de Mateo fuera escrito. Ciertamente los «elegidos» significa el pueblo de Dios; pero no tenemos ninguna base para tomarlo en Mateo 24.31 como aludiendo a una compañía que no sea el grupo designado claramente en 1 Tesalonicenses 4.16,17 y 1 Corintios 15.51ss.

Las palabras, «sus elegidos», significan más naturalmente aquellos que él escoge para esta experiencia particular. No se puede saber de Mateo 24.31 si las personas mortales que aún vivan en carne y sangre después de la segunda venida de Cristo serán elegibles para la salvación. Esto es un tema para la escatología.

5. Reprobación

El hecho de que no todos los hombres van a ser salvados por la expiación de Cristo, sino de que algunos están eternamente perdidos, se ha señalado varias veces en esta obra, y en relación con varias cuestiones teológicas diferentes. Cierta repetición es inevitable. Atanasio dijo una vez: «Mejor es someterse al reproche de la repetición que omitir algo que debe ponerse por escrito».

Si es verdad que Dios «*hace todas las cosas según el designio de su voluntad*» (Efesios 1.11), necesariamente la perdición de los que son perdidos eternamente está dentro de los decretos de Él. De aquí, la doctrina del rechazamiento, o lo que se llama tradicionalmente «reprobación». Los desechados no son perdidos sencillamente porque Dios previó que rechazarían su gracia y no hizo nada para prevenirlo, sino porque Dios había decretado permitirles rechazar su gracia.

Hay que declarar del modo más enfático que el plan de la salvación no es paralelo ni simétrico con el hecho de la reprobación. Ya se ha puesto en claro que la causa meritoria de la salvación de los salvados no está en ellos sino en «*Dios que tiene misericordia*» (Romanos 9.16).

Se ha aclarado también que nadie puede contribuir en lo más mínimo ni cooperar para su propia salvación. Los que son salvados lo son por la maravillosa gracia de Dios. Por otro lado, la Escritura es igualmente clara respecto a que la causa meritoria de la perdición de los perdidos reside en estos.

Para mí, la indicación más clara de que los perdidos son la causa eficiente de su propia condición errática radica en el hecho de que la Escritura declara repetida y enfáticamente que Dios está enojado con ellos por esa misma razón, a saber, que rechazan su gracia. «*El que en él cree, no es condenado; pero el que no cree, ya ha sido condenado porque* [*hoti*] *no ha creído en el nombre del unigénito Hijo de Dios. Y esta es la condenación: que la luz vino al mundo, y los hombres amaron más las tinieblas que la luz, porque sus obras eran malas»* (Juan 3.18,19). *«El que cree en el Hijo tiene vida eterna; pero el que desobedece al Hijo no verá la vida, sino que la ira de Dios está sobre él»* (Juan 3.36). *«... por cuanto no recibieron el amor de la verdad para ser salvos. Por esto Dios les envía un poder engañoso, para que crean la mentira, a fin de que sean condenados todos los que no creyeron a la verdad, sino que se complacieron en la injusticia»* (2 Tesalonicenses 2.10-12).

De estas Escrituras es claro que Dios está enojado con los perdidos y los considera responsables por su condición perdida en base a que han rechazado su gracia.

La Escritura pone en claro que Dios no es la causa eficiente de la perdición de los condenados. *«¿Quiero yo la muerte del impío? dice Jehová el Señor. ¿No vivirá, si se apartará de sus caminos?... porque no quiero la muerte del que muere, dice Jehová el Señor; convertíos, pues, y viviréis».* *«Vivo yo, dice Jehová el Señor, que no quiero la muerte del impío, sino que se vuelva el impío de su camino, y que viva. Volveos, volveos de vuestros malos caminos; ¿por qué moriréis, oh casa de Israel?»* (Ezequiel 18.23,32; 33.11). *«Dios nuestro Salvador, el cual quiere que todos los hombres sean salvos y vengan al conocimiento de la verdad»* (1 Timoteo 2.4). *«El Señor no retarda su promesa, según algunos la tienen por tardanza, sino que es paciente para con nosotros no queriendo que ninguno perezca, sino que todos procedan al arrepentimiento»* (2 Pedro 3.9).

El hecho de que Dios no es la causa imputable del pecado se ha mencionado repetidamente en la discusión de otras fases de doctrina. Romanos 9.22,23 es un pasaje al cual se ha aludido una vez tras otra, pero la referencia admite repetición. No será demasiado recalcar que la actitud de Dios hacia Faraón fue que *«soportó con mucha paciencia los vasos de ira preparados para la destrucción, y para hacer notorias las riquezas de su gloria, las mostró para con los vasos de misericordia que el preparó de antemano para gloria».*

a. Doble predestinación

La frase «doble predestinación» se ha empleado casi siempre en relación con la doctrina de la reprobación. Si esto quiere decir que tanto la salvación de los salvados como la reprobación de los perdidos están entre los decretos eternos de Dios, entonces no puede haber ninguna escapatoria razonable de esta conclusión.

Pero «doble predestinación», como veo el uso de la frase, parece indicar la idea de que la salvación y la reprobación son solo dos lados de un modelo perfectamente simétrico, y que Dios es la causa imputable de la reprobación de los perdidos tanto como es la causa meritoria de la salvación de los salvados. Si este fuese el significado de la frase, ciertamente tiene que ser rechazada como sin apoyo alguno de la Escritura y negada de manera clara por la Biblia.

b. Plan asimétrico

El plan no es simétrico. Si tenemos, por ejemplo, una población grande cuyos habitantes difieren entre sí en algún aspecto por grados infinitesimales, y si trazamos una línea en alguna parte que divida a esta población tendremos que las dos partes de ella, tanto lógica como realmente, incluirán la totalidad. Cualquier población dividida mecánicamente por una línea, consistirá de dos partes que son mutuamente complementarias.

Pero la distinción entre los salvados y los perdidos no es una línea menuda, ni un invento mecánico. Una ilustración jocosa mostrará gráficamente lo que quiero decir. El sargento primero divide su compañía ordenando a todos los hombres de más de un metro noventa de estatura que acompañen al teniente en una patrulla, y a todos los de descendencia irlandesa que ayuden en la cocina. Con esta división, en realidad, el sargento incluye a todos los miembros de la compañía.

¿Pero qué pasaría si hubiese algunos hombres de un metro noventa de estatura que también descendieran de irlandeses? La respuesta, en la ilustración, es que no había ninguno de esta descripción. Resultó así la división de la compañía. Sencillamente no satisfizo todas las posibilidades hipotéticas. En cierta manera similar podemos considerar lógicamente las doctrinas de la elección y la reprobación. Dios ha elegido salvar a los que salvará, y los salvará por obrar fe en sus corazones, permitiéndoles y persuadiéndoles a creer. Por otro lado, ha elegido rechazar a los que no aceptan su gracia en Cristo.

Pero ¿qué pasaría si hubiera algunos reprobados que aceptaran a Cristo si recibiesen la misma medida de gracia, la misma obra inescrutable de la gracia que salva a los elegidos? La respuesta es: no hay ninguno. Y damos esta respuesta sin temor de airada contradicción, porque la Escritura es muy enfática al enseñar que Dios salva a los elegidos no por méritos propios, pero que Él está enojado con los perdidos por su rechazo, aunque están bajo su eterna ira y maldición. ¡Y Dios no se enoja sin causa!

En otras palabras, instaría al estudiante a rechazar la doctrina de la «doble predestinación», si esta se define como una inferencia de que Dios es responsable de la reprobación de los perdidos.

Nota: Las frases condicionadas en Mateo 11.20-24 y Lucas 10.12,15 no son contrarias a las declaraciones anteriores. Jesús estaba hablando de ciudades como tales, y de arrepentimiento y reforma públicos. Es evidente que no hablaba de la salvación eterna de individuos debido al uso de la expresión «más tolerable en el día del juicio», en Mateo 11.22,24 y Lucas 10.12,14.

Capítulo 7

La aplicación de la expiación

VOCACIÓN

A. CONVICCIÓN

La obra convencedora del Espíritu Santo, en mi opinión, es un tema descuidado, cuyo análisis cuidadoso clarificaría varios puntos importantes, e incluso oscuros, en las discusiones teológicas. Nuestro Señor Jesucristo en su discurso de despedida prometió la obra convencedora del Espíritu Santo. *«Cuando él venga, convencerá al mundo de pecado, de justicia y de juicio. De pecado, por cuanto no creen en mí»* (Juan 16.8,9).

En mi opinión, la obra de convicción del Espíritu Santo en el mundo ocurre en el corazón de todo hombre antes de que aparezca la fe o se dé la regeneración; es una obra en la cual no solo se ofrece el evangelio libremente a todas las personas sino que también son llevadas a un punto de capacidad de tal grado que, si habiendo sido convencidos rechazan la gracia de Dios, están sujetos a la ira y maldición eterna *«porque no han creído»* (Juan 3.18) y porque *«no recibieron el amor de la verdad ... sino que se complacieron en la injusticia»* (2 Tesalonicenses 2.10-12).

En el caso de los que son salvados, la Escritura indica claramente un elemento en la obra convencedora del Espíritu Santo que es, y creo que siempre será, totalmente inescrutable. El *Catecismo Menor*, preguntas 29-31 dice: «¿Cómo somos hechos partícipes de la redención comprada por Cristo? Somos hechos partícipes de la redención comprada por Cristo por la aplicación eficaz que de ella nos hace el Espíritu Santo. ¿Cómo nos aplica el Espíritu Santo la redención comprada por Cristo? El Espíritu Santo nos aplica la redención

203

comprada por Cristo, obrando fe en nosotros, y uniéndonos así a Cristo por nuestro llamamiento eficaz. ¿Qué es llamamiento eficaz? Llamamiento eficaz es la obra del Espíritu de Dios por la cual, convenciéndonos de nuestro pecado y de nuestra miseria, ilustrando nuestras mentes con el conocimiento de Cristo y renovando nuestras voluntades, nos persuade a abrazar a Cristo, que nos ha sido ofrecido gratuitamente en el evangelio, y nos pone en capacidad de hacerlo».

En otras palabras, la salvación de los redimidos es inescrutable. Es un misterio maravilloso que nunca entenderemos. Los que son salvados vienen de la misma estirpe corrupta, culpable y caída de la humanidad. Algunos de ellos individualmente son mucho más corrompidos, en cuanto la observación humana puede informarnos, que muchos que persistentemente rechazan la gracia de Dios. Sin embargo, Dios, por su bondad insondable y su sabiduría incomprensible, ha elegido salvar a un pueblo de entre esta multitud caída, y los salvará indefectiblemente.

Esta *gracia especial,* por la cual los elegidos son salvados, se diferencia de la obra general del Espíritu Santo de convencer de pecado, en que se incluye en la obra del Espíritu Santo llamada *la gracia común.*

1. La palabra y el testigo

El medio visible y normal por el cual el Espíritu Santo convence al mundo es la propagación del evangelio a través de la Palabra de Dios escrita y el testimonio vivo de los pecadores salvados por la gracia. El programa misionero de la iglesia es el medio divinamente designado, y esto es algo en que debe ponerse mucho énfasis.

Somos responsables de dar la luz que tenemos a los que no la poseen. *«A ti, pues hijo de hombre, te he puesto por atalaya a la casa de Israel, y oirás la palabra de mi boca, y los amonestarás de mi parte. Cuando yo dijere al impío, de cierto morirás; si tú no hablares para que se guarde el impío de su camino, el impío morirá por su pecado, pero su sangre yo la demandaré de tu mano»* (Ezequiel 33.7,8).

Sin duda Pablo pensaba en eso cuando les dijo a los ancianos de la iglesia de Éfeso, durante su reunión en Mileto: «*Nada que fuese útil he rehuido de anunciaros y enseñaros, públicamente y por las casas... Yo os protesto en el día de hoy, que estoy limpio de la sangre de todos; porque no he rehuido anunciaros todo el consejo de Dios ... por tres años de noche y de día, no he cesado de amonestar con lágrimas a cada uno*» (Hechos 20.20,26,27,31).

2. El Logos eterno

Cristo es la eterna Palabra de Dios. «*Sus salidas son desde el principio, desde los días de la eternidad*» (Miqueas 5.2). Él es «*aquella luz verdadera que alumbra a todo hombre*» (Juan 1.9). Hay historias notables relatadas por misioneros entre pueblos primitivos que indican que Cristo, por el Espíritu Santo, trae convicción a los hombres en los lugares más remotos e improbables. La cosa no es que ellos sean malvados sin conocimiento directo del evangelio, sino que Cristo trae la convicción y prepara el corazón de sus elegidos y, además, dirige los pasos de los misioneros en busca de los perdidos, y los junta a ambos.

3. La luz de la naturaleza

Parecería irrefutable que la Escritura enseña que la luz de la naturaleza es un factor para convencer a los perdidos. No solo tenemos la declaración clara y enfática de Pablo en Romanos 1.20 de que la evidencia de la creación de Dios es suficientemente clara para que sean inexcusables los que lo rechazan. También tenemos un punto similar en Romanos 10.

Después de la gran exhortación misionera que la mayoría de nosotros conocemos, Pablo pregunta: «*Pero digo: ¿No han oído?*» Luego cita del Salmo 19.4, indicando claramente que la luz de la naturaleza es un factor a la hora de convencer. Entonces muestra por contraste cuánto más culpables son los que han tenido la revelación completa de la Palabra de Dios. En este punto el estudiante debe repasar los argumentos de la existencia de Dios.

Los padres de la teología reformada apelaron a la luz de la naturaleza por su influencia convincente. Calvino señala: «No solo dotó Dios las mentes de los hombres con lo que llama la necesidad de religión. Lo ha revelado en toda la creación del mundo, y se ofrece abiertamente cada día en forma tal que no pueden abrir los ojos sin estar obligados a verlo». En nuestro día se ha promulgado una opinión errónea al efecto de que el argumento de la luz de la naturaleza es contrario a la «teología reformada».

4. La revelación primitiva

La Biblia indica que Dios se reveló a la humanidad al principio de la historia humana y, además, que *«no se dejó a sí mismo sin testimonio»* (Hechos 14.16-17). Hay datos corroborativos en el estudio de religiones comparadas y antropología cultural que indican que las tradiciones religiosas más antiguas son las que más se acercan al teísmo bíblico.

La enseñanza bíblica sobre una revelación primitiva tiene que ser considerada como un factor en la obra convencedora del Espíritu. Existe entre pueblos primitivos, por lo general, algún vestigio o tradición del conocimiento del Dios verdadero.

5. Suficiencia y universalidad

No quiero dar la impresión de que los cuatro medios de convicción ya enumerados formen una lista completa. El Espíritu Santo de Dios, la Tercera Persona de la Trinidad, tiene medios para hacer su obra que van más allá de nuestra comprensión. Lo que sugiero es que la obra convincente del Espíritu Santo debe entenderse como (1) suficiente y (2) universal.

Quiero indicar por la suficiencia de la obra convincente del Espíritu Santo que esta acción, como se nos revela en las Escrituras y en la experiencia cristiana, es suficiente para convencer nuestras mentes finitas de lo concreto de la ira eterna de Dios contra los que rechazan su gracia en Jesucristo.

Por su universalidad, aunque no puedo probarlo por las Escrituras, creo que la obra convincente del Espíritu Santo es universal, es decir, para toda la especie humana en todos los lugares.

a. Los no evangelizados

¿Qué clase de convicción puede haber para los aborígenes que nunca han tenido un entendimiento del evangelio? Francamente no lo sé. Tampoco sé qué clase de convicción llegó a Abel, a Enoc, o aun a Abraham. Pero esto sé, que fueron convencidos por el mismo Espíritu Santo, justificados por la fe, y que están entre los elegidos de Dios.

Indudablemente nadie puede creer o descreer sin cierto conocimiento. El Dr. Machen solía decir: «Es imposible que un hombre crea con una cabeza vacía». Pero no sé cuánto conocimiento es necesario para la fe. Con esto me refiero no solo a los santos del Antiguo Testamento, sino también a los creyentes ignorantes en circunstancias oscuras aun en nuestro día. La esencia de una fe de niño es una entrega sencilla de sí mismo a la gracia de Dios en Cristo. No sé cuán sencilla podrá ser esa entrega, pero sé que Abraham *«creyó a Dios, y le fue contado por justicia»* (Romanos 4.3, citado de Génesis 15.6).

No quiero decir que creo que cada salvaje en la selva tenga algo similar a la luz que tuvo Abraham. No obstante, pienso que, como Dios ve el asunto, cada aborigen en la selva de alguna manera es confrontado con la gracia de Dios y la obra convencedora universal del Espíritu Santo, de modo que hace una elección por la cual Dios se justifica aun en nuestras mentes finitas, conforme a la revelación de Él. Dios está justificado al considerarlo como responsable.

Heinrich Heppe cita la *Synopsis* de Leiden como sigue: «Dios no siempre provee los dos métodos de llamamiento que le son posibles (esto es, llamamiento externo e interno), pero llama a algunos a sí mismo solamente por la luz interior y la dirección del Espíritu Santo sin el ministerio de su palabra. Por supuesto, este método de llamamiento es en sí mismo suficiente para la salvación, pero es muy raro, extraordinario y desconocido entre nosotros».

Creo que Dios llevará el evangelio, a cada alma que desea creer, de alguna manera. La salvación de los elegidos y el rechazamiento de los reprobados, tal como dijimos, no es una cosa mecánica. Dios está participando personalmente en los asuntos de cada hombre (cf. Mateo 10.29-31). Donde uno de los elegidos de Dios esté preparado para creer, Dios verá que reciba el evangelio en alguna forma. Dios no desamparará a los suyos. Será justo en todos sus juicios. *«Sea Dios veraz y todo hombre mentiroso; como está escrito: Para que seas justificado en tus palabras, y venzas cuando fueres juzgado»* (Romanos 3.4).

b. La salvación de los que mueren en la infancia y los incapacitados

A mi manera de pensar, la suficiencia y la universalidad de la obra convincente del Espíritu Santo se extienden hasta el asunto de la salvación de los que mueren en la infancia y también de los imbéciles.

En esto no puedo ser dogmático, porque hay que admitir que las Escrituras dan poca luz. Todo el énfasis del mensaje evangélico bíblico reside en la presentación del evangelio a los que son responsables. La Biblia da toda la luz que necesitamos para la salvación y para la evangelización, pero particularmente estoy convencido de que los que mueren en la infancia son salvos por la expiación de Cristo y regenerados por el poder del Espíritu Santo.

Heppe cita a Ursinus: «La fe que justifica ... se da ... aun por inclinación a los párvulos» (Zacarias Ursinus, 1536-1583, coautor con Gaspar Olevianus, 1536-1587, del *Catecismo de Heidelberg*). Heppe añade su propio comentario: «Solamente en cuanto a los niños elegidos hay que reconocer que Dios les imparte como herederos y socios de su pacto de gracia, no fe real sino "la semilla de fe", la "inclinación a la regeneración" por el Espíritu Santo; pero esto no por el acto del bautismo, ni por exorcismo, ni en respuesta a la intercesión de la iglesia».

No puedo indicar positivamente pasajes bíblicos que cubran completamente este punto. Es evidente que David estaba convencido de la salvación del hijo que había muerto, pues dijo: «*Yo voy a él, mas él no volverá a mí*» (2 Samuel 12.23). Tenemos además muchos textos que indican el cuidado de Dios por los niños. Podemos confiar con seguridad en su cuidado amoroso.

Al otro lado del cuadro tenemos declaraciones confirmativas de que no hay salvación aparte de la fe en nuestro Señor Jesucristo. «*El que cree en el Hijo, tiene vida eterna; pero el que desobedece al Hijo no verá la vida, sino que la ira de Dios está sobre él*» (Juan 3.36) «*Y en ningún otro hay salvación; porque no hay otro nombre bajo el cielo, dado a los hombres, en que podamos ser salvos*» (Hechos 4.12). «*El que tiene al Hijo, tiene la vida; el que no tiene al Hijo de Dios no tiene la vida*» (1 Juan 5.12).

Para armonizar estas líneas de la verdad, planteo (y declaro francamente que es solo un postulado, aunque en concordancia y en ninguna manera contrario a las Escrituras) que el Espíritu Santo de Dios, antes del momento de la muerte, aumenta la inteligencia del que muere en la infancia (y haría el mismo postulado en cuanto a los que fallecen en condición de incapacitados, los que jamás alcanzaron un estado totalmente racional) para que sean capaces de aceptar a Jesucristo.

En verdad, no haría un dogma de este postulado. Creo que la *Confesión de Westminster* indica todo lo que tenemos derecho a decir al definir la doctrina eclesiástica. «Los niños elegidos que mueren en la infancia son regenerados y salvados en Cristo por medio del Espíritu, quien obra, cuando, donde y como quiere. Lo mismo sucederá con todas las personas elegidas que sean incapaces de ser llamadas externamente por el ministerio de la palabra» (cap. X, párrafo 3).

Aunque creo que la *Confesión* dice todo lo que un credo constitucional debe señalar (Santiago Orr en alguna parte expresa la misma opinión), el artículo de Warfield —«Infant Salvation», *Studies in Theology*—, muestra la historia de la doctrina en la teología reformada y la tendencia general (ejemplificada claramente por Charles Hodge) a aceptar la probabilidad de la salvación de todos los que mueren en la infancia. La única cosa especial por la cual abogo es el postulado de una inteligencia aumentada sobrenaturalmente antes del momento de la muerte, como un medio por el cual se imparte la fe y la regeneración efectuada por el Espíritu Santo.

6. *Relación con otros puntos doctrinales*

Mucho de lo que le atribuyo a la obra convencedora del Espíritu Santo antes de la regeneración fue presentado por teólogos reformados (incluyendo a Amesius, 1576-1633) como «una preparación para la conversión». Sobre esta idea, Heppe cita a Witsius (1636-1708): «Pensamos que son más correctos en su razonar los que creen que estas cosas y otras semejantes en las personas elegidas no son preparativos para la regeneración sino el fruto y el efecto de la regeneración inicial y, sin embargo, son preparativos para operaciones subsecuentes y perfectas de un Espíritu más generoso». En esto creo que Witsius se equivocó y Amesius tiene razón.

Esto debe verse claro, ahora que la enseñanza bíblica de la obra convincente del Espíritu Santo debe servir para resolver el argumento de si la fe precede a la regeneración o la regeneración precede a la fe. Por un lado, la doctrina arminiana de que la fe precede a la regeneración ciertamente tiene que ser rechazada porque *«los que viven según la carne no pueden agradar a Dios»* (Romanos 8.8). Si alguien no regenerado pudiera creer por sí mismo, tendríamos la anomalía, aunque fuera solo por un momento, de un creyente no regenerado.

Por otro lado, la doctrina frecuentemente sostenida por los calvinistas de que la regeneración tiene que preceder a la fe tiene que ser rechazada porque esto llevaría a la anomalía, por cierto tiempo, de un incrédulo regenerado.

A mi parecer la doctrina de la convicción como una obra del Espíritu Santo previa a la regeneración o a la fe resuelve este problema. Esta enseñanza armoniza con todas las Escrituras que indican la incapacidad total del hombre natural de iniciar su propia salvación, y también concuerda con todas las que indican que la regeneración es totalmente una obra de la gracia de Dios.

Antes de la regeneración o la fe, el Espíritu Santo convence a los perdidos lo suficientemente como para que los que rechacen la gracia de Dios tengan toda la culpa por su condición perdida, y eficientemente en los elegidos para que los que son salvos tengan que reconocer que su fe es enteramente un don de Dios.

7. El móvil de las misiones

Algunos alegarán en este punto que lo que se ha dicho sobre la doctrina de una convicción suficiente y universal por el Espíritu Santo minaría el móvil de las misiones. Alegan que si la salvación de los perdidos no depende completamente de nuestra fidelidad al programa misionero, disminuiría esa actividad. Hay los que dicen: «Si no les predica el evangelio a determinadas personas en particular, estas se perderán eternamente aunque usted goce, con un premio menor, la eternidad en el cielo».

He oído frecuentemente la historia imaginaria de la conversación de Cristo con el arcángel, en que este pregunta: «¿Y qué pasará si dejan de predicar el evangelio?» Se dice que Cristo contesta: «No tengo otro plan». Esto implica que la salvación de los elegidos de Dios es incierta.

Pero, ¿no depende la salvación de los perdidos del programa misionero que Dios ha dado a su iglesia? Claro que sí; pero esta contingencia yace en los decretos inmutables de Dios. Es bíblico que crea que estoy en aquel lugar particular que Dios tiene para mí en el programa misionero que ha dado a su iglesia, el mismo que determinó en sus decretos inmutables y en su obra providencial para efectuarlos.

Es antibíblico creer que el fruto de mi ministerio para la gloria de Dios en la eternidad sea algo contingente, en el sentido de que los planes de Dios podrían fallar si yo le fuese infiel. La contingencia del programa evangelístico de la iglesia se expresa bien en el capítulo 5, párrafos 2 y 3 de la *Con-*

fesión de Westminster: «Aunque con respecto a la presciencia y decreto de Dios, causa primera, todas las cosas sucederán inmutable e infaliblemente, sin embargo, por la misma providencia, Él las ordenó de tal manera que sucederán conforme a la naturaleza de las causas secundarias, sea necesaria, libre o contingentemente. Dios en su providencia ordinaria hace uso de medios; a pesar de esto, Él es libre para obrar sin ellos, sobre ellos y contra ellos, según le plazca».

El móvil de las misiones en verdad es una responsabilidad solemne, hasta impresionante. Ya he explicado Ezequiel 33.7,8; 3.17,18, juntamente con Hechos 20.26. Siguiendo esta misma línea de pensamiento, Pablo dice: «*Si anuncio el evangelio no tengo por qué gloriarme; porque me es impuesta necesidad, y ¡ay de mí si no anunciare el evangelio! Por lo cual, si lo hago de buena voluntad recompensa tendré; pero si de mala voluntad, la comisión me ha sido encomendada*» (1 Corintios 9.16,17).

Interpreto tales Escrituras no como una indicación de que si humanamente hablando dejo de hacer mi deber, gozaré la bienaventuranza del cielo aunque con un premio menor, mientras que otros que podrían haber sido salvados por mis esfuerzos sufrirán el castigo eterno. Al contrario, interpreto tales Escrituras como una indicación de que si no muestro un interés genuino por la salvación de los perdidos, no hay en mí el fruto del Espíritu y la presunción es que aún no soy regenerado. La fe que pretendo tener es falsa. El cristianismo que no ama las misiones no es un cristianismo genuino.

Después de todo, el móvil supremo de las misiones es «*el amor de Cristo*» que «*nos constriñe*» (2 Corintios 5.14). Luego, si no hay suficiente amor de Cristo en mí como para asumir mi lugar en el extenso programa misionero que Dios ha dado a su iglesia, esto es una presunta evidencia de que no tengo la raíz del asunto en mi corazón.

No, la doctrina de la suficiencia universal de la obra convencedora del Espíritu Santo no debilita el motivo de las misiones. Si pensara que el aspecto del programa de Dios para su iglesia que me ha entregado dependiera de mi fidelidad, en el sentido de una completa incertidumbre, me sentiría inclinado a darme por vencido. Temo que tal pensamiento paralizaría totalmente cualquier esfuerzo que pudiera hacer. Al contrario, los resultados de mi labor en la obra del Señor dependen de ese esfuerzo, no en un sentido suspicaz sino como que el Dios Todopoderoso ha hecho estos resultados contingentes de esta manera, y me apoyo en su omnipotencia cuando se presentan los desalientos. Puedo avanzar con gozo y confianza sabiendo que el programa redentor de Dios no fallará, y que Él decidió hacer de mi labor una parte de ese programa.

B. ILUMINACIÓN

Los escritos de los dogmatistas a veces dan mucho espacio a la discusión de la iluminación. La palabra luz, *phos*, y el verbo iluminar, *photizo*, así como los nombres y adjetivos relacionados ocurren frecuentemente en el Nuevo Testamento. Referencias a estas palabras ocupan más de dos columnas enteras en la concordancia de Moulton y Geden. También hay casi una columna de referencias a *lampo*, que significa «brillar», y otros términos relacionados.

Por lo general, las palabras se usan figurativamente. Hasta donde puedo ver, en el sentido novotestamentario, iluminación no es en ninguna manera un concepto técnico. En cada caso el contexto tiene que determinar el significado preciso. No puedo concordar con los que hacen de «iluminación» un sinónimo de «llamamiento eficaz».

Por supuesto, la palabra «luz» casi siempre representa la verdad y la gracia de Dios. *«Erais tinieblas, mas ahora sois luz en el Señor, andad como hijos de luz (porque el fruto del Espíritu es en toda bondad, justicia y verdad), comprobando lo que es agradable al Señor. Y no participéis en las obras infructuosas de las tinieblas, sino más bien reprendedlas»* (Efesios 5.8-11). *«Nosotros somos vuestros siervos por amor de Jesús. Porque Dios, que mandó que de las tinieblas res-*

plandeciese la luz [Génesis 1.3; Isaías 9.2], *es el que resplandeció en nuestros corazones, para iluminación del conocimiento de la gloria de Dios en la faz de Jesucristo»* (2 Corintios 4.5,6). *«Vosotros sois la luz del mundo; una ciudad asentada sobre un monte no se puede esconder... Así alumbre vuestra luz delante de los hombres para que vean vuestras buenas obras y glorifiquen a vuestro padre que está en los cielos»* (Mateo 5.14,16).

El Señor le dijo a Saulo de Tarso: *«...librándote de tu pueblo, y de los gentiles, a quienes ahora te envío, para que abras sus ojos, para que se conviertan de las tinieblas a la luz, y de la potestad de Satanás a Dios; para que reciban, por la fe que es en mí, perdón de pecados y herencia entre los santificados»* (Hechos 26.17,18).

En todas esas referencias, la iluminación prácticamente equivale a la propaganda general del evangelio, pero no a la obra especial del Espíritu Santo que se llama comúnmente «llamamiento eficaz». Al contrario, cuando se afirma que Cristo es *«aquella luz verdadera que alumbra a todo hombre»* (Juan 1.9), es claro que todo hombre no está regenerado por esa luz que alumbra. En Hebreos 6.4-6 se indica que algunos que han sido «iluminados» pueden «recaer» de tal manera que nunca puedan ser traídos otra vez al punto de arrepentimiento.

Además, en Hebreos 10.32 se afirma definitivamente que aquellos a quienes la epístola iba dirigida habían sido iluminados y que también habían sufrido severa persecución. Sin embargo, al escritor inspirado los amonesta a que no «retrocedan para perdición». Expresa confianza en que no retrocederían sino que se distinguirían por una «fe para preservación del alma».

Parece cierto entonces que «iluminación» no se puede considerar como un término técnico que implique llamamiento eficaz. En verdad, no hallo ningún pasaje en que este término, aun por inferencia del contexto, contenga tal significado. La palabra es más bien ordinaria y en su uso metafórico común indica la predicación del mensaje del evangelio de la gracia de Dios a todos los hombres.

C. Vocación, llamamiento eficaz

«Llamamiento eficaz es la obra del Espíritu de Dios por la cual —convenciéndonos de nuestro pecado y de nuestra miseria, ilustrando nuestras mentes con el conocimiento de Cristo y renovando nuestras voluntades—, nos persuade a abrazar a Cristo, que nos ha sido ofrecido gratuitamente en el evangelio, y nos pone en capacidad de hacerlo» (*Catecismo Menor*, pregunta 31. ¿Qué es llamamiento eficaz?).

Hay algo especial en la obra del Espíritu Santo en los corazones y las mentes de los elegidos de Dios que para siempre permanecerá inescrutable. No solo convence e ilumina nuestras mentes, no solo ofrece la capacidad suficiente para una fe voluntaria, sino que realmente y con buen éxito persuade, y renueva la voluntad de tal manera que el acto de fe salvadora ocurre no por la energía de la carne sino por el poder del Espíritu Santo. Este acto del llamamiento eficaz proviene totalmente de la gracia de Dios, y su eficacia no se debe ni en el menor grado a la persona salvada.

Cuando Pablo les dijo a los corintios: «*Pues mirad, hermanos, vuestra vocación, que no sois muchos sabios según la carne, ni muchos poderosos, ni muchos nobles*» (1 Corintios 1.26), es evidente que hacía referencia al llamamiento eficaz ya que por supuesto el llamamiento general llega también a los sabios, a los poderosos y a los nobles.

Otra vez Pablo escribe a los cristianos tesalonicenses: «*Oramos siempre por vosotros, para que nuestro Dios os tenga por dignos de su llamamiento, y cumpla todo propósito de bondad y toda obra de fe con su poder, para que el nombre de nuestro Señor Jesucristo sea glorificado en vosotros, y vosotros en él, por la gracia de nuestro Dios y del Señor Jesucristo*» (2 Tesalonicenses 1.11,12). Aquí parece claro que Pablo se refiere al llamamiento eficaz, aunque esa eficacia se indica por el contexto más bien que por la palabra misma.

Pablo escribe esta vez a los cristianos de Éfeso y a todos a quienes la Epístola a los Efesios iba a ser transmitida: *«Os ruego que andéis como es digno de la vocación con que fuisteis llamados* ... [hay] *un cuerpo, y un Espíritu, como fuisteis también llamados en una misma esperanza de vuestra vocación...»* (Efesios 4.1,4). En este caso también la eficacia del llamamiento se indica por el contexto y no solo por el uso de la palabra «llamados». Lo mismo es cierto en varios casos más.

Por ejemplo: *«No te avergüences de dar testimonio de nuestro Señor, ni de mí, preso suyo, sino participa de las aflicciones por el evangelio según el poder de Dios, quien nos salvó y llamó con llamamiento santo no conforme a nuestras obras, sino según el propósito suyo y la gracia que nos fue dada en Cristo Jesús antes de los tiempos de los siglos»* (2 Timoteo 1.8,9). *«Por tanto, hermanos santos, participantes del llamamiento celestial, considerad al apóstol y sumo sacerdote de nuestra profesión, Cristo Jesús; el cual es fiel al que le constituyó...»* (Hebreos 3.1,2a). [Nota: Romanos 11.29: *«Irrevocables son los dones y el llamamiento de Dios»*, tiene referencia clara al propósito eterno de Dios para Israel como grupo étnico, y no particularmente a la salvación de individuos

De la misma manera Filipenses 3.14: *«Prosigo a la meta, al premio del supremo llamamiento de Dios en Cristo Jesús»*, no se refiere a lo que se llama comúnmente «llamamiento eficaz» sino a lo que Pablo consideró como todavía futuro, la *parousia*, la segunda venida de Cristo.]

Los teólogos reformados explican bien la naturaleza del llamamiento eficaz. Heppe cita a Johann Heinrich Heidegger (1633-1698) como diciendo: «La obra del llamamiento divino es ... la regeneración ...» Otros teólogos reformados citados por Heppe parecen concurrir en esta opinión, pero Heppe mismo indica: «Así el efecto directo de tal llamamiento es la regeneración de la naturaleza humana». Que la regeneración es el efecto o el resultado del llamamiento eficaz es una posición admisible, pero tomar el llamamiento como lo mismo que la regeneración causaría una confusión grande.

Se puede alegar que aquellos teólogos reformados que así se expresaron no hablaban de una identificación tan completa. Heppe cita a Heidegger otra vez en palabras que indican claramente que la regeneración es el *resultado* del llamamiento eficaz, y nunca lo mismo que el llamamiento eficaz. «Al llamar, traer, guiar y convertir por su Palabra y Espíritu, Dios mueve su voluntad a atender la prueba, la verdad y la bondad de la Palabra anunciada; ilumina la razón a la convicción de la verdad y la salubridad del evangelio a la cual presta atención, y a convenir a ella; y, en resumen, dobla y determina la misma voluntad, de tal forma que amamos la verdadera y buena palabra a la cual atendemos y convenimos».

En cuanto a la naturaleza del llamamiento eficaz, Heppe dice en sus propias palabras: «En cualquier caso, el Espíritu Santo obra sobre el hombre de manera tal como para estimarlo una criatura personal y no lo considera como una piedra o un terrón, pero actúa en tal forma que, iluminado por la Palabra e impulsado por la gracia, el hombre recibe en la conversión la voluntad de convertirse a Dios, y así su conversión toma la forma de la espontaneidad.

Empero, puesto que en la conversión toda clase de cooperación por parte del hombre con el Espíritu Santo está completamente excluida, la actividad ejercitada por el Espíritu Santo no es meramente natural, moral, ni mediata (no un mero *suasio per verbum*), sino al mismo tiempo y preeminentemente una actividad inmediata y sobrenatural, en la cual el Espíritu Santo se aprovecha de la Palabra como su medio, aunque de una manera completamente independiente de la actividad natural de la Palabra, y obra sobre los pensamientos, la voluntad y la vida del hombre esencial o irresistiblemente [*infaliblemente*]».

REGENERACIÓN

A. EL USO DE LA PALABRA

La palabra regeneración es la forma latina de *palingenesia*. Es el sustantivo que expresa la idea de la frase *gennethenai anothen*, «nacer otra vez». Evidentemente es probable que tal expresión se usara como metáfora para indicar cualquier nuevo comienzo. Thayer cita un uso clásico del dicho de que cuando un hombre tiene un hijo, es como si él naciera de nuevo, *anothen*. Josefo alude a cierta *palingenesia*, «una regeneración de la patria».

Aunque la palabra griega *ana* significa «arriba», es un caso de falacia etimológica insistir en que *anothen* significa «de arriba». Sencillamente significa «otra vez», «del suelo para arriba», o «de arriba abajo». La palabra misma no revela en ninguna manera la fuente de la acción a la cual se refiere.

En Mateo 19.28 se usa *palingenesia* para aludir a la restauración escatológica del mundo en el reino milenial de Cristo, y aparentemente es sinónima con la expresión *«la restauración de todas las cosas»* que se halla en Hechos 3.21. (Compárese también Mateo 17.11.)

Por ahora no nos interesan estos otros usos sino solamente la referencia específica de la «regeneración» como un cambio en el individuo; por el cual el hombre perdido se convierte en hijo de Dios.

B. LOS CREDOS

No tenemos una definición precisa de regeneración en los credos o catecismos. La idea de regeneración se expresa por las palabras *«incorporados en él* [Cristo]», en la respuesta a la pregunta número 20 del *Catecismo de Heidelberg*. Heppe incluye regeneración en su capítulo sobre «llamamiento», y cita a Witsius: «La regeneración es el acto hiperfísico de Dios, por el cual el hombre elegido, espiritualmente muerto, es dotado de una vida nueva, vida divina, y esa de la semilla incorruptible de la Palabra de Dios, fecundada por el poder trascendente del Espíritu».

Y otra vez cita al mismo escritor: «Sin duda, la regeneración ocurre en un momento. El paso de la muerte a la vida no admite demora. Mientras el hombre está en estado de muerte espiritual, no es regenerado. Pero el mismo instante que empieza a vivir, es engendrado de nuevo. Por eso no se puede siquiera admitir momentáneamente ningún estado intermedio entre el regenerado y el no regenerado, si estamos pensando en la regeneración en su primera acción».

La idea de que la regeneración es un acto instantáneo del Espíritu Santo por el cual el pecador perdido queda «unido con Cristo», y hecho así un hijo de Dios, es la opinión casi unánime de los teólogos reformados citados por Heppe en esta sección de su obra.

En las normas de Westminster se alude a la regeneración, en el capítulo de la *Confesión* sobre «llamamiento eficaz», en términos como, «siendo vivificado y renovado por el Espíritu Santo». En el *Catecismo Mayor*, pregunta 67, se define el llamamiento eficaz como incluyendo la obra del Espíritu Santo, «renovando y determinando de un modo poderoso sus voluntades, de tal manera que ellos (aun cuando están muertos en pecado) por esta obra son hechos voluntarios y capaces para responder libremente a su llamamiento, y aceptar y abrazar la gracia ofrecida y transmitida en él».

En la respuesta a la pregunta 66 leemos: «La unión que los elegidos tienen con Cristo es la obra de la gracia de Dios, por la que ellos espiritual y místicamente, pero real y de una manera inseparable, son unidos a Cristo como su cabeza y esposo, lo cual es hecho por su llamamiento eficaz».

En el *Catecismo Menor*, pregunta 30, se alude a la regeneración en la declaración: «El Espíritu Santo nos aplica la redención comprada por Cristo, obrando fe en nosotros, y uniéndonos así a Cristo por nuestro llamamiento eficaz».

No hay que sorprenderse de que en el tiempo en que el protestantismo aun estaba atado a una iglesia estatal, o a un estado eclesiástico, y no estaba libre de su concepto como una institución étnica o nacional, la doctrina de la regeneración en el sentido en que ahora la estudiamos —con su connotación extremadamente individualista—, no fuese completamente clarificada. Witsius y otros estudiosos estuvieron claros en el hecho de que por su misma naturaleza la regeneración tenía que ser instantánea, empero Heppe y sus fuentes ocasionalmente confunden la regeneración misma con la vida santa que se desarrolla por etapas progresivas.

Heppe cita a Heidegger (1633-1698): «La regeneración no es perfecta en esta vida ni el hombre regenerado es perfecto. Mientras los hombres moran en esta carne mortal están en guerra con las reliquias del antiguo Adán, las cuales no son extinguidas ni al principio ni durante el proceso de regeneración en esta vida, y en verdad la regeneración experimenta frecuentes vicisitudes, según que la obra de su progreso sea ya más, ya menos rápida». Lo que Heidegger dice aquí —y es evidentemente también la opinión de Heppe— realmente es verdad en cuanto al proceso de la santificación, pero no puede serlo de la regeneración si esta es un acto instantáneo de Dios.

En las primeras páginas del gran capítulo de Charles Hodge sobre la «Regeneración», indica él que se han empleado varios significados claramente distintos de la palabra regeneración en la historia de la teología. Hodge señala: «En la iglesia primitiva, la regeneración muchas veces expresa no algún cambio moral interior sino uno externo de estado o relación. Entre los judíos, cuando un pagano se hacía prosélito, se decía que había renacido. Al cambio de su estado desde afuera, o dentro de la teocracia, se le llamaba regeneración. En algún grado este uso pasó a la iglesia cristiana.

Cuando un hombre llegaba a ser miembro de la iglesia se decía que había nacido de nuevo; y al bautismo, el rito de iniciación, se le llamó regeneración. Esta acepción de la palabra no ha desaparecido del todo. A veces se hace la distinción entre la regeneración y la renovación espiritual. Una es externa, la otra interna. Algunos de los defensores de la regeneración bautismal hacen esta distinción e interpretan las fórmulas de la iglesia anglicana de acuerdo con este uso. La regeneración efectuada en el bautismo, desde su punto de vista, no consiste en ningún cambio espiritual en el estado del alma, sino simplemente un nacimiento a la iglesia visible».

Hodge expresa su propia opinión así: «Por consentimiento casi universal, ahora se usa la palabra regeneración para designar, no toda la obra de santificación ni las primeras etapas de la obra comprendida en la conversión, ni mucho menos la justificación ni ningún cambio meramente externo de estado, sino la transformación instantánea de la muerte espiritual a la vida espiritual».

C. EL USO PARTICULAR DE CALVINO

Es muy importante para nuestro entendimiento de este tema que reconozcamos que Calvino y otros teólogos de gran influencia han usado la palabra regeneración en un sentido claramente distinto del que emplean Hodge y la mayoría de los evangélicos actuales.

Calvino afirma: «En una palabra, entiendo que el arrepentimiento es la regeneración, el fin de la cual es la restauración de la imagen divina dentro de nosotros; que fue mutilada y casi borrada por la transgresión de Adán... Por lo cual en esta regeneración somos restaurados por la gracia de Cristo a la justicia de Dios, de la cual caímos en Adán; y de esta manera se complace el Señor en restaurar completamente a todos aquellos que Él adopta a la herencia de vida. Y esta restauración no se efectúa en un solo momento, día o año, sino que por mejoras reiteradas, a veces tardías, el Señor destruye las corrupciones carnales de sus escogidos, los purifica de toda contaminación y los consagra a sí mismo como templos; renovando todos sus sentidos a una pureza verdadera para que puedan emplear toda su vida en el ejercicio del arrepentimiento, y saber que esta guerra será terminada solamente por la muerte».

D. EL PUNTO DE VISTA DE AGUSTÍN

Después de comentar la doctrina cristiana de la regeneración bautismal, Felipe Schaff dice: «Con él [Agustín], y contrario a Calvino, la regeneración y la elección no coinciden. La primera puede existir sin la segunda, pero esta no puede existir sin la primera. Agustín presume que muchos [por el bautismo] en verdad nacen al reino de la gracia para luego perecer otra vez. Calvino sostiene que en el caso de los no elegidos, el bautismo es una ceremonia sin significado». Algunos luteranos sostienen una opinión similar a la de Agustín en este punto.

E. EL USO BÍBLICO

El pasaje bíblico sobresaliente con referencia a la regeneración se encuentra en la historia de la conversación de Cristo con Nicodemo.

«Respondió Jesús y le dijo: De cierto, de cierto te digo, que el que no naciere de nuevo, no puede ver el reino de Dios. Nicodemo le dijo: ¿Cómo puede un hombre nacer siendo viejo? ¿Puede acaso entrar por segunda vez en el vientre de su madre y nacer? Respondió Jesús: De cierto, de cierto te digo, que el que no naciere de agua y del Espíritu, no puede entrar en el reino de Dios. Lo que es nacido de la carne, carne es; y lo que es nacido del Espíritu, espíritu es; no te maravilles de que te dije: Os es necesario nacer de nuevo. El viento sopla de donde quiere, y oyes su sonido; mas ni sabes de dónde viene, ni a dónde va; así es todo aquel que es nacido del Espíritu» (Juan 3.3-8).

De acuerdo con la doctrina de la regeneración, para Juan solo hay dos clases de personas en el mundo: «*En esto se manifiestan los hijos de Dios, y los hijos del diablo; todo aquel que no hace justicia, y que no ama a su hermano, no es de Dios*» (1 Juan 3.10).

Que la regeneración es la obra del Espíritu Santo, quien aplica a nosotros los beneficios de la expiación, es enseñanza uniforme de la Biblia, Sin duda, este es el significado que yace tras la referencia de Pablo al *«Espíritu de vida* [quien nos] *ha liberado de la ley del pecado y de la muerte»* (Romanos 8.2). *«El Espíritu de vida»* es el que da una nueva existencia en el nuevo nacimiento. *«Nos salvó, no por obras de justicia que nosotros hubiéramos hecho, sino por su misericordia, por el lavamiento de la regeneración y por la renovación en el Espíritu Santo, el cual derramó en nosotros abundantemente por Jesucristo nuestro Salvador»* (Tito 3.5,6).

Puesto que el Espíritu Santo usa la Palabra de Dios en su obra de regeneración tanto como en su obra de convicción, no es contradictorio hablar de la Palabra misma como la causa eficiente de la regeneración. Pedro afirma que somos *«renacidos no de simiente corruptible sino incorruptible, por la palabra de Dios que vive y permanece para siempre»* (1 Pedro 1.23). Santiago exhorta: *«Recibid con mansedumbre la palabra implantada, la cual puede salvar vuestras almas»* (Santiago 1.21). Al referirse a la Palabra como el instrumento de la regeneración, Santiago usa un modo de expresión diferente al que se halla en otros lugares: *«Él, de su voluntad nos hizo nacer, por la palabra de verdad, para que seamos primicias de sus criaturas»* (Santiago 1.18).

El nuevo nacimiento nos lleva a una vida novedosa con un carácter fresco que se luce como cuando se pone un uniforme: *«Vestíos del nuevo hombre, creado según Dios en la justicia y santidad de la verdad»* (Efesios 4.24). *Revestíos «del nuevo* [hombre], *el cual conforme a la imagen del que lo creó se va renovando hasta el conocimiento pleno»* (Colosenses 3.10).

El nuevo hombre, o el carácter novedoso, posee una nueva esperanza: *«Bendito el Dios y Padre de nuestro Señor Jesucristo, que según su grande misericordia nos hizo renacer para una esperanza viva, por la resurrección de Jesucristo de los muertos»* (1 Pedro 1.3).

Puesto que se refiere metafóricamente al Espíritu Santo como agua viva (Juan 4.10-14; 7.37-39; Tito 3.5,6), no es sorprendente que se diga metafóricamente que las personas regeneradas son bautizadas con el Espíritu Santo y beben del Espíritu, *«porque por un solo Espíritu fuimos todos bautizados en un cuerpo, sean judíos o griegos, sean esclavos o libres; y a todos se nos dio a beber de un mismo Espíritu»* (1 Corintios 12.13).

Se habla del milagro de la regeneración en varias otras figuras retóricas. Ezequiel dijo: *«Esparciré sobre vosotros agua limpia y seréis limpiados de todas vuestras inmundicias; y de todos vuestros ídolos os limpiaré. Os daré corazón nuevo, y pondré espíritu nuevo dentro de vosotros, y quitaré de vuestra carne el corazón de piedra, y os daré un corazón de carne. Y pondré dentro de vosotros mi espíritu, y haré que andéis en mis estatutos, y guardéis mis preceptos, y los pongáis por obra»* (Ezequiel 36.25-27).

Puesto que el culto ceremonial del Antiguo Testamento incluía *«diversas abluciones»* (Hebreos 9.10), no es de extrañar que se refiera a la nueva vida de regeneración como un lavamiento. *«Y esto erais algunos; mas, ya habéis sido lavados, ya habéis sido santificados, ya habéis sido justificados en el nombre del Señor Jesús, y por el Espíritu de nuestro Dios»* (1 Corintios 6.11).

El rito iniciador externo de la iglesia debe corresponder al nuevo carácter. El hombre en las bodas sin el vestido de bodas (Mateo 22.11-14) representa a la persona no regenerada que pretende ser uno del pueblo de Dios.

Se dice que la persona regenerada está viviendo en un nuevo mundo. Dios *«nos ha librado de la potestad de las tinieblas, y trasladado al reino de su amado Hijo* (Colosenses 1.13). *«Nosotros de aquí en adelante a nadie conocemos según la carne; y aun si a Cristo conocimos según la carne, ya no lo conocemos así. De modo que si alguno está en Cristo, nueva criatura es; las cosas viejas pasaron, he aquí todas son hechas nuevas»* (2 Corintios 5.16,17). No solo es verdad que el individuo renacido tiene una vida nueva, sino también que todo en el universo es nuevo.

El cielo tiene un azul más suave,
la tierra un verde más dulce;
algo vive en cada tono
que los ojos sin Cristo nunca han visto.

En Cristo las cuestiones ceremoniales son insignificantes. La única consideración que tiene valor es la «nueva creación» (Gálatas 6.15).

La persona regenerada es como uno que ha sido levantado de entre los muertos a una vida nueva. El hijo pródigo que volvió «*era muerto y ha revivido; se había perdido, y es hallado*» (Lucas 15.32). Ya se efectuaron nuestros funerales cuando fuimos bautizados por la muerte de Cristo, «*a fin de que como Cristo resucitó de los muertos por la gloria del Padre, así también nosotros andemos en vida nueva ... lo seremos en la* [semejanza] *de su resurrección... Así también vosotros consideraos muertos al pecado, pero vivos para Dios en Cristo Jesús*» (Romanos 6.1-12).

«*Aun estando nosotros muertos en pecado,* [Dios] *nos dio vida juntamente con Cristo ... y juntamente con él nos resucitó y as mismo nos hizo sentar en los lugares celestiales con Cristo Jesús*» (Efesios 2.1-6). «*Si vivimos por el Espíritu, andemos también por el Espíritu*» (Gálatas 5.25).

Fe

El significado bíblico de la fe tiene que ser estudiado desde tres puntos de vista diferentes: (1) La fe como un acto de creer, (2) la fe como la sustancia de lo que creemos, y (3) la fe como fidelidad.

Veamos que dice acerca de la fe el *Catecismo Menor* (pregunta 86): ¿Qué es la fe en Jesucristo? «La fe en Jesucristo es una gracia salvadora, por la cual recibimos a Cristo como nos está ofrecido en el evangelio». La pregunta 87 dice: ¿Qué es el arrepentimiento para la vida? «El arrepentimiento para la vida es una gracia salvadora por la cual el pecador, teniendo un verdadero sentimiento de sus pecados y conociendo la misericordia de Dios en Cristo, con dolor y odio de sus pecados se convierte de ellos a Dios, con la plena determinación de alcanzar una nueva obediencia». (Compárense *Catecismo Mayor*, preguntas 72 y 76; *Confesión de Fe*, capítulos XIV y XV.)

A. LA FE, UN ACTO DE CREER

Es mi convicción que el acto de creer, en cualquier reino de pensamiento o actividad, es uno de sumisión.

1. Fe cognoscitiva

La literatura relacionada con este tema en los campos de sicología, lógica y epistemología es muy extensa. Solamente puedo sugerir unas consideraciones pertinentes en el campo secular general que tienen relación con la fe como se estudia en el campo de la teología.

Debe ser evidente a cualquiera que esté familiarizado con la lógica inductiva que el acto de creer en cualquier objeto o situación existente involucra una entrega más allá de los procesos puramente cognoscitivos. Los datos para el razonamiento inductivo nunca son completos. Las asunciones y presuposiciones involucradas en el sencillo acto de creer que el sol se levantará mañana son literalmente innumerables.

No solo es necesario un acto de entrega para creer en cualquier conclusión existencial sino que, es mi convicción, es necesario para creer en las mismas leyes de la consecuencia que se expresan en el estudio de la lógica y la matemática. Hablando de razonamiento secular, «la fe en la razón» es el primer paso, el primer acto de entrega en cualquier proceso ordenado del pensamiento. Desde el punto de vista cristiano, no necesitamos rechazar «la fe en la razón» como un postulado, sino reconocer que para nosotros la razón es aquel concepto básico de la verdad que es un atributo esencial del carácter de Dios.

Cuando alego que cualquier acto de fe implica una sumisión, no quiero decir que uno se entregue necesariamente a todas las inferencias de lo que cree. *«Tú crees que Dios es uno; bien haces, también los demonios creen y tiemblan»*

(Santiago 2.19). Santayana (1863-1952), un materialista, dice en algún lugar que él cree que la única perspectiva es la muerte total.

La misma opinión fue expresada por Bertrand Russell (1872-1970) y otros físicos y astrónomos. Sin embargo, la actitud de Santayana ha sido evitar la contemplación de la muerte final y pensar en otras cosas.

Muchos escritores han hablado de diversos grados de creencia. Los niveles pueden ser enumerados desde la opinión tentativa, a través de la actitud que dice: «Sí, ¿y qué?», hasta las convicciones más fuertes que llevan a una actividad vital. Mi punto por ahora es solamente que no hay una creencia sin cierto grado de entrega que vaya más allá de los datos mismos sobre los cuales se piense que ella está basada.

2. La fe salvadora, un acto de entrega total

El estudio siguiente de la palabra «creer» viene de un artículo que publiqué, en la revista *Bibliotheca Sacra*, como reacción contra la posición de un profesor que adujo que cuando Juan usaba la palabra «creer» lo hacía con un significado puramente cognoscitivo y que además indicaba los principios del gnosticismo.

La palabra «creer» como se usa en el cuarto evangelio tiene un contenido ético definido y evidente. El autor declara categóricamente que lo tiene, y escribe su libro con el propósito definido (entre otros) de refutar a sus contemporáneos que consideraban el «creer» como no ético. Para los judíos el «creer» se basaba en «señales y prodigios», y la ética era asunto de hacer la voluntad de Dios en forma legalista.

Para los griegos, «creer» se basaba en la lógica, y la ética se presentaba de varias maneras en su filosofía. Luego, para los hombres de aquella época, el autor del cuarto evangelio plantea la proposición de que «creer» en Cristo es no solo una cuestión moral sino que la que decide todos los demás asuntos morales en la vida humana.

Es su claro propósito dar un nuevo contenido a la ética, y por esta razón a veces se dice que toda el libro es no-ético. No encontramos en el cuarto evangelio ninguno de los distintivos del tipo ordinario de enseñanza moral. Se habla poco de la pureza personal, o de la justicia legal, o de lo que llamamos hoy en día «servicio social». Encontramos solamente el repetido mandato de «creer». Parece no haber diferencia si se expresa el pensamiento en forma absoluta, o con «en» o «que».

Sencillamente debemos «creer» en cuanto a Cristo. Los que no «creen» están bajo «la ira de Dios», y los que creen tendrán «vida en su nombre». Trataré de mostrar que este «creer» no es meramente un asentimiento intelectual, ni una credulidad que no duda, sino una reacción positiva de todo el ser del hombre hacia Jesucristo como el Hijo de Dios.

3. La fe salvadora, un don de Dios

La fe salvadora es un acto del hombre movido por el poder del Espíritu Santo mediante un hecho inexplicable llamado comúnmente «llamamiento eficaz». Esto ya se ha mencionado en nuestro estudio. Todo el sistema de la verdad revelada de Dios se relaciona entre sí, y casi cada aspecto del sistema de doctrina enseñado en la Biblia llega a su foco en la gracia especial por la cual el hecho de la fe salvadora se produce en los elegidos de Dios.

He citado a Filipenses 2.12,13, una vez tras otra *«Porque Dios es el que en vosotros produce así el querer como el hacer, por su buena voluntad»*, y con más frecuencia a Efesios 2.8-10: *«Porque por gracia sois salvos por medio de la fe; y esto no de vosotros, pues es don de Dios».* La palabra «esto» no se refiere solamente a la «gracia» ni solo a la «fe» sino a todo el asunto expresado en estas palabras.

Tanto gracia como fe son sustantivos femeninos, pero la palabra «esto», *touto*, es neutro, y muestra que no es solamente gracia, ni solamente fe, sino el concepto completo de gracia aceptado por la fe lo que tiene que ser considerado como un don de Dios. Esto se comprueba por los versículos que siguen: *«No por obras, para que nadie se gloríe, porque somos hechura suya, creados en Cristo para buenas obras, las cuales Dios preparó de antemano para que anduviésemos en ellas».*

Me siento justificado al abreviar esta discusión de fe como un don de Dios porque ha sido necesario referirme al tema varias veces en otras oportunidades, especialmente en la discusión de la obra convencedora del Espíritu Santo y en la del «llamamiento eficaz».

4. El proceso observable

La distinción entre ser salvado y ser perdido, entre haberse entregado a Cristo y no haberse entregado, entre el estado regenerado y el no regenerado, es una diferencia absoluta. Por eso, el acto de la fe salvadora, obrado por el Espíritu Santo, tiene que ser considerado como un acto instantáneo o, si no un acto instantáneo como tal, uno que llega a su consumación en un momento preciso. No obstante, la fe salvadora es un acto que es precedido por un proceso de convicción y llamamiento eficaz, y que resulta en otro de crecimiento en gracia, conocimiento y santificación.

Como pastores, maestros, misioneros y evangelistas, nunca podemos ver el momento preciso en que un pecador perdido pasa de muerte a vida. Nuestro trabajo es promover todas esas influencias y circunstancias que el Espíritu Santo usa para obrar convicción e impulsar a la persona perdida a hacer la entrega positiva exigida por las palabras *«Cree en el Señor Jesucristo y serás salvo»* (Hechos 16.31; cf. Juan 3.16).

Es significativo que la Escritura compare la Palabra de Dios con una semilla sembrada, y el proceso de regeneración con la germinación y el arraigamiento de la semilla. Se ha mostrado que la regeneración y la fe tienen que ser simultáneas. Desde el punto de vista humano, muchas veces la fe parece un proceso de germinación y arraigamiento.

¿Qué pastor no ha experimentado haber traído a una persona al punto de aceptar algún aspecto de la verdad bíblica y poco tiempo después observar que esa persona olvidó no solo las razones de su convicción sino también el hecho de haber sido convencido? Lo mismo ocurre en el caso de la conversión. El pastor necesita gran paciencia y perseverancia. La semilla tiene que ser sembrada, regada, cultivada, protegida y abonada con alimento espiritual.

Aunque hay mucho desaliento, la obra tiene más recompensa que cualquier otro tipo de trabajo. Juan escribe a la iglesia que llama «señora elegida», diciendo: «*Mucho me regocijé porque he hallado a algunos de tus hijos andando en la verdad, conforme al mandamiento que recibimos del Padre*» (2 Juan 4). También escribe Juan a Gayo (tal vez el Gayo de 1 Corintios 1.14): «*No tengo yo mayor gozo que este, el oír que mis hijos andan en la verdad*» (3 Juan 4).

Pero, algunos preguntan, ¿no hay conversiones instantáneas, como la de Saulo de Tarso en el camino a Damasco? La conversión tiene que ser instantánea según la naturaleza del caso. Podemos definir la conversión como aquel cambio de dirección que ocurre en el momento en que el individuo es regenerado y cree.

Hay etapas en el proceso de convicción y llamamiento eficaz, sin embargo, que conducen a la conversión; y hay pasos en el proceso de maduración y santificación que fluyen de la conversión. Tómese, por ejemplo, el caso de Saulo de Tarso. Ciertamente, en el momento, llamó a Jesús «Señor», y estuvo pronto a obedecerle. No obstante, una lectura cuidadosa de la historia mostrará que hubo pasos definidos en el proceso de convicción que condujeron a esta conversión instantánea.

Pablo nos dice después que el testimonio de Esteban lo impresionó, al menos esta es la inferencia que sacamos de Hechos 22.20. El heroísmo de los cristianos mientras sufrían bajo la persecución tiene que haberle impresionado. Si no entendemos esto de la narración de los acontecimientos, por lo menos se implica en las palabras de Cristo, «*dura cosa te es dar coces contra el aguijón*» (Hechos 9.5; 26.14).

Es posible que Saulo estuviera entre los que visitaron la tumba vacía y no pudo explicar los lienzos de la sepultura puestos allí sin el cuerpo de Jesús. La misma intensidad de la persecucion por parte de Saulo es una evidencia sicológica de un conflicto mental. Dar coces contra el aguijón es solo una expresión figurativa de la mente bajo convicción, luchando contra la evidencia y resistiendo la conclusión obvia.

Vemos pues, que aun en el caso de una conversión tan repentina como la de Saulo de Tarso, hay un «antes» y un «después»; es decir, hay un proceso. De este hecho los padres y obreros cristianos pueden sacar estímulo para esforzarse de manera paciente y fiel.

B. FE COMO LA SUSTANCIA DE LA CREENCIA

«Fe» en el uso bíblico no siempre designa el hecho de creer, es más, se refiere con frecuencia a lo que es creído. Esta es una distinción muchas veces obviada. Sin embargo, cuando se llama a la atención, es un significado que debe ser apreciado. *«La fe que ha sido una vez dada a los santos»* (Judas 3) ciertamente es un cuerpo de doctrina y no un acto de la mente o el corazón. De la misma manera, cuando Juan dice: *«Esta es la victoria que ha vencido al mundo, nuestra fe»* (1 Juan 5.4), habla de lo que creemos y no meramente del acto de creer.

En este caso tenemos un cuerpo de doctrina, pero más que eso, tenemos una Persona cuya fidelidad es la misma sustancia de la doctrina. Cuando Juan escribió las palabras de 1 Juan 5.4, casi seguro que pensaba en el dicho de Jesús, en Juan 16.33: *«Confiad, yo he vencido al mundo»*. La expresión, *«mirando a Jesús, autor y consumador de nuestra fe»* (Hebreos 12.2), es otro caso del uso objetivo: significa lo que creemos en cuanto a Jesús. Véase también *«profecía ... conforme a la medida de la fe»* (Romanos 12.6).

Sería muy valioso un estudio para clasificar los usos del término «fe» y separar los casos en que el significado sea objetivo más que subjetivo. Tal análisis es imposible ahora, pero para un buen recurso sugiero el capítulo 11 de Hebreos como un pasaje significativo.

Particularmente me hicieron pensar mucho las primeras palabras del capítulo: «*Es pues, la fe la sustancia de las cosas que se esperan, la demostración de las cosas que no se ven*». Traté de hacer que «sustancia», *hupostasis*, y «demostración», *elegchos*, significaran otra cosa, como hacen muchos traductores; pero tuve que volver al hecho de que los significados dados a estas dos palabras en la versión antigua (Reina-Valera) son los correctos. *Hupostasis* en tal contexto tiene que entenderse como «sustancia», y *elegchos* significa más naturalmente «evidencia» o «prueba».

Pero si la fe bajo discusión aquí es el acto subjetivo de creer, ¿qué tenemos sino el hipersubjetivismo de la autollamada «ciencia cristiana»? ¿Acaso el escritor inspirado nos quería dar a entender que nuestra fe subjetiva en verdad es la sustancia de lo que esperábamos y la evidencia de lo que no vemos? Esto sería una idea contradicha por decenas de pasajes bíblicos.

Recuerdo muy bien la ola de iluminación que vino cuando se presentó el pensamiento de que la fe bajo discusión aquí no es subjetiva sino objetiva. Lea este pasaje, y el capítulo entero, usando la definición, «lo que creemos en cuanto a Cristo» cuando ocurre la palabra «fe». «Lo que creemos en cuanto a Cristo es la sustancia de las cosas que esperamos, la evidencia de las cosas que no hemos visto». ¡Cuán sencillo y claro es! El sistema de verdad al cual seguimos, la verdad que tiene su centro en nuestro Señor Jesucristo, es la sustancia y la evidencia para todas las promesas bondadosas de Dios en cuanto a las cosas invisibles que se realizarán escatológicamente en la vida futura.

Esto es semejante al argumento de Pablo expresado en 1 Tesalonisenses 4.14: «*Si creemos que Jesús murió y resucitó, así también traerá Dios con Jesús a los que durmieron en él*». En otras palabras, son las verdades elementales del evangelio lo que constituye la base de nuestra esperanza futura.

Continuando en el capítulo 11 de Hebreos: «*Por ella* [lo que creemos en cuanto a Cristo] *alcanzaron buen testimonio los antiguos»*. Esto es, por su fe en el Mesías venidero y en la salvación por el sacrificio que Él haría, los antiguos «alcanzaron buen testimonio». Este pensamiento es la clave para la discusión de cada nombre particular mencionado en esta maravillosa galería de cuadros de los héroes del Antiguo Testamento. Debe leerse el capítulo entero con este iluminador pensamiento en la mente.

Tómese por ejemplo el caso de Abel, el primer nombre mencionado. *«Por lo que creemos en cuanto a Cristo, Abel ofreció a Dios más excelente sacrificio que Caín»* (v. 4). Si no es cierto que Abel miraba hacia el cumplimiento de la promesa de Dios respecto a una redención por la expiación, entonces la historia bíblica del sacrificio de Abel cae en la insignificancia de la mera tradición. Pero si la fe de Abel, en sustancia, radicaba en la obra expiatoria de Cristo, entonces todo el sistema sacrificial del Antiguo Testamento tiene significado profético.

Los versículos introductorios continúan: *«Por la fe entendemos haber sido constituido el universo por la palabra de Dios, de modo que lo que se ve fue hecho de lo que no se veía»* (v. 3). Es por lo que creemos en cuanto a Cristo: su vida, su muerte, su resurrección, su divina Persona; por este cuerpo de verdad, que podemos entender la doctrina de la creación de la nada. Si es verdad la historia sencilla del evangelio, y si es aceptada de corazón, la mente no tiene dificultad en creer la doctrina bíblica de la creación del universo.

Los últimos dos versículos del capítulo constituyen una elaboración del primero. *«Y todos estos, habiendo sido atestiguados por fe* [por lo que creemos en cuanto a nuestro Señor Jesucristo], *no recibieron lo prometido* [esto es, las cosas que esperamos, las cosas que todavía no se ven], *proveyendo Dios alguna cosa mejor* [que las experiencias de la vida actual] *para nosotros* [esto es, para todos nosotros], *para que no fuesen ellos perfeccionados aparte de nosotros* [ni nosotros aparte de ellos]» (vv. 39,40).

C. FE COMO FIDELIDAD

Hay casos marginales en que la palabra «fe» parece estar entre el significado subjetivo y objetivo. En algunos de estos pasajes parece que la palabra «fe» significa «fidelidad». A veces la fidelidad es la del creyente motivado por el Espíritu Santo. Así Santiago afirma: *«Sabiendo que la prueba de vuestra fe produce paciencia ... pida con fe, no dudando nada...»* (Santiago 1.3,6).

Hay otros pasajes en los que el sentido de «fe» parece juntar en sí mismo todas las riquezas de los significados subjetivos y objetivos. Cuando Pablo dice: *«La vida que ahora vivo en la carne, la vivo en fe, la fe del Hijo de Dios, el cual me amó y se entregó a sí mismo por mí»* (Gálatas 2.20), parece que la fe aquí quiere decir una confianza subjetiva completa en la fidelidad objetiva de Cristo.

Otra vez, cuando leemos las citas de Habacuc 2.4 en el Nuevo Testamento (Romanos 1.17; Gálatas 3.11; Hebreos 10.38,39), *«el justo por la fe vivirá»*, tenemos el significado más rico posible de la palabra. Aquí fe quiere decir una entrega de todo corazón, una aceptación y una lealtad en la perfecta fidelidad de nuestro Dios y Salvador Jesucristo.

Capítulo 8

La aplicación de la expiación

JUSTIFICACIÓN

A. DEFINICIÓN

La justificación es un acto de la libre gracia de Dios, por el cual Él perdona todos nuestros pecados y nos acepta como justos delante de Él, mas esto solamente en virtud de la justicia de Cristo, la cual nos es imputada, y que recibimos únicamente por la fe.[17]

La justificación es el aspecto forense de nuestra salvación. Se puede pensar en ella como un acto declarativo de Dios por el cual nos asigna nuestro estado de justicia con relación a su ley santa. Es el resultado o un aspecto de la expiación efectuada por nuestro Señor Jesucristo en beneficio de nosotros.

Las palabras griegas relacionadas con la justificación en el Nuevo Testamento proceden todas de la raíz *dik*, cuyo significado básico es «recto» o «justo»; y, por supuesto, se trata de la rectitud moral y legal.

B. RELACIÓN CON LA SANTIFICACIÓN

No distinguir entre la justificación y la santificación ha creado mucha confusión en los escritos teológicos. J.A. Faulkner señala: «Lo opuesto a "justificación" es "condenación"... No es la infusión de una nueva vida, de una nueva santificación, lo que se cuenta para justicia, sino la fe» (Romanos 4.5; Filipenses 3.9). Cuando Dios justifica, lo que mira no es la justicia que imparte o va a impartir sino la expiación que hizo en Cristo».

Faulkner continúa: «Una de las paradojas más reales del cristianismo es que a menos que se observe una vida justa, no

---

[17] *Catecismo Menor*, pregunta 33: ¿Qué es la justificación?

hay justificación, aunque la justificación misma es solo por amor de Cristo y únicamente por fe. Es un "estado" más que un carácter ... lleva el sello de un concepto legal más que el de uno ético».

C. LA JUSTIFICACIÓN EN ROMANOS Y OTRAS ESCRITURAS

Es cierto que la doctrina de la justificación por la fe viene principalmente de Pablo, pero también lo es que el apóstol la basa en las Escrituras del Antiguo Testamento, y que cada parte de estas presupone, implica o declara la justificación por la fe y otros temas que no podrían ser defendidos aparte de esta doctrina.

1. Romanos tres

La enseñanza más concentrada acerca de la doctrina de la justificación por la fe se halla en la Epístola a los Romanos. Después de los primeros dos capítulos y medio, en los que muestra la condición caída de la especie humana —tanto de judíos como de gentiles, y la necesidad absoluta de una justicia del corazón más que meras obras aparentes—, concluye: «*Sabemos que todo lo que la ley dice, lo dice a los que están bajo la ley, para que toda boca se cierre y todo el mundo quede bajo el juicio de Dios; ya que por las obras de la ley ningún ser humano será justificado delante de él; porque por medio de la ley es el conocimiento del pecado*» (Romanos 3.19,20).

Enseguida presenta una de las grandes meditaciones acerca de la doctrina de la justificación solo por fe.

«*Pero ahora, aparte de la ley, se ha manifestado la justicia de Dios, testificada por la ley y por los profetas; la justicia de Dios por medio de la fe en Jesucristo, para todos los que creen en él. Porque no hay diferencia, por cuanto todos pecaron, y están destituidos de la gloria de Dios, [siendo] justificados [aquellos que lo son] gratuitamente por su gracia, mediante la redención que es en Cristo Jesús, a quien Dios puso como propiciación por medio de la fe en su sangre, para manifestar su justicia, a causa de haber pasado por alto, en su paciencia, los pecados pasados, con la mira de manifestar en este tiempo su justicia, a fin de que él sea el justo, y el que justifica al que es de la fe de Jesús. ¿Dónde, pues, está la jactancia? Queda excluida. ¿Por cuál ley? ¿Por la de las obras? No, sino por la ley de la fe. Concluimos, pues, que el hombre es justificado por fe sin las obras de la ley. ¿Es Dios solamente Dios de los judíos? ¿No es también Dios de los gentiles? Ciertamente también de los gentiles. Porque Dios es uno, y él justificará por la fe a los de la circuncisión, y por medio de la fe a los de la incircuncisión. ¿Luego por la fe invalidamos la ley? En ninguna manera, sino que confirmamos la ley»* (Romanos 3.21-31).

Estas palabras son tan claras que casi no necesitan comentario. Si ponemos nuestra fe en Jesucristo, entonces, completamente aparte de las buenas obras que nos son mandadas por la ley de Dios, somos considerados y declarados «justos» en lo que respecta al carácter santo de Dios y la ley santa de Dios.

2. Romanos cuatro

La diferencia entre la justificación por la fe y el valor de las buenas obras se aclara más en el capítulo 4 de Romanos: *«¿Qué, pues, diremos que halló Abraham nuestro padre según la carne? Porque si Abraham fue justificado por las obras, tiene de qué gloriarse, pero no para con Dios. Porque ¿qué dice la Escritura? Creyó Abraham a Dios, y le fue contado por justicia. Pero al que obra no se le cuenta el salario como gracia, sino como deuda, mas al que no obra, sino cree en aquel que justifica al impío, su fe le es contada por justicia. Como también David habla de la bienaventuranza del hombre a quien Dios atribuye justicia sin obras, diciendo: Bienaventurados aquellos cuyas iniquidades son perdonadas, y cuyos pecados son cubiertos. Bienaventurado el varón a quien el Señor no inculpa de pecado* [Salmos 32.1,2]»* (Romanos 4.1-8).

Los versículos 9 al 12 narran la relación de Abraham como el padre espiritual de todos los que creen. Siendo justificado antes de que le fuera dado el rito externo de la circuncisión. Así se constituye en el padre espiritual de los judíos —para quienes la circuncisión es la señal de estar en el pacto de Dios—, y de los gentiles, quienes vienen desde fuera del pacto y son aceptados sin circuncisión, solo por la fe.

Pablo continúa su argumento: «*Porque no por la ley fue dada a Abraham o a su descendencia la promesa de que sería heredero del mundo, sino por la justicia de la fe. Porque si los que son de la ley son los herederos, vana resulta la fe, y anulada la promesa. Pues la ley produce ira; pero donde no hay ley, tampoco hay transgresión* [de la ley]. *Por tanto, es por fe, para que sea por gracia, a fin de que la promesa sea firme para toda su descendencia* [de Abraham]; *no solamente para la que es de la fe de Abraham, el cual es padre de todos nosotros (como está escrito: Te haré padre de muchas naciones)* [Génesis 17.5]» (Romanos 4.13-17a).

El apóstol se extiende en el tema de la fe firme de Abraham en Dios: «*Por lo cual también su fe le fue contada por justicia. Y no solamente con respecto a él se escribió que le fue contada, sino también con respecto a nosotros a quienes ha de ser contada, esto es, a los que creemos en el que levantó de los muertos a Jesús, Señor nuestro, el cual fue entregado* [a la muerte] *por nuestras transgresiones, y resucitado para* [efectuar] *nuestra justificación. Justificados, pues, por la fe, tenemos paz para con Dios por medio de nuestro Señor Jesucristo; por quien también tenemos entrada por la fe a esta gracia en la cual estamos firmes*» (Romanos 4.22-5.2a).

3. Romanos cinco

Me parece que las primeras palabras del capítulo 5 corresponden propiamente a la conclusión del capítulo 4. En los versículos 9 y 10 tenemos un paralelismo lógico casi en el estilo de la poesía hebrea. Pablo acaba de concluir la declaración de la maravillosa gracia de Dios, manifestada en el hecho de que «*siendo aún pecadores, Cristo murió por nosotros*». Y continúa: «*Pues mucho más, estando ya justificados en su sangre, por él seremos salvos de la ira. Porque si siendo ene-*

migos, fuimos reconciliados con Dios por la muerte de su Hijo, mucho más estando reconciliados, seremos salvos por su vida.

»Y no solo esto, sino que también nos gloriamos en Dios por el Señor nuestro Jesucristo, por quien hemos recibido ahora la reconciliación» (Romanos 5.8-11).

Los versículos 12 al 19 manifiestan la relación de la humanidad caída con el pecado de Adán y la expiación de Cristo. Estos versículos fueron explicados extensamente en conexión con la doctrina del pecado original. Pablo concluye el tema de la justificación, en la primera sección de la Epístola a los Romanos, con las palabras: *«Mas cuando el pecado abundó, sobreabundó la gracia; para que así como el pecado reinó para muerte, así también la gracia reine por la justicia para vida eterna mediante Jesucristo, Señor nuestro»* (Romanos 5.20b-21).

4. Aplicación

Todo el resto de la Epístola a los Romanos se basa en la doctrina de la justificación por la fe y a partir de ella se desarrolla. Los capítulos 6, 7 y 8 constituyen una unidad sobre el tema de la vida santa. Los que son justificados también están en proceso de ser santificados. No hay pena legal sobre ellos (8.1).

La persona justificada por el poder del Espíritu, sin embargo, vivirá una vida santa. *«Así que, hermanos, deudores somos, no a la naturaleza humana caída, para que vivamos conforme a la naturaleza humana caída; porque si vivís conforme a la naturaleza humana caída, moriréis; mas si por el Espíritu estáis haciendo morir continuamente los hechos del cuerpo, viviréis. Porque todos los que son guiados por el Espíritu de Dios, estos son hijos de Dios»* (8.12-14).

El capítulo 9 basa la justificación en la soberana gracia de Dios en la elección. El capítulo 10 presenta la oferta del evangelio a todos los hombres. Tal como dijo Moisés: *«Cerca de ti está la palabra, en tu boca y en tu corazón* [Deuteronomio

30.14]. *Esta es la palabra de fe que predicamos...»* (Romanos 10.8).

El capítulo 11 detalla la justificación por la fe en la historia de la iglesia visible, tanto judía como gentil. En su mayor parte, los capítulos 12 al 16 se dedican a las aplicaciones prácticas de esta gran doctrina.

Tal vez el punto culminante de la doctrina sea Romanos 8.33, 34: *«¿Quién acusará a los escogidos de Dios? Dios es el que justifica. ¿Quién es el que condenará? Cristo es el que murió; más aun, el que también resucitó, el que además está a la diestra de Dios, el que también intercede por nosotros. ¿Quién nos separará del amor de Cristo? ¿Tribulación, o angustia, o persecución, o hambre, o desnudez, o peligro, o espada? Como está escrito: Por causa de ti somos muertos todo el tiempo: Somos contados como ovejas de matadero»* [Salmos 44.22]. *Antes, en todas estas cosas somos más que vencedores por medio de aquel que nos amó. Por lo cual estoy seguro de que ni la muerte ni la vida, ni ángeles, ni principados, ni potestades, ni lo presente, ni lo por venir, ni lo alto, ni lo profundo, ni ninguna otra cosa creada nos podrá separar del amor de Dios, que es en Cristo Jesús Señor nuestro»* (Romanos 8.33-39).

D. Justificación en la Epístola de Santiago

Leyendo superficialmente, algunos han pensado que la explicación en Santiago acerca de la relación entre la fe y las obras se opone a la doctrina de la justificación por la fe. Una exégesis cuidadosa, sin embargo, revela que ese no es el caso.

Lo que dice Santiago concuerda perfectamente. *«Hermanos míos, ¿de qué aprovechará si alguno dice que tiene fe, y no tiene obras? ¿Podrá la fe salvarle? ... La fe, si no tiene obras, está muerta en sí misma. Pero alguno dirá: Tú tienes fe, y yo tengo obras. Muéstrame tu fe sin tus obras, y yo te mostraré mi fe por mis obras. Tú crees que Dios es uno; bien haces. También los demonios creen, y tiemblan. Mas ¿quieres saber, hombre vano, que la fe sin obras es muerta?*

»¿No fue justificado por las obras Abraham nuestro padre, cuando ofreció a su hijo Isaac sobre el altar? ¿No ves que la fe actuó juntamente con sus obras, y que la fe se perfeccionó por las obras? Y se cumplió la Escritura que dice: Abraham creyó a Dios, y le fue contado por justicia, y fue llamado amigo de Dios. Vosotros veis, pues, que el hombre es justificado por las obras, y no solamente por la fe. Asimismo también Rahab la ramera, ¿no fue justificada por obras, cuando recibió a los mensajeros y los envió por otro camino? Porque como el cuerpo sin el espíritu es una cosa muerta, así también la fe sin obras está muerta» (Santiago 2.14-26).

Casi siempre se considera la Epístola de Santiago como uno, si no el más, temprano de los escritos del Nuevo Testamento. En verdad, no fue escrita para responder —como alegan algunos— a la Epístola a los Romanos, la cual fue escrita algunos años después. Nuestro Señor Jesucristo mismo predicó la justificación por la fe. *«Esta es la obra de Dios, que creáis en el que él ha enviado»* (Juan 6.20).

El énfasis sobre la actitud del corazón —distinto al de las obras de las manos—, como el fundamento de los fundamentos, siempre está expuesto a la falsa interpretación de antinomismo. La Epístola de Santiago refleja una sana corrección en una etapa muy temprana en el movimiento cristiano.

Si Santiago no se escribió para contradecir la Epístola a los Romanos, tampoco esta es contraria a la primera. En verdad, el apóstol Pablo habla tan fuertemente como Santiago contra la idea de una fe que no produce obras. *«Porque no son los oidores de la ley los justos ante Dios, sino los hacedores de la ley serán justificados»* (Romanos 2.13).

El fuerte tono ético de todo el capítulo 2 de Romanos no contradice la doctrina de la justificación por la fe, sino que la resguarda, tal como la Epístola de Santiago, contra el antinomismo. Pablo incluso destaca al amor más que a la fe.

«*Y ahora la fe, la esperanza y el amor, estos tres son permanentes; pero el mayor de ellos es el amor*» (1 Corintios 13.13). El amor es más grande porque es el fruto y la evidencia de la fe, pero la fe es la raíz, la condición absolutamente necesaria para la justificación y para todo lo que sigue en el proceso de la santificación.

E. IMPOSIBILIDAD DE LA JUSTIFICACIÓN POR LAS OBRAS DE LA LEY

La Escritura enfatiza uniformemente la imposibilidad de alcanzar la justificación ante la santa ley de Dios por cualquier tipo de actividad humana. Esto se manifiesta en la predicación de Pablo como aparece en el libro de los Hechos. El mensaje de Pablo fue: «*Sabed, pues, esto, varones hermanos: que por medio de él se os anuncia perdón de pecados, y que de todos aquellos pecados de que por la ley de Moisés no pudisteis ser justificados, en él es justificado todo aquel que cree*» (Hechos 13.38,39).

Después de narrar sus palabras con Pedro en Antioquía, Pablo continúa: «*Nosotros, judíos de nacimiento, y no pecadores de entre los gentiles, sabiendo que el hombre no es justificado por las obras de la ley, sino por la fe de Jesucristo, nosotros también hemos creído en Jesucristo, para ser justificados por la fe en Cristo y no por las obras de la ley, por cuanto por las obras de la ley nadie será justificado*» (Gálatas 2.15,16).

1. La enseñanza del Antiguo Testamento

Este énfasis no es particular al Nuevo Testamento. Ya hemos citado las palabras de Moisés en Deuteronomio 30, mostrando que lo que Dios requiere es una confesión que venga del corazón, no el cumplimiento de un código difícil. Esta confesión que viene del corazón «*agradará a Jehová más que sacrificio de buey, o becerro que tiene cuernos y pezuñas*» (Salmos 69.31).

2. ¿En qué sentido fue Pablo «irreprensible»?

Se oye frecuentemente la opinión de que el apóstol Pablo se declaró «irreprensible» según las normas del Antiguo Testamento. Esta declaración en cuanto a su inculpabilidad es sacada de su contexto e interpretada como si Pablo pretendiera para sí mismo la perfección moral según las normas de la ley de Dios dadas en el Antiguo Testamento.

Eso es un error. En primer lugar, la palabra «irreprensible», *amemptos*, está usada en una situación particular y no significa «sin pecado» a los ojos de Dios. Literalmente quiere decir con exactitud lo que el término significa en español, «que no merece reprensión o censura» en esta situación específica. Por otra parte, el verbo *memphomai* significa «culpar» en el sentido de censura.

Leemos de Elizabet, la madre de Juan el Bautista, y su esposo Zacarías que *«ambos eran justos delante de Dios, y andaban irreprensibles en todos los mandamientos y ordenanzas del Señor»* (Lucas 1.6). Ciertamente esto no quiere decir que habían alcanzado la perfección sin pecado en cuanto a las normas del Antiguo Testamento.

Pablo exhorta a los cristianos de Filipos a: *«que seáis irreprensibles y sencillos, hijos de Dios sin mancha en medio de una generación maligna y perversa, en medio de la cual resplandecéis como luminares en el mundo»* (Filipenses 2.15). Aquí la palabra traducida «sencillos» quiere decir literalmente «ingenuos», y el vocablo traducido «generación» significa «especie». En medio de las corrupciones de la especie humana debemos llevar una vida que sea sin reproche. El mismo pensamiento se encuentra en 1 Tesalonicenses 3.13. Esto no significa estar sin pecado.

Hay un uso de la palabra algo sorprendente en Hebreos 8.7 donde se dice que el pacto levítico no era «sin defecto». Claro es que no quiere decir que el pacto levítico estuviera sujeto a censura moral, sino más bien que era de una naturaleza temporal y debía ser reemplazado.

Es tan claro el contexto en que Pablo hace referencia a su condición de «irreprensible» que no pretende ser perfectamente sin pecado según las normas escritas en la ley del Antiguo Testamento. Por eso dice: *«Aunque yo tengo también de qué confiar en la carne. Si alguno piensa que tiene de qué confiar en la carne, yo más: circuncidado al octavo día, del linaje de Israel, de la tribu de Benjamín, hebreo de hebreos; en cuanto a la ley, fariseo; en cuanto a celo, perseguidor de la iglesia; en cuanto a la justicia que es en la ley, irreprensible»* (Filipenses 3.4-6).

Debe ser claro que en este contexto en que Pablo declara que fue «irreprensible», se refiere a una norma y horizonte que no fue el de la Palabra escrita de Dios en las Escrituras del Antiguo Testamento sino aquel del fariseísmo del primer siglo. Uno de los detalles en que consistía su irreprensibilidad era su celo en la persecución de la iglesia. Esto, en verdad, no estaba en la justicia de la ley escrita en las Escrituras del Antiguo Testamento.

La opinión, pues, de que Saulo de Tarso puede ser citado como un individuo perfecto, según las normas de las Escrituras del Antiguo Testamento, es completamente errónea.

¿Cuál fue la actitud de Pablo en cuanto a la justicia de las Escrituras del Antiguo Testamento antes de su conversión? Sabemos, sin lugar a dudas, que fue una actitud de celo intenso, porque Pablo hace referencia a este hecho en Gálatas 1.14: *«Y en el judaísmo aventajaba a muchos de mis contemporáneos en mi nación, siendo mucho más celoso de las tradiciones de mis padres».*

Además, podemos estar ciertos de que por la ley fue convencido de su pecaminosidad, ya que apela a su propia naturaleza judía en cuanto al conocimiento de que un hombre no es justificado por las obras legales (Gálatas 2.16). La referencia de Pablo al poder convincente de la ley —*«por medio de la ley es el conocimiento del pecado»* (Romanos 3.19,20)— ciertamente refleja su experiencia personal.

Esté uno de acuerdo o no en que el «hombre miserable» de Romanos es Saulo de Tarso antes de su conversión, en verdad, esa descripción vívida nunca podría haber sido escrita por un hombre que pensara que antes de su conversión, él o cualquier otro, pudo haber sido «irreprensible», según una interpretación correcta de las Escrituras del Antiguo Testamento.

Entonces, si la palabra «irreprensible» significa que no merece censura en ciertas circunstancias, y si las circunstancias en que Pablo afirma estaba enmarcado el fariseísmo del primer siglo que aprobó la persecución de la iglesia —las cuales no eran los mismos principios de las Escrituras del Antiguo Testamento—, es claro que no tenemos en Pablo el caso de un individuo que podría pretender haber vivido en conformidad con las normas de justicia de la ley de Dios como se presentan en el Antiguo Testamento.

Al contrario, Pablo habla en los términos más enfáticos en contra de tal concepto: *«Que por la ley ninguno se justifica para con Dios, es evidente, porque: El justo por la fe vivirá* [Habacuc 2.41]» (Gálatas 3.11). Estas palabras no solo hacen ver que Pablo consideraba imposible una justicia legal completa, sino que además encontró esta enseñanza en el propio Antiguo Testamento. En efecto, el apóstol siempre refuerza la justificación por la fe con el Antiguo Testamento.

F. Imputación positiva de la justicia

La justificación no es meramente el acto judicial por el cual Dios nos declara libres del castigo decretado por la ley. El acto judicial de Dios por el cual somos justificados también involucra la imputación a nuestra cuenta de la justicia positiva de Cristo. Pablo lo expresa así: *«Y ser hallado en él, no teniendo mi propia justicia, que es por la ley, sino la que es por la fe de Cristo, la justicia que es de Dios por la fe»* (Filipenses 3.9).

En la justificación nos imputamos esta justicia de Dios por fe en Cristo. La justicia de Cristo no es imputada ni impartida, es impartida en el proceso de santificación, y es imputada en el acto de justificación. Entonces la justificación no es una «ficción legal» sino un «hecho legal». Es por la obediencia de Cristo que somos hechos justos. *«Por la obediencia de uno, los muchos serán constituidos justos»* (Romanos 5.19b).

Hodge declara el caso así: «La justicia de Cristo, incluyendo todo lo que hizo y sufrió en lugar de nosotros, es imputada al creyente como la base de su justificación, y ... las consecuencias de esta imputación son, primero, la remisión de pecado, y segundo, la aceptación del creyente como justo». Debe recordarse a este propósito que «la obediencia activa y pasiva de Cristo ... son solamente diferentes fases o aspectos de la misma cosa».

Jesús, tu sangre y tu justicia
mi hermosura y célico vestido son.
Entre mundos flameantes en estos atavíos,
con gozo levantaré mi cabeza.

SANTIFICACIÓN

A. DECLARACIONES DE LOS CREDOS

Haremos un resumen preliminar de la doctrina bíblica de la santificación, volviendo al *Catecismo Menor*, pregunta 35: ¿Qué es la santificación? «La santificación es aquella obra de la libre gracia de Dios por la cual somos completamente restablecidos a la imagen de Dios y puestos en capacidad de morir más y más al pecado y de vivir píamente».

Los resultados de la santificación se resumen en el *Catecismo Menor*, pregunta 36: «¿Cuáles son los beneficios que en esta vida acompañan a la justificación, la adopción y la santificación, o que se derivan de ellas? Los beneficios que en esta vida acompañan a la justificación, la adopción y la santificación o que se derivan de ellas, son: la seguridad del amor de Dios, la tranquilidad de conciencia, el gozo en el Espíritu Santo, el crecimiento en gracia y la perseverancia en ella hasta el fin».

La pregunta 77 del *Catecismo Mayor* resume la enseñanza bíblica en cuanto a la distinción entre la justificación y la santificación. «¿En qué se diferencian la justificación y la santificación? Aun cuando la santificación va inseparablemente unida a la justificación, se diferencian sin embargo en que en la justificación Dios imputa la justicia de Cristo, y en la santificación el Espíritu infunde gracia y capacidad para el ejercicio de ella. En la primera el pecador es perdonado, en la otra subyugado; la una hace igualmente libres de la ira vengadora de Dios a todos los creyentes y que estos nunca caigan durante esta vida en condenación; la otra, ni es igual en todos, ni es perfecta en esta vida, sino que va creciendo en perfección».

B. Significado y uso de la palabra

El vocablo «santificación» significa «ser hecho santo». En mi obra *Problems in the Prayer Life*, en el capítulo sobre «Dedicación», expongo un estudio de las palabras en el Antiguo y Nuevo Testamentos que significan santificación. La idea básica es *separarse de* las relaciones que son contrarias a la voluntad de Dios para establecer las que armonicen con esa voluntad divina.

Aunque la inferencia usual es que las personas santificadas son también regeneradas, hay tres pasajes en el Nuevo Testamento que difieren de aquella. Después de referirse a la severidad del castigo bajo la ley mosaica, el autor de la Epístola a los Hebreos continúa: «*¿Cuánto mayor castigo pensáis que merecerá el que pisoteare al Hijo de Dios, y tuviere por inmunda la sangre del pacto en la cual fue santificado, o hiciere afrenta al Espíritu de gracia?*» (Hebreos 10.29).

¿Quiénes son estos que han sido «santificados» por «la sangre» de un «pacto»? Ciertamente son aquellos que se han criado dentro del pacto familiar o nacional y, en vez de aceptar la fe de sus padres —en la cual fueron dedicados al Señor—, han rehusado la gracia de Dios de la manera descrita en el texto.

Al explicar el plan de Dios con Israel como un pueblo, Pablo tiene ocasión de decir: «*Si las primicias* [de este grano] *son santas, también lo es la masa restante; y si la raíz es santa, también lo son las ramas*» (Romanos 11.16). ¿Quiénes son estos que son declarados santos? Son el pueblo judío apóstata, que como pueblo y como un todo han rechazado al Señor Jesucristo.

El tercer pasaje en el Nuevo Testamento en que la palabra «santo» o «santificado» (es la misma raíz) se aplica a personas que no son regeneradas se encuentra en 1 Corintios 7. Pablo trata ahí con la relación matrimonial, y declara que si un cristiano ya es casado con un incrédulo, el matrimonio no debe ser quebrantado por esa razón, si es posible mantenerlo honorablemente.

Entonces explica: «*El marido incrédulo, es santificado en la mujer, y la mujer incrédula en el marido, pues de otra manera vuestros hijos serían inmundos, mientras que ahora son santos*». Aquí la declaración de que los hijos son «santos» no quiere decir necesariamente que sean regenerados, porque el padre incrédulo también es declarado santo. Se ordena al marido o a la esposa cristiana obrar por la salvación del incrédulo. Pablo dice: «*¿Qué sabes tú, oh mujer, si quizás harás salvo a tu marido? ¿O qué sabes tú, oh marido, si quizás harás salva a tu mujer?*» (1 Corintios 7.14,16).

Vemos que Dios tiene un pacto con una familia en la cual al menos uno de los padres es creyente. El hombre o la mujer cristianos tienen el derecho de reclamar el pacto de Dios y declarar: «Mi familia es una institución santa; mi marido (o mi esposa, como sea el caso) y mis hijos están en una relación santa con Dios». Es como cuando Dios estableció su pacto con Abraham y dijo: «*Estableceré mi pacto entre mí y ti, y tu descendencia después de ti en sus generaciones por pacto perpetuo, para ser tu Dios, y el de tu descendencia después de ti .... y seré el Dios de ellos*» (Génesis 17.7,8).

Esto, por supuesto, no garantizaba que todos los hijos de Abraham serían regenerados. Pablo explica: *«No todos los que descienden de Israel son israelitas»* (Romanos 9.6; cf. Romanos 2.28,29). Si alguien que ha tenido el privilegio de nacer dentro de una familia del pacto de Dios le da la espalda y rechaza su gracia, entonces Hebreos 10.29, citado arriba, indica que estará sujeto a un castigo mucho más severo.

Vemos entonces que según el uso, «santificado» (o «santo» que es la misma cosa) puede referirse a una relación de pacto especial con Dios, lo que no implica necesariamente santidad personal sino una relación que implica una seria responsabilidad.

C. SANTIFICACIÓN DE LOS REGENERADOS

El punto de interés principal en el estudio de la santificación bíblica es el proceso por el cual la persona regenerada y justificada, que ha puesto su fe en Cristo como su Salvador personal, desarrolla una vida santa de acuerdo con la voluntad de Dios.

1. Una obra del Espíritu Santo

Es muy importante que entendamos que después de la obra del Espíritu Santo en la convicción, en el llamamiento eficaz y en la regeneración, está la obra del Espíritu Santo en la santificación del hijo de Dios. Se describe esta obra del Espíritu Santo vivamente en Gálatas 5.13-18: *«Porque vosotros, hermanos, a libertad fuisteis llamados; solamente que no uséis la libertad como ocasión para la carne, sino servíos por amor los unos a los otros. Porque toda la ley en esta sola palabra se cumple: Amarás a tu prójimo como a ti mismo. Pero si os mordéis y os coméis unos a otros, mirad que también no os consumáis unos a otros.*

»Digo, pues: Andad en el Espíritu, y no satisfagáis los deseos de la carne. En verdad, la naturaleza humana caída tiene deseos contrarios al Espíritu, pero el Espíritu tiene deseos contrarios a la naturaleza humana caída; y estos se oponen entre sí, para que no hagáis lo que quisiereis. Pero si

sois guiados por el Espíritu, no estáis bajo [la condenación de] *la ley»* (vv. 13-18).

Esta descripción vívida de la guerra interna que continúa constantemente en la vida de la persona regenerada es algo que debe ser estudiado cuidadosamente. Es obvio que el cristiano representado aquí está contagiado con tendencias y motivaciones pecaminosas. Pero también es obvio que el Espíritu Santo de Dios es la influencia dominante en su vida, refrenando, corrigiendo, guiando.

Pablo continúa con una lista, no un catálogo, de ejemplos de las «obras de la carne». *«Manifiestas son las obras de la carne, que son: adulterio, fornicación, inmundicia, lascivia, idolatría, hechicerías, enemistades, pleitos, celos, iras, contiendas, disensiones, herejías, envidias, homicidios, borracheras, orgías, y cosas semejantes a estas; acerca de las cuales os amonesto, como ya os lo he dicho antes, que los que practican tales cosas no heredarán el reino de Dios»* (vv. 19-21).

No se puede negar que estos versículos fueron dados para la instrucción de los santos regenerados en Galacia. Toda la sección está dirigida a «hermanos» que han sido «llamados», y esto para «libertad». Es dirigido a personas en las cuales el Espíritu Santo está obrando en contra de la naturaleza humana caída. La inferencia es tan clara como el cristal, los cristianos renacidos tienen que recordar que la naturaleza humana caída en ellos no ha sido erradicada.

Hay en todos nosotros tendencias a las obras de la carne, no solo aquellas enumeradas sino cosas parecidas. Dentro del cuerpo de cristianos profesos, debemos recordar que los que andan en las obras de la carne no deben ser considerados como verdaderamente regenerados.

El estudiante debe recordar que estas palabras vienen de la Epístola a los Gálatas, la carta magna de la libertad cristiana. Pablo no dice: Ustedes pueden ser salvos si se atan a sí mismos con reglas que prohiban las obras de la carne. Lo que dice muy enfáticamente es que las personas que se caracterizan por tales prácticas no deben considerarse como regeneradas. Las inferencias para la disciplina de la iglesia son ineludibles. Los oficiales de una iglesia no tienen derecho a admitir en la comunión a las personas cuya profesión de fe esté anulada por prácticas como esas.

Con el versículo 21 de este capítulo hemos alcanzado el punto más bajo. Los peldaños descendientes pueden enumerarse de diferentes maneras. Sugiero (1) contra la pugnacidad, el versículo 15, (2) contra el andar carnal, el versículo 16, (3) contra los deseos de la carne, el versículo 17, (4) contra la condenación legal, el versículo 18, (5) contra las obras de la carne, los versículos, 19-21a, (6) contra la exclusión de la heredad cristiana, versículo 21b.

Subiendo el otro lado del desfiladero y enumerando en orden opuesto, tenemos (5) el fruto del Espíritu, «*el fruto del Espíritu es amor, gozo, paz, paciencia, benignidad, bondad fe, mansedumbre, templanza*» (vv. 22,23a). Debe notarse que los resultados del Espíritu Santo en la vida del cristiano se describen como «frutos», no como «obras». Este hecho sugiere la espontaneidad de la vida santificada.

Un estimado amigo, el finado Dr. Roberto McQuilken, solía indicar que la palabra «fruto» en este versículo no es plural sino singular. El Espíritu Santo de Dios, en el corazón del individuo renacido, produce un fruto con todas las características enumeradas.

(4) Libertad de la condenación de la ley: «*Contra tales cosas no hay ley*» (23b). Los que se caracterizan por el fruto del Espíritu no están bajo la condenación de la ley.

(3) Las pasiones de la carne son crucificadas. «*Los que son de Cristo han crucificado la carne con sus pasiones y deseos*» (v.24)

(2) Andar en el Espíritu. «*Si vivimos por el Espíritu, andemos también por el Espíritu*» (v. 25). Es digno de notar que en el versículo 25, en el lado asoleado, ascendiendo por el desfiladero, Pablo usa una palabra diferente para «andar». En el versículo 16 la palabra es *peripateo*, que significa seguir o

pasear. La palabra traducida «andar» en el versículo 25 es *stoicheo*, que quiere decir marchar en orden, como un ejército, según un plan. Se ha notado arriba que en la obra de regeneración del Espíritu Santo, se dice que Él hace vivos a los que están muertos en pecado. Aquí Pablo arguye por el patrón espiritual basado en el hecho de que el Espíritu Santo da vida por el acto de la regeneración.

(1) Armonía cristiana. El punto 1 en el lado descendente del desfiladero fue una reprimenda contra la pugnacidad. Ahora tenemos el lado positivo de la vida cristiana. «*No nos hagamos vanagloriosos, irritándonos unos a otros, envidiándonos unos a otros. Hermanos, si alguno fuere sorprendido en alguna falta, vosotros que sois espirituales, restauradle con espíritu de mansedumbre, considerándote a ti mismo, no sea que tú también seas tentado. Sobrellevad los unos las cargas de los otros, y cumplid así la ley de Cristo*» (Gálatas 5.26—6.2).

2. La vida santa

Me parece que el gran pasaje que acabamos de examinar (Gálatas 5.13—6.2) contiene en en principio los temas principales que deben considerarse bajo el encabezamiento de la santificación. En primer lugar, santificación ciertamente significa una vida santa. Hemos hecho la observación de que las obras de la carne son una evidencia de un estado no regenerado, y el fruto del Espíritu es una evidencia de esa regeneración.

Los principios de una vida santa se exponen en las epístolas gemelas, Efesios y Colosenses. No sé de ningún «dispensacionalista», aun entre los más radicales, que nieguen que estas dos epístolas pertenecen a la iglesia en esta edad actual. He hallado algunos individuos consagrados que sostienen que estas epístolas solo tienen que ver con asuntos doctrinales y espirituales, pero que están completamente divorciadas de los detalles de la conducta correcta, y afirman que la ética detallada no es enseñanza apropiada para la iglesia de esta dispensación.

Se podría desarrollar una provechosa tesis acerca de la ética práctica de Efesios y Colosenses. Todo lo posible aquí son algunos ejemplos. Después de un magnífico llamamiento a poner *«la mira en las cosas de arriba»*, Pablo continúa diciéndoles a los colosenses: *«Haced morir, pues, lo terrenal en vosotros: fornicación, impurezas, pasiones desordenadas, malos deseos y avaricia, que es idolatría; cosas por las cuales la ira de Dios viene»* (Colosenses 3.5,6). En el pasaje paralelo en Efesios leemos: *«Por estas cosas viene la ira de Dios sobre los hijos de desobediencia»* (5.6).

Pablo procede a dar algunas de las instrucciones más detalladas en cuanto a los problemas sociológicos y éticos. El estudiante que tenga dudas acerca de si la ética práctica detallada es un tema propio para la instrucción de las personas regeneradas debe prestar la más cuidadosa atención a Colosenses 3.18—4.6.

La sección correspondiente en Efesios es aun más detallada y más explícita. El vestirse *«del nuevo hombre»* (Efesios 4.24) implica *«la justicia y santidad de la verdad»*. Pablo continúa (empezando con 4.25) dando instrucciones tales como: *«Desechando la mentira, hablad verdad cada uno con su prójimo; porque somos miembros los unos de los otros. Airaos, pero no pequéis; no se ponga el sol sobre vuestro enojo* (v.26). Tenemos aquí también el gran principio central de la sana economía. *«El que hurtaba, no hurte más, sino trabaje, haciendo con sus manos lo que es bueno, para que tenga qué compartir con el que padece necesidad»* (v. 28). Otro importante tema sale a relucir: *«Ninguna palabra corrompida salga de vuestra boca»* (v.29). Y continúa así por los capítulos 5 y 6 de esta gloriosa epístola.

Los que son renacidos nacen como niños en las cosas espirituales. Necesitan instrucción paciente y cuidadosa en las inferencias del andar de la vida cristiana. Si fuera verdad que la regeneración y la presencia del Espíritu Santo en el cristiano automáticamente producen una vida santa sin necesidad de instrucción ética detallada, entonces el apóstol Pablo se equivocó en muchos pasajes de las epístolas que escribió, bajo la inspiración del mismo Espíritu Santo, para las iglesias que recientemente habían salido del paganismo a la luz del evangelio.

Es digno de notar que el apóstol Pablo no solamente da instrucciones detalladas, sino que en cada pasaje de este tipo instruye a sus lectores que deben aplicar los mismos principios a otros asuntos similares que puedan ocurrir. Como hemos dicho, no dio un catálogo de las obras de la carne sino que concluye su lista de ejemplos con las palabras «*cosas semejantes a estas*»; y deja para los cristianos consagrados entender, con la ayuda del Espíritu Santo, cuáles son esas cosas «semejantes», y cuáles deben evitar en la vida cristiana.

3. Contra el perfeccionismo

Si es cierto que las personas regeneradas crecerán en la vida santa por la obra continua del Espíritu Santo y por los medios usados por el Espíritu, lo será también que mientras vivamos en esta vida terrenal no alcanzaremos la perfección absoluta (sin pecado).

La perfección es la norma que Dios nos ha dado y que alcanzaremos cuando veamos a nuestro Señor Jesucristo cara a cara (1 Juan 3.2). Para usar una expresión matemática, nos acercamos a la perfección absoluta como se aproximan dos líneas «asíntotas» (esta es una palabra técnica para describir la relación de dos líneas que se acercan constantemente pero que jamás se unen). En lenguaje técnico, podríamos decir: «El límite de crecimiento en la santificación, en la medida en que avanzamos en la vida cristiana, es la perfección absoluta».

a. El mandamiento a la perfección

Es indiscutible que Dios ha ordenado a su pueblo que sea perfecto. Jesús dijo en el Sermón del Monte: «*Sed, pues, vosotros perfectos, como vuestro Padre que está en los cielos es perfecto*» (Mateo 5.48). Con estas palabras el Señor reflejó la enseñanza legal del Antiguo Testamento. «*Santos seréis, porque santo soy yo Jehová vuestro Dios*» (Levítico 19.2). «*Per-*

fecto serás delante de Jehová tu Dios» (Deuteronomio 18.13).
El apóstol Pedro también habla al respecto en su primera carta (1.15).

Está muy bien argumentar que la palabra «perfecto» aquí
en estos contextos significa relativamente maduro y completo. Se puede indicar tal uso. En verdad, se dice que el propósito de las Escrituras es *«que el hombre de Dios sea perfecto»*
(2 Timoteo 3.17; la palabra significa «completamente preparado»; no es la misma palabra de Mateo 5.48). Sin embargo,
no hay duda de que la norma puesta delante del pueblo de
Dios en las palabras de nuestro Señor Jesucristo es la perfección absoluta de Dios mismo.

Debe ser claro que «perfecto» no significa infinito. Lo que
es absolutamente perfecto no necesita ser infinito, pero está
libre de toda falla, libre de todo pecado por comisión u omi-
sión. Como criaturas personales de Dios, hechas a su imagen,
es su intención que estemos perfectamente libres de toda falta
o mancha, tan libre de defectos como Él mismo.

Si nos detenemos a meditar, sería completamente ilógico
pensar que Dios nos daría cualquier otra norma que no fuera
la perfección. Cuán absurdo sería si la Biblia dijera: ¡Deten-
gan el 90% de sus robos, sus mentiras, etc.! Es el décimo
mandamiento, «No codiciarás», el más exigente. No obstante, ¡cuán absurdo sería si la Biblia dijera: Puedes albergar malos
deseos siempre que no cometas el acto. ¡Qué sicología tan
inmoral implicaría eso!

b. El proceso temporal

Si, pues, la norma es la santidad perfecta, ¿no es una contradicción en la existencia misma —cuando reconocemos que
no somos perfectamente santos, aun en las mejores circunstancias— que nunca hayamos hecho nada ni hayamos vivido
un solo momento tan perfectamente como Cristo lo hubiera
hecho?

La contestación filosófica parece encontrarse en la naturaleza del proceso del tiempo. Dios, que es *«desde la eternidad y hasta la eternidad»,* ha escogido tomar tiempo para

llevar a cabo sus propósitos. El que entra al reino de los cielos tiene que entrar como un niño. Jesús dijo: «*De cierto os digo, que el que no reciba el reino de Dios como un niño, no entrará en él*» (Marcos 10.15; cf. Mateo 18.3; Lucas 18.17). El niño tiene que aprender a andar y a vivir en la esfera en que nació. Dios ha escogido usar la disciplina del tiempo para madurar a los que son renacidos en su familia.

En una metáfora diferente, se dice que hemos recibido ahora las «arras», *arrabon*, de nuestra herencia, esto es, el «sello» de la presencia del Espíritu Santo en nuestras vidas (Efesios 1.13). Las arras no es meramente un asunto de dividendos o interés, sino un depósito o un adelanto sobre el monto total. En realidad las arras de nuestra herencia aumentan a medida que crece nuestra capacidad para la plenitud del Espíritu.

Algunos tipos de mente se rebelan contra el concepto del proceso temporal en la santificación. Si todas las potencialidades para la santificación completa, la absoluta impecabilidad, están ya provistas en Cristo, ¿por qué no se efectúa instantáneamente esta condición perfecta? ¿Por qué es necesario tomar tiempo no solo para deshacernos de los hábitos malos sino aun para aprender qué tipos de conducta son hostiles a la comunión con Dios? La única respuesta que sé es que Dios decretó que fuera así.

La impaciencia natural del hombre en cuanto al proceso temporal se ve en muchas esferas de actividad. Cuando iniciamos un viaje llenamos el tanque del auto con combustible para llegar a nuestro destino. Ese combustible tiene poder para hacernos llegar al punto de destino, pero necesita tiempo para que el motor lo consuma, si tratamos de consumir todo el combustible intantáneamente no solo no llegaremos a donde queremos ir sino que explotaremos y volaremos en pedacitos.

Una de las expresiones más claras del tiempo necesario en la santificación se encuentra en Romanos 8.17-25. Pablo acaba de explicar, que «*si es que padecemos juntamente con él* [Cristo], [es] *para que juntamente con él seamos glorifica-*

dos. Pues tengo por cierto que las aflicciones del tiempo presente no son comparables con la gloria venidera que en nosotros ha de manifestarse» (vv. 17,18).

La culminación de esta sección se alcanza en los versículos 24 y 25: *«Porque en esperanza fuimos salvos; pero la esperanza que se ve, no es esperanza; porque lo que alguno ve, ¿a qué esperarlo? Pero si esperamos lo que no vemos, con paciencia lo aguardamos».* La idea no es que sencillamente crucemos las manos y esperemos que la meta sea alcanzada, sino que aguardemos, luchemos y continuemos peleando la buena batalla de la fe.

Pablo continúa: *«Y de igual manera el Espíritu nos ayuda en nuestra debilidad; pues qué hemos de pedir como conviene, no lo sabemos, pero el Espíritu mismo intercede por nosotros con gemidos indecibles».*

Es claro como el cristal, por lo que dicen los versículos 22 y 23, que la perfección absoluta no se alcanza en esta vida. *«Porque sabemos que toda la creación gime a una, y a una está con dolores de parto hasta ahora; y no solo ella, sino que también nosotros mismos, que tenemos las primicias del Espíritu, nosotros también gemimos dentro de nosotros mismos, esperando la adopción* [heliothesia], *la redención de nuestro cuerpo».* Estas palabras en primera persona del plural describen a los cristianos regenerados, incluyendo al apóstol Pablo mismo, mientras escribe el capítulo 8 de Romanos.

No estamos satisfechos ni tenemos derecho a estarlo con nuestra condición actual. Sabemos que Dios ha provisto mejores cosas para nosotros (Hebreos 11.40). Todavía vivimos en cuerpos corrompidos por el pecado. En la manera en que Dios hizo al hombre originalmente, sus impulsos nerviosos y sicológicos estaban en armonía con la voluntad de Dios; pero como estamos ahora en nuestra condición caída, nuestros móviles o tendencias motoras no armonizan con los buenos propósitos de Dios.

El santo impulso natural del amor se convierte en lujuria. El instinto dado por Dios de autopreservación se transforma en cobardía o en un carácter tiránico, o ambos. El deseo natural de comer se cambia en glotonería. En esta vida presente, con la energía del Espíritu Santo, hacemos «*morir las obras de la carne*» (Romanos 8.13; cf. 1 Corintios 9.27). En el arrebatamiento y en la resurrección Cristo «*transformará el cuerpo de la humillación nuestra, para que sea semejante al cuerpo de la gloria suya*» (Filipenses 3.21).

C. LA CUESTIÓN DEL PERFECCIONISMO EN 1 JUAN

Se alega que ciertos pasajes de la Escritura, especialmente algunos en 1 Juan, no solo muestran que la perfección es un mandamiento sino también indican que en esta vida alcanzamos verdaderamente un estado de perfección literal.

Para un entendimiento correcto de la enseñanza de Juan, es necesario que consideremos todo lo que dice sobre este tema. Es característico del estilo de Juan exponer una generalización y luego adaptarla. Por ejemplo, en su evangelio, Juan dice: «*Después de esto, vino Jesús con sus discípulos a la tierra de Judea, y estuvo allí con ellos, y bautizaba*» (Juan 3.22). No es hasta 4.2 que nos enteramos de que «*Jesús no bautizaba sino sus discípulos*».

De la misma manera, Juan suele hacer una generalización sin mencionar las excepciones, donde estás son obvias. Cita a los fariseos como diciéndole uno al otro: «*Ya veis que no conseguís nada. Mirad, el mundo se va tras él*» (Juan 12.19). Es obvio que no todo el mundo se había ido siguiéndolo.

Esto es similar al uso general y tiene que ser entendido en cualquier escritura sagrada o secular. Cuando Moisés dice, como leemos en Génesis, que «*hubo hambre en todos los países*» y «*que hubo hambre sobre toda la faz de la tierra*» y «*de toda la tierra venían a Egipto para comprar de José, porque por toda la tierra había crecido el hambre*» (Génesis 41.54-57), no tenemos dificultad en entender que «toda la faz de la tierra» y «todos los países» son frases que no intentaban incluir al pueblo que vivía en América del Norte y del Sur, ni en India o China.

Es un hecho conocido por todos que, no solo en los idiomas antiguos sino también en los modernos, una declaración universal tiene que entenderse en su contexto. Aun en los escritos científicos más exactos no se notan todas las excepciones a las declaraciones generales. Reconocer tal hecho es una parte de la exégesis gramático-histórica, y no estamos pidiendo un tratamiento especial para el lenguaje de las Escrituras.

Así pues, si Juan usa un estilo que incluye generalizaciones con las excepciones a veces declaradas y otras implícitas, y si es verdad que para entender una doctrina en cualquier parte de la Escritura tenemos que reunir todo lo que se dice del tema, encontraremos que la Primera Epístola de Juan en ninguna manera enseña que las personas regeneradas alcanzan la perfección absoluta en esta vida.

Juan empieza su discusión acerca del pecado así: «*Si decimos que no tenemos pecado, nos engañamos a nosotros mismos, y la verdad no está en nosotros. Si confesamos nuestros pecados, él es fiel y justo para perdonar nuestros pecados, y limpiarnos de toda maldad. Si decimos que no hemos pecado, le hacemos a él mentiroso, y su palabra no está en nosotros*» (1 Juan 1.8-10).

En verdad, esas palabras no dan apoyo a la doctrina de la perfección absoluta. «Tener pecado», en el sentido del versículo 8, ciertamente quiere decir estar caracterizado por la pecaminosidad. La declaración se hace en el presente «sin tiempo», y gramáticamente se aplica a cualquier tiempo o circunstancia en que se reclame la impecabilidad.

En el capítulo 2 Juan dice: «*Hijitos míos, estas cosas os escribo para que no pequéis* [subj. aoristo]; *y si alguno hubiere pecado, abogado tenemos para con el Padre, a Jesucristo el justo*» (v. 1). Ciertamente estas palabras no enseñan la perfección absoluta como un hecho en esta vida. Enseñan que la norma de Dios es impecabilidad, y es cierto que tenemos que aceptar este hecho.

Al final del capítulo 2 Juan vuelve al tema: «*Si sabéis que él es justo, sabed también que todo el que hace justicia es nacido de él»*. Estas palabras tomadas fuera de su contexto podrían llevarnos a todo tipo de mal entendimiento, pero afortunadamente el contexto es muy claro. Juan no está hablando de cualquiera justicia sino de la que se verá a los ojos de Cristo nuestro Juez en su venida, su *parousia* (v. 28).

Los versículos que siguen también enfatizan fuertemente nuestra posición delante de Cristo cuando *«él se manifieste»* (3.2,3). Queda claro de muchos pasajes que la justicia, como nuestro Señor Jesucristo la verá en su segunda venida, es la evidencia en la que debemos basarnos: su juicio en la asignación de recompensas.

Con esta enseñanza Jesús concluye el Sermón del Monte. El árbol que produce el buen fruto del Espíritu, el hombre que ha sido regenerado, será juzgado según su fruto (Mateo 7.16-20). No todos los que hacen profesión de fe en Cristo serán salvos (Mateo 7.21-23). La casa que resiste la tempestad, es la que se edifica sobre la roca; y la roca es Cristo mismo (Mateo 7.26-27).

En el capítulo 3 Juan da su más extensa explicación acerca del pecado y la justicia. *«Todo aquel que comete pecado infringe también la ley; pues el pecado es infracción de la ley»* (v. 4) La palabra más común para pecado es *hamartia*, que significa literalmente errar o no dar en el blanco, norma o meta. La otra palabra usada en este versículo, traducida comúnmente «injusticia», *anomia*, significa literalmente sin ley o violación de la ley.

Basada en esa declaración, tenemos la definición de pecado dada en el *Catecismo Menor* de Westminster, pregunta 4: «¿Qué es el pecado? El pecado es la falta de conformidad [*hamartia*] con la ley de Dios o la transgresión [*anomia*] de ella». Es claro entonces que Juan considera pecado tanto el fracaso en alcanzar la norma de Cristo como la violación de la ley.

Juan continúa: *«Todo aquel que permanece en él, no sigue pecando; todo aquel que sigue pecando, no le ha visto, ni le ha conocido. Hijitos, nadie os engañe; el que sigue ha-*

ciendo justicia es justo, como él es justo. El que practica el pecado es del diablo; porque el diablo peca desde el principio» (vv. 6-8a). Debe ser obvio que aquí tenemos declaraciones que tienen que ser consideradas como generalizaciones sin una lista de todas las excepciones.

Si esas palabras enseñan la perfección absoluta, entonces enseñan también la falta absoluta de esperanza para todo aquel que tiene el menor grado de pecado. Cuando Juan dice: *«El que practica el pecado es del diablo»* (v. 8a), es obvio que quiere decir que la persona caracterizada por una vida mala no se puede considerar como regenerada. De la misma manera, las palabras interpretadas por algunos como la enseñanza de la perfección absoluta tienen que entenderse como una referencia a la vida santa que llevará el cristiano renacido, y no a la perfecta impecabilidad.

El apóstol amado continúa: *«Por esta razón apareció el Hijo de Dios, para deshacer las obras del diablo. Todo aquel que es nacido de Dios, no practica el pecado, porque los hijos de Dios permanecen en él; y no pueden seguir pecando, porque son nacidos de Dios. En esto se manifiestan los hijos de Dios, y los hijos del diablo; todo aquel que no sigue haciendo justicia ... no es de Dios»* (vv. 8b-10).

Aquí tenemos de nuevo declaraciones generales que deben ser perfectamente obvias y claras. Si consideramos estas declaraciones como absolutamente rígidas en sus clasificaciones, tenemos una contradicción completamente incompatible con lo que Juan dijo antes y una situación en la cual es imposible saber si cualquiera persona en la historia del pueblo de Dios es salva o perdida, porque nadie cae absolutamente en una u otra categoría. Por otro lado, es perfectamente obvio que los hijos de Dios se conocen *«por sus frutos»* (Mateo 7.20) como los que viven una vida santa, y no tenemos derecho de encontrar más que esto en las palabras de Juan.

La primera cláusula de 1 Juan 3.9 se repite casi palabra por palabra en 5.18: *«Sabemos que todo aquel que ha nacido de Dios, no practica el pecado».* En este versículo (5.18) Juan continúa: «*Pues Aquel que fue engendrado por Dios le guarda, y el maligno no le toca*». Aquí la declaración de que la persona regenerada no practica el pecado ciertamente debe interpretarse como lo hicimos en la misma declaración, en 3.9.

Entonces, debe quedar claro que cuando tomamos toda la enseñanza de 1 de Juan sobre el tema de la vida santa, considerando cada declaración en el contexto de todo el libro, no encontramos apoyo alguno para la doctrina de la perfección absoluta en esta vida, pero hallamos un apoyo fuerte para la declaración de que la persona regenerada no seguirá en su maldad, sino que el Espíritu de Dios la ayudará «a morir más y más al pecado y a vivir píamente» (*Catecismo Mayor*, pregunta 35).

4. Lleno del Espíritu

De todas las expresiones metafóricas empleadas en las Escrituras para describir la vida común de las personas regeneradas, tal vez la más atractiva se encuentre en las palabras «lleno del Espíritu Santo».

a. Bautismo del Espíritu Santo; no es lo mismo que lleno del Espíritu

El bautismo del Espíritu Santo es una frase acuñada en el Nuevo Testamento para la obra de gracia por la cual los elegidos de Dios son señalados como miembros de la verdadera Iglesia, el cuerpo de Cristo. El texto clave para esta doctrina es 1 Corintios 12.13. En el versículo anterior Pablo hace referencia a la unidad de los creyentes en el cuerpo de Cristo. Y continúa: «*Porque por un solo Espíritu fuimos todos bautizados en un cuerpo, sean judíos o griegos, sean esclavos o libres; y a todos se nos dio a beber de un mismo Espíritu*».

Otra interpretación de estas palabras aceptadas por algunos competentes profesores de la Biblia es presentada por E.Y. Mullins en su artículo «Baptism and the Holy Spirit».[18] Mullins sostiene que el bautismo referido aquí es sencillamente el bautismo literal para admisión a la iglesia. Implica, aunque no lo dice explícitamente, que las palabras, «*por un solo*

---

[18]*International Standard Bible Encyclopedia*, Tomo I, pp. 399-401.

Espíritu» significan solamente que el bautismo literal debe ser una actividad guiada por el Espíritu.

Me parece, sin embargo, que la interpretación de Mullins es totalmente imposible en vista de las últimas palabras del versículo, *«a todos se nos dio a beber de un mismo Espíritu».* Pablo, en verdad, tiene en mente la metáfora por la cual se llama el Espíritu Santo el «agua de vida». Este pensamiento se usa en las dos metáforas: bautismo por el Espíritu Santo y bebiendo del Espíritu Santo. Creo que la preposición «en» es claramente un caso de dativo, y debemos leer: «Por un Espíritu todos hemos sido bautizados en un cuerpo».

Hay dos eventos narrados en el Nuevo Testamento en los que se dice específicamente que son en cumplimiento de la promesa de Cristo. Que Cristo bautizaría con el Espíritu Santo es predicho en todos los cuatro evangelios en conexión con el bautismo de Jesús por Juan EL Bautista (Mateo 3.11; Marcos 1.8; Lucas 3.16; Juan 1.33).

Además, como tenemos en Hechos 1.5, Jesús antes de su ascensión dijo: *«Juan ciertamente bautizó con agua, mas vosotros seréis bautizados con el Espíritu Santo dentro de no muchos días».* Aunque la palabra «bautizado» no se usa en relación con la experiencia de los apóstoles en el día de Pentecostés, sin embargo es perfectamente claro que el derramamiento del Espíritu Santo en aquel día fue el cumplimiento específico de la predicción de Jesús.

Hechos 10.1—11.18 contiene la narración del otro evento que se llama el bautismo del Espíritu Santo. Es la historia de la visita de Pedro a la casa de Cornelio. Al dar su informe de esta experiencia, el apóstol dijo: *«Me acordé de lo dicho por el Señor, cuando dijo: Juan ciertamente bautizó en agua, mas vosotros seréis bautizados con el Espíritu Santo. Si Dios, pues, les concedió también el mismo don que a nosotros que hemos creído en el Señor Jesucristo, ¿quién era yo que pudiese estorbar a Dios?»* (Hechos 11.16,17).

Mullins evade el incidente en el artículo a que se refiere arriba. Tratando de mostrar que el bautismo del Espíritu Santo fue un evento del día de Pentecostés solamente, arguye que la experiencia de Pedro al llevar el evangelio a los gentiles fue un tipo de extensión del día de Pentecostés. Mullins no es el único entre varios competentes profesores de Biblia que sostiene esta opinión que me parece altamente improbable si no totalmente imposible.

Combinando todas las referencias existentes al bautismo por el Espíritu Santo en el Nuevo Testamento, la promesa en los cuatro evangelios, la promesa de Hechos 1.5, la experiencia en el día de Pentecostés, la experiencia de Pedro en la casa de Cornelio, y la declaración general de Pablo en cuanto a todos los cristianos, creo que tenemos que sostener que esta expresión se refiere a la obra inicial del Espíritu Santo al hacer a los elegidos de Dios miembros de la Iglesia verdadera, el cuerpo de Cristo, o señalándolos como tales.

Por otro lado, argumentaría con insistencia y fuertemente que la frase «bautismo del Espíritu Santo» se usa solo una vez con referencia a una experiencia después de la conversión, y nunca se repite para la misma persona. Hay muchas personas devotas que tienden a usar la frase «bautismo del Espíritu Santo» para designar cualquier experiencia espiritual profunda, en la cual se imparte la plenitud del Espíritu Santo. Esto es un error, un mal uso del vocabulario del Nuevo Testamento.

Puede que sea solo un error de vocabulario, pero en algunos casos puede ser un serio error de doctrina. Hay los que sostienen que «el bautismo del Espíritu Santo» es una segunda obra de gracia distinta después de la regeneración, o si, como en algunos casos, ocurre al mismo tiempo de la regeneración, no obstante es una distinta segunda obra que no se identifica con la regeneración, y no se repite en la experiencia de un individuo.

Otros que sostienen que el bautismo del Espíritu es una distinta segunda obra de gracia, dan otro paso y enseñan que esta experiencia produce una santificación completa o la perfección absoluta. He mostrado que la frase: «bautismo del Espíritu Santo», como se usa en el Nuevo Testamento, siempre se refiere al acto del Espíritu Santo al señalar individuos como miembros del cuerpo de Cristo. En el caso de los apóstoles en el día de Pentecostés, por supuesto que eran miembros del cuerpo de Cristo, individuos regenerados. El bautismo del Espíritu Santo fue una manifestación del poder espiritual señalándolos, por lo que estaban verdaderamente en la Iglesia visible.

b. Crecimiento y crisis

Si la frase «bautismo del Espíritu Santo» no es apropiada para describir una crisis en la vida cristiana subsecuente a la regeneración, ¿cómo vamos a describir esas crisis verdaderas que ocurren en la experiencia cristiana? La contestación es que la frase del Nuevo Testamento más usada para designar tal crisis es «lleno del Espíritu Santo».

La vida cristiana es una vida de crecimiento y desarrollo. No solamente un crecimiento en que podemos «... morir más y más al pecado y ... vivir píamente», sino un crecimiento en capacidad para las cosas espirituales. El ideal en la vida cristiana es expresado en las palabras: *«Sed llenos del Espíritu»* (Efesios 5.18). Debe haber un constante llenarse del Espíritu Santo mientras el corazón y la vida del cristiano se ensancha y crece, mientras sus intereses y conocimientos aumentan, mientras abarca nuevos territorios, nuevas áreas de experiencia. Empero en la realidad, el crecimiento no ocurre en una curva perfectamente pareja y hacia arriba. Hay mesetas y a veces valles.

El proceso de llenarse del Espíritu, un proceso progresivo en la gracia de Dios, casi siempre ocurre en crisis. Muchos cristianos han experimentado un tiempo especial de bendición abundante, alguna crisis en la cual el poder del Espíritu Santo es manifestado particularmente. Esta es la verdad tras el concepto erróneo del bautismo del Espíritu como una segunda obra de gracia. Hay numerosos casos de individuos llenos del Espíritu que han pasado por más de una crisis especial en el curso de su vida y ministerio.

Este suceso corresponde al hecho de que en el libro de los Hechos se dice que los mismos individuos han sido «llenos del Espíritu» más de una vez, y en más de una ocasión de crisis. En el día de Pentecostés, los discípulos fueron llenos del Espíritu Santo (Hechos 2.4). Mientras Pedro predicaba después de la curación del cojo, fue *«lleno del Espíritu Santo»* (Hechos 4.8). En la reunión de oración después de la intervención de las autoridades, *«todos fueron llenos del Espíritu Santo»* (Hechos 4.31). Los siete diáconos debían ser hombres *«llenos [habitualmente] del Espíritu Santo»*, y Esteban descollaba entre ellos (Hechos 6.3,5).

Mientras Esteban hacía su defensa, estaba especialmente *«lleno del Espíritu Santo»* (Hechos 7.55). Saulo de Tarso iba a ser *«lleno del Espíritu Santo»* para su ministerio (Hechos 9.17). Se dice que Bernabé fue un hombre (habitualmente) *«lleno del Espíritu Santo y de fe»* (Hechos 11.24). Pablo, en la crisis de su ministerio en Chipre, fue *«lleno del Espíritu Santo»* (Hechos 13.9). Al tiempo que Pablo y Bernabé eran expulsados de Antioquía de Pisidia, *«los discípulos estaban llenos de gozo y del Espíritu Santo»* (Hechos 13.52).

He citado aquí solamente los pasajes del Nuevo Testamento en los que el henchimiento del Espíritu se menciona de manera expresa. Por supuesto, hay numerosas expresiones en las Escrituras en las que la misma idea se presenta en otras palabras y metáforas. De lo que se ha dicho se puede ver que el Espíritu Santo llena el corazón y la vida del individuo regenerado continuamente durante todo su crecimiento en gracia.

En realidad, este henchimiento del Espíritu se experimenta tanto en el crecimiento habitual y continuo, como en los tiempos de crisis del creyente. Bien puede haber en la vida de algún individuo una crisis especial en que ha sido llenado del Espíritu de una manera característica. También puede haber más de una crisis en la vida individual.

Sería un error, por otro lado, enfatizar demasiado la crisis como la naturaleza del henchimiento del Espíritu. Cada persona regenerada debe mantener constantemente una actitud de receptividad hacia la influencia y el poder del Espíritu Santo bajo toda circunstancia.

5. *El sello y el ungimiento del Espíritu*

Pablo no usa las palabras «*lleno del Espíritu*» en sus epístolas, pero tres veces se refiere a la presencia manifiesta del Espíritu en la vida del pueblo de Dios como un «sello» o marca de identificación. En 2 Corintios 1.21,22, el apóstol alude a «*el que nos confirma con vosotros en Cristo, y que nos ungió, es Dios, el cual también nos ha sellado, y nos ha dado las arras del Espíritu en nuestros corazones*».

La «unción» del Espíritu a la que se refiere 1 Juan 2.20,27 es sin duda el mismo hecho espiritual que el «sello» del Espíritu expresado bajo otra metáfora. Las «arras» del Espíritu será explicado más abajo. La presencia manifiesta del Espíritu es una promesa de bendiciones futuras.

Dos veces en la Epístola a los Efesios se hace referencia a la presencia manifiesta del Espíritu Santo en la vida de un cristiano como el sello de Dios (1.13; 4.30). Aunque no se menciona directamente el Espíritu Santo en Apocalipsis 7.2,3ss, sin duda este es el significado del «sello del Dios vivo» en la cara del pueblo de Dios.

Debe notarse que la metáfora del «sello» se usa no solamente con respecto a la presencia manifiesta del Espíritu Santo en la vida del creyente. Pablo hace referencia a la ofrenda de las iglesias para la obra misionera como un «sello» (Romanos 15.28). Se refiere a la iglesia en Corinto como el «sello» de su apostolicidad (1 Corintios 9.2), y a la circuncisión en el Antiguo Testamento como el «sello» de la fe de Abraham (Romanos 4.11).

LA PLENITUD DE LA MADUREZ FILIAL

Aunque hemos puesto énfasis en el hecho del progreso en la santificación y de que el pueblo de Dios no alcanza la perfección absoluta en esta vida, por otro lado debe aclararse que el programa redentor de Dios resulta al fin en un estado de madurez en justicia en el cual todo el pecado y la corrupción quedan completamente removidos de nosotros.

Aun cuando, por supuesto, somos finitos, sin embargo seremos perfectos en nuestro calidad de hijos de Dios, perfectos en el sentido de que no habrá nada en nosotros que sea desagradable a su santa voluntad. *«Ahora somos hijos de Dios, y aún no se ha manifestado lo que hemos de ser; pero sabemos que cuando él se manifieste, seremos semejantes a él, porque lo veremos tal como él es»* (1 Juan 3.2). *«Habéis muerto* [representativamente en Cristo], *y vuestra vida está escondida con Cristo en Dios. Cuando Cristo, vuestra vida, se manifieste, entonces vosotros también seréis manifestados con él en gloria»* (Colosenses 3.3,4)

Pablo se refiere a la presencia del Espíritu Santo en las vidas de los creyentes como las «arras» de nuestra «herencia». La palabra arras, *arrabon*, no significa interés o dividendo sino un depósito o adelanto sobre un monto determinado. Se define en el léxico de Souter como «una parte grande del pago, dada adelantada como seguridad de que el total será pagado después». En términos humanos tratamos con toda nuestra fuerza para resguardar nuestra opción cuando damos el pago adelantado. El hombre puede perder su opción, pero Dios no pierde nunca la suya.

La ilustración es imperfecta en tanto que las «arras» no es una parte del pago con que somos comprados, sino una parte de aquello que Dios nos concede, en base a su misericordia, de nuestra herencia total, y que recibiremos en la vida futura. Es la garantía para nosotros de que Dios nos dará lo que nos prometió. Así leemos: *«Nos ha dado las arras del Espíritu en nuestros corazones»* (2 Corintios 1.22; cf. 5.5). *«Nos ha sellado con el prometido Espíritu Santo, que es las arras de nuestra herencia hasta la redención de la posesión adquirida, para alabanza de su gloria»* (Efesios 1.14).

El hecho de que la evidente presencia del Espíritu Santo en la vida del cristiano sea el «sello» de su salvación ya fue enfatizado. El punto en el que insistimos ahora es que esta presencia manifiesta del Espíritu Santo es el gozo anticipado y la garantía de la plenitud de nuestra herencia que recibiremos en la vida futura.

Esta herencia futura bien puede ser presentada citando las preguntas 37 y 38 del *Catecismo Menor de Westminster*. «¿Qué beneficios reciben de Cristo los creyentes, después de la muerte? Las almas de los creyentes son hechas, después de la muerte, perfectas en santidad y pasan inmediatamente a la gloria; y sus cuerpos, estando todavía unidos a Cristo reposan en sus tumbas hasta la resurrección. ¿Qué beneficios reciben de Cristo los creyentes, después de la resurrección? Los creyentes, levantándose en gloria en la resurrección, serán públicamente reconocidos y absueltos en el día del juicio, y entrarán en una perfecta bienaventuranza, en el pleno goce de Dios por toda la eternidad».

La palabra más significativa que el apóstol Pablo usa para designar nuestra herencia futura es *huiothesia*, que traduce «adopción» en la versión familiar. Esta interpretación no está del todo equivocada, pero es muy inadecuada. La palabra indica el estado completo de hijos maduros de Dios. Thayer la traduce así: «La condición cabal de los hijos de Dios...»

Nunca se dice que *huiothesia* es nuestra condición en esta vida. Somos predestinados a Él: «*habiéndonos predestinado para ser adoptados hijos suyos por medio de Jesucristo, según el puro afecto de su voluntad*» (Efesios 1.5). Cristo vino en la carne «*a fin de que recibiésemos el estado completo de la filiación*» (Gálatas 4.5). Ahora tenemos el Espíritu de ella: «*Habéis recibido el espíritu del estado completo de plenitud filial, por el cual clamamos: Padre, en idioma familiar. El Espíritu mismo da testimonio con nuestro espíritu, de que somos hijos de Dios*» (Romanos 8.15,16, versión moderna).

Pero la esperamos hasta la resurrección. «*Nosotros mismos que tenemos las primicias del Espíritu, nosotros también gemimos dentro de nosotros mismos, esperando el estado de plenitud filial* [que incluye] *la redención de nuestro cuerpo*» (Romanos 8.23).

Cuando Pablo dice que *huiothesia* es de los israelitas (Romanos 9.4), está solo abundando en su tema de que, como cristianos gentiles, tenemos nuestro estado en Cristo por medio de las promesas hechas a Abraham. En otras palabras, el estado de plenitud filial a la cual llegaremos cuando veamos al Señor cara a cara en su segunda venida es una consecuencia del pacto espiritual que Dios hizo con Abraham.

Apropiación por fe

Repasemos ahora las diversas fases de la aplicación de la obra redentora de Cristo a nosotros. Es evidente que la aplicación de la expiación a las vidas del pueblo de Dios es la obra del Espíritu Santo. Esta obra, en su totalidad, ha de ser aceptada por fe. Para nosotros en este tiempo, esto es, para todos los que han aceptado a Cristo como su Salvador personal, es importante entender que la plenitud del Espíritu Santo requiere un constante y continuo acto de fe, y que los henchimientos especiales del Espíritu Santo en tiempos de crisis en nuestra experiencia cristiana son bendiciones de las que debemos apropiarnos por fe.

Nuestro Señor Jesucristo dijo: *«Pues si vosotros, siendo malos, sabéis dar buenas dádivas a vuestros hijos. ¿Cuánto más vuestro Padre celestial dará el Espíritu Santo a los que se lo pidan?»* (Lucas 11.13) Debemos pedir la presencia manifiesta del Espíritu Santo en nuestras vidas y pedir con confianza, sabiendo que podemos esperar que Dios otorgará esta petición con mayor seguridad que las buenas dádivas que los padres terrenales dan a sus hijos.

Hay quienes interpretan esta promesa en forma «dispensacional», arguyendo que, como cada persona renacida tiene el Espíritu Santo en ella, y puesto que *«si alguno no tiene el Espíritu de Cristo, no es de él»* (Romanos 8.9), en esta dispensación es por lo tanto inapropiado que un creyente pida el Espíritu Santo.

Esta objeción sugiere que es inapropiado pedir algo que ya ha sido provisto. Eso pasa por alto el contexto en que tenemos la promesa de Cristo, que acaba de decir: «*¿Qué padre de vosotros, si su hijo le pide pan, le dará una piedra? ¿O si pescado, en lugar de pescado, le dará una serpiente? ¿O si le pide un huevo, le dará un escorpión?*» (Lucas 11.11,12). La ilustración que Jesús usó sugiere una repetición de lo que se necesita continuamente. Por eso, es apropiado que los que son renacidos, en quienes mora el Espíritu Santo, pidan la plenitud del Espíritu continuamente y en tiempos de crisis.

El argumento que usó el Maestro para mostrar que Dios tiene voluntad y desea bendecirnos con el derramamiento del Espíritu Santo no se puede limitar a una dispensación especial: «*Si los padres terrenales saben dar buenas dádivas a sus hijos...*» Debemos concluir, entonces, que la promesa de Cristo, de que Dios está listo a conceder el Espíritu Santo a los que le piden, es «para todo el pueblo de Dios en todo el tiempo de Dios», y no puede limitarse a una edad o dispensación particular.

Cuando era joven, oí al Dr. James M. Gray dar un mensaje sobre la plenitud del Espíritu Santo como un don que se acepta por fe. Él decía que cuando era pastor, en su juventud, pensó que la plenitud del Espíritu estaba acompañada por algún tipo de trastorno emocional.

Reconocidos profesores de Biblia le habían dicho que en vista de la promesa de Cristo, la plenitud del Espíritu Santo debía ser aceptada por fe, con o sin los acompañamientos emocionales. Convencido de la clara enseñanza de la Escritura, había orado que Dios lo llenara con el Espíritu, creyendo sencillamente que Dios cumpliría su promesa, y siguió sin una emoción especial trabajando en la iglesia.

Su testimonio fue que, al poco tiempo, sus colegas empezaron a decirle que estaban profundamente conscientes de un cambio en su ministerio. Le dijeron: «Usted es un hombre nuevo, hay un poder espiritual en su ministerio que no existía antes».

Quisiera testificar que este mensaje del Dr. Gray fue una gran bendición en mi vida, tanto en mi juventud como en años posteriores. El simple hecho de que Dios nos llena con el Espíritu si abrimos nuestros corazones y lo pedimos, es una gran fuente de confianza y seguridad a cualquiera que desee servir al Señor.

GUÍA DE ESTUDIO PARA

CRISTO, SU
PERSONA Y SU OBRA

Preparada por Richard B. Ramsay

CONTIENE UN ESTUDIO PROGRAMADO POR LA

FACULTAD
LATINOAMERICANA DE ESTUDIOS
TEOLÓGICOS

Contenido

Cómo obtener un curso acreditado por FLET

Si el estudiante desea recibir crédito por este curso, debe:

1. Llenar la solicitud de ingreso.
2. Proveer una carta de referencia de su pastor o un líder cristiano reconocido.
3. Pagar el costo correspondiente. (Ver «Política financiera» en el *Catálogo académico*.)
4. Enviar a la oficina de FLET o entregar al representante de FLET autorizado, una copia de su diploma, certificado de notas o algún documento que compruebe que haya terminado los doce años de la enseñanza secundaria (o educación media).
5. Hacer todas las tareas indicadas en esta guía.

Nota: Ver «Requisitos de admisión» en el *Catálogo académico* para más información.

Cómo hacer el estudio

Cada libro describe el método de estudios ofrecido por esta institución. Siga cada paso con cuidado. Una persona puede hacer el curso individualmente, o se puede unir con otros miembros de la iglesia que también deseen estudiar.

En forma individual:

Si el estudiante hace el curso como individuo, se comunicará directamente con la oficina de la Universidad FLET. El alumno enviará su examen y todas sus tareas a esta oficina, y recibirá toda comunicación directamente de ella. El texto mismo servirá como «profesor» para el curso, pero el alumno podrá dirigirse a la oficina para hacer consultas. El estudiante deberá tener a un pastor o monitor autorizado por FLET para tomar su examen (sugerimos que sea la misma persona que firmó la carta de recomendación).

En forma grupal:

Si el estudiante hace el curso en grupo, se nombrará un «facilitador» (monitor, guía) que se comunicará con la oficina de FLET. Por tanto, los alumnos se comunicarán con el facilitador, en vez de comunicarse directamente con la oficina de FLET. El grupo puede escoger su propio facilitador, o el pastor puede seleccionar a uno del grupo que cumpla con los requisitos necesarios para ser guía o consejero, o los estudiantes pueden desempeñar este rol por turno. Sería aconsejable que la iglesia tenga varios grupos de estudio y que el pastor sirva de facilitador de uno de los grupos; cuando el pastor se involucra, su ejemplo anima a la congregación entera y él mismo se hace partícipe del proceso de aprendizaje.

Estos grupos han de reunirse una vez por semana en la iglesia bajo la supervisión del facilitador para que juntos puedan cumplir con los requisitos de estudio (los detalles se encontrarán en las próximas páginas). Recomendamos que los grupos (o «peñas») sean compuestos de 5 a no más de 10 personas.

El facilitador seguirá pautas señaladas en la sección «Orientación al facilitador» que se encuentra en la página 323. El texto sirve como «profesor», mientras que el facilitador sirve de coordinador que asegura que el trabajo se haga correctamente.

Cómo establecer un seminario en su iglesia

Para desarrollar un programa de estudios en su iglesia, usando los cursos ofrecidos por la Universidad FLET, se recomienda que la iglesia nombre a un comité o a un Director de Educación Cristiana. Luego, se deberá escribir a Miami para solicitar el catálogo ofrecido gratuitamente por FLET.

El catálogo contiene:

1. La lista de los cursos ofrecidos, junto con programas y ofertas especiales,
2. La acreditación que la Universidad FLET ofrece,
3. La manera de afiliarse a FLET para establecer un seminario en su iglesia.

Luego de estudiar el catálogo y el programa de estudios ofrecidos por FLET, el comité o el director podrá hacer sus recomendaciones al pastor y a los líderes de la iglesia para el establecimiento de un seminario o instituto bíblico acreditado por FLET.

Universidad FLET
14540 SW 136 Street No 200
Miami, FL 33186
Teléfono: (305) 232-5880
Fax: (305) 232-3592
e-mail: admisiones@flet.edu
Página web: www.flet.edu

El plan de enseñanza FLET

El proceso educacional debe ser disfrutado, no soportado. Por lo tanto no debe convertirse en un ejercicio legalista. A su vez, debe establecer metas. Llene los siguientes espacios:

Anote su meta diaria: _____

Hora de estudio: _____

Día de la reunión: _____

Lugar de la reunión: _____

Opciones para realizar el curso

Este curso se puede realizar de tres maneras. El alumno puede escoger el plan intensivo con el cual puede completar sus estudios en un mes y entonces, si desea, puede rendir el examen final de FLET para recibir acreditación. Si desea hacer el curso a un paso más cómodo lo puede realizar en el espacio de dos meses (tiempo recomendado para aquellos que no tienen prisa). Al igual que en la primera opción, el alumno puede rendir un examen final para obtener crédito por el curso. Otra opción es hacer el estudio con el plan extendido, en el cual se completan los estudios y el examen final en tres meses. Las diversas opciones se conforman de la siguiente manera:

Plan intensivo: un mes (4 sesiones)   Fecha de reunión

Primera semana: Lecciones 1-2   _____

Segunda semana: Lecciones 3-4   _____

Tercera semana: Lecciones 5-6   _____

Cuarta semana: Lecciones 7-8, y
Examen final de FLET   _____

Plan regular: dos meses (8 sesiones) Fecha de reunión

Primera semana: Lección 1   _____

Segunda semana: Lección 2   _____

Tercera semana: Lección 3

Cuarta semana: Lección 4 _____

Quinta semana: Lección 5 _____

Sexta semana: Lección 6 _____

Séptima semana: Lección 7 _____

Octava semana: Lección 8, y

Examen final _____

Plan extendido: tres meses (3 sesiones)Fecha de reunión

Primer mes: Lecciones 1-3 _____

Segundo mes: Lecciones 4-6 _____

Tercer mes: Lecciones 7-8, y

Examen final _____

Cómo hacer la tarea de las lecciones

Debe leer el texto de Buswell y contestar las preguntas de repaso respectivas. La guía de estudio contiene notas adicionales y algunos dibujos para ayudar a recordar y fijar los conceptos. También hay preguntas para reflexión. Estas no requieren respuestas escritas, aunque el alumno debería leerlas y reflexionar sobre ellas. Además si estudia en un grupo su reflexión en ellas le será de utilidad para participar en la conversación que se entable en el aula o lugar de reunión.

Nota: Si estudia en un grupo debe completar toda la tarea de la lección antes de la reunión.

Descripción del curso

Este curso está diseñado para introducir al alumno a un enfoque teológico en las áreas de Cristología (la doctrina acerca de la persona y las naturalezas de Jesucristo) y soteriología (la doctrina de la salvación).

Metas y objetivos del curso

Metas

1. **Cognitiva** (pensar): El estudiante comprenderá el enfoque bíblico acerca de Cristo y de la obra de redención cumplida y aplicada.
2. **Afectiva** (sentir): El estudiante obtendrá confianza para expresar su comprensión de la cristología y soteriología.
3. **Volitiva** (hacer): El estudiante comunicará por escrito su comprensión de una de las áreas de teología estudiadas en el curso.

Objetivos: El alumno cumplirá dichas metas al
1. Escribir un ensayo, un sermón o un trabajo exegético de acuerdo con las normas descritas en la sección tareas específicas.
2. Rendir un examen final satisfactorio sobre el contenido del texto de Buswell.

Sugerencia para hacer el estudio: Para que este estudio no se convierta en algo meramente académico, haga su lectura con calma y meditación. Busque los pasajes bíblicos para cultivar ese acercamiento personal con el Señor. Permanezca preguntándose: ¿Qué importancia práctica tiene esto para mi vida? Haga la asignación según las instrucciones señaladas. Por cierto, deseamos que el estudiante crezca espiritualmente, así como en su comprensión de estas doctrinas (que no sea solamente una tarea académica) y que tenga el deseo de seguir estudiándolas. Además, queremos que el alumno se entusiasme para compartir la enseñanza bíblica acerca de estos temas en su iglesia y fuera de ella. Reconocemos que no todos están de acuerdo con algunos de los puntos teológicos reflejados en esta obra. No obstante, queremos que el alumno conozca la posición teológica de otros (y no solo la suya). Reconocemos que el desarrollo del pensamiento teológico de un estudiante es un proceso que toma tiempo. Este curso representa parte de dicho proceso. Finalmente, hemos incluido una lista de libros con diferente puntos de vista en la bibliografía. El alumno debe consultar estos y otros libros.

Tareas específicas

1. El estudiante leerá el texto de Buswell completo.
2. El alumno contestará las preguntas de repaso en un cuaderno (10 preguntas para cada lección). Si estudia en un grupo, el alumno deberá mostrar su cuaderno al facilitador a mediados del curso, y al final de este deberá entregarselo. Si estudia como individuo, deberá enviar una copia de su cuaderno a la oficina de FLET a mediados del curso, y al final del mismo deberá enviar el mismo a la oficina de la Universidad FLET.
3. El alumno leerá 300 páginas adicionales. Puede usar las lista de libros recomendados para seleccionar sus lecturas. Además, el alumno escribirá un informe de su lectura adicional que incluya la información bibliográfica de cada libro, las páginas leídas, y un resumen breve de cada lectura. Este informe deberá ser mostrado a mediados del curso al facilitador, si estudia en un grupo. Si estudia como individuo a mediados del curso solo deberá enviar una copia de su informe. Al final del curso este informe deberá ser entregado al facilitador si estudia en un grupo, o enviado a la oficina de la Universidad FLET si estudia como individuo.
4. El alumno debe hacer uno de los siguientes proyectos adicionales, según las siguientes instrucciones:
   (a) Redactar un ensayo teológico de 10 a 15 páginas acerca de uno de los temas sugeridos a continuación:
      (1) El nacimiento virginal de Jesús. ¿Por qué es importante creer esta doctrina?

(2) La incapacidad total: ¿Enseña la Biblia esta doctrina? ¿En qué sentido? ¿Cuál es su importancia?

(3) La elección incondicional: ¿Enseña la Biblia esta doctrina? ¿Cómo la trata? ¿En qué radica la importancia de esta doctrina?

(4) La expiación particular: ¿Enseñan las Escrituras esta doctrina? ¿En qué aspecto? ¿Por qué es importante?

(5) La gracia irresistible: ¿Enseña la Palabra de Dios esta doctrina? ¿En qué manera? ¿Por qué es relevante?

(6) ¿Qué es primero, la regeneración o la fe? Defienda su posición con pasajes bíblicos. ¿Por qué es importante esta doctrina?

(7) La justificación y la santificación: Si somos justificados por la fe, ¿por qué hacer buenas obras? ¿En qué se relacionan la justificación y la santificación? Si ya soy salvo, ¿puedo vivir como quiera?

(8) La santificación por fe. ¿En qué sentido somos santificados por la fe? ¿Qué importancia práctica tiene este tema? ¿Qué lugar tiene la voluntad humana en este proceso?

(9) ¿Qué significan las frases «bautismo por el Espíritu» y «lleno del Espíritu»? Defienda su posición con pasajes bíblicos.

(b) Escribir un sermón de 10 a 15 páginas, basado en uno de los siguientes textos:

Juan 5.24-25
Juan 10.30-39
Filipenses 2.1-11
Hebreos 2.5-18
Romanos 3.21-31
Romanos 5.1-11
Romanos 5.12-21
Romanos 7.7-8.4

Romanos 8.1-11
Santiago 2.14-26

(c) Escribir una exégesis de 10 a 15 páginas, basada en uno de los mismos textos anteriores.

Libros recomendados para lectura adicional

A continuación proveemos una lista de textos posibles para lectura y evaluación. El estudiante puede seleccionar las lecturas de esta lista y/o escoger libros similares. [Nota: La Universidad FLET no necesariamente comparte la opinión de los autores.]

Bancroft, Emery H. *Fundamentos de la teología bíblica.* Grand Rapids, Michigan: Editorial Portavoz, 1993, pp. 144-247. (El autor es bautista.)

Berkhof, Luis. *Teología sistemática.* Jenison, Michigan: T.E.L.L., 1988, pp. 361-658. (Posición calvinista.)

Boice, James Montgomery. *Los fundamentos de la fe cristiana: Una teología exhaustiva y comprensible.* Miami, Florida: UNILIT-LOGOI, 1996. (Posición calvinista.)

Calvino, Juan. *Institución de la religión cristiana.* Rijswijk, Países Bajos: Fundación Editorial de Literatura Reformada, tomo I, pp. 161-622 y tomo II, pp. 623-782. (Libros II y III), 1968.

Los Cánones de Dort. Rijswijk, Países Bajos: Fundación Editorial de Literatura Reformada, 1971. (Posición calvinista.)

Chafer, Lewis Sperry. *Grandes temas bíblicos: Cincuenta y dos doctrinas clave de la Biblia sintetizadas y explicadas.* Edición revisada por John F. Walvoord. Grand Rapids,

Michigan: Editorial Portavoz, 1996. (El autor fue fundador del *Seminario Teológico de Dallas.*)

Pearlman, Myer. *Teología sistemática.* Deerfiled, Florida: Editorial Vida, 1992, pp. 101-198. (Posición arminiana.)
Ryrie, Charles. *Teología básica.* Miami, Florida: UNILIT, 1993. (Considerado «calvinista moderado» por sus seguidores.)

Teología sistemática: Una perspectiva pentecostal. Ed. Stanley M. Horton. Miami: Editorial Vida, 1996, pp. 293-376. (Especialmente dos capítulos: «El Señor Jesucristo» por David R. Nichols, y «La Obra Salvadora de Jesucristo» por Daniel B. Pecota.)

Instrucciones acerca de los proyectos adicionales

A. El ensayo

El ensayo debe constar de 15 páginas a doble espacio. Además, el estudiante debe acudir a otros libros de la lista de lectura adicional sugerida acerca del tema, aparte de los textos bíblicos, para enriquecer la obra. El trabajo debe contar con las siguientes secciones: Introducción (explique la pregunta que se está analizando y su importancia). I. Las posiciones de diversos teólogos. II. Análisis de textos bíblicos relacionados con el tema. III. Su propia posición como resultado de sus estudios. IV. La importancia práctica de la doctrina con consejos pastorales. Conclusión (un resumen de todo el ensayo). La obra debe ser ordenada y bien escrita, con buena ortografía. Use como pauta el *Manual de estilo* de Mario Llerena (UNILIT/FLET). Las citas textuales deben encerrarse entre comillas y señalarse su origen con la información correcta en una nota al pie de página. Donde se usen ideas de otro libro, también debe ponerse una nota al pie de página.

B. El sermón

El sermón debe incluir un análisis bíblico-teológico del texto, reflejando lo que el estudiante aprendió en este curso y también una aplicación práctica orientada a las necesidades de la gente de su iglesia. Debe concentrarse en un solo punto principal bien desarrollado y no tratar de decir todo lo que pueda. Además, debe contener algunas ilustraciones pertinentes. El estudiante debería buscar la oportunidad para predicar el mensaje o enseñarlo en alguna clase o reunión.

La siguiente es una pauta sugerida para un bosquejo:

Introducción (Cuente alguna anécdota que capte la atención y despierte el interés en el punto principal del mensaje.)
I Explique el significado del texto
II Detalle la importancia que tiene para nuestras vidas, dando ejemplos
Conclusión (Cuente otra anécdota o ilustración concreta, para que la gente recuerde el punto principal del mensaje.)

Recuerde: El mensaje debe concentrarse en un solo punto. En cada etapa de la preparación del sermón, pregúntese: ¿Cuál es mi punto principal? ¿Qué tiene que ver esta parte con el punto principal? Si está considerando algo que no se relaciona, ¡No lo incluya!

C. La exégesis

Recomendamos seleccionar un texto difícil de entender al principio. Así encontrará cosas nuevas e interesantes. La exégesis debería explicar el significado del texto, incluyendo un análisis de las cosas especialmente difíciles. Podría seguir los siguientes pasos: (1) observación; (2) interpretación; y (3) aplicación, tanto en el estudio del pasaje, como en la presentación de los resultados por escrito. Al interpretar, formúlese preguntas acerca de todas las cosas que no entiende. Seleccione las interrogaciones más importantes y busque las respuestas. Investigue, por ejemplo, el significado de algunas palabras en un diccionario. Ubique pasajes paralelos que puedan ayudar a entender el texto. Analice bien el contexto. Finalmente, lea otros libros (comentarios, diccionarios, introducciones o manuales) para considerar la opinión de los teólogos. No trate de analizar todo, sino los aspectos más interesantes. Podría usar un bosquejo como el siguiente para presentar su trabajo. (Es solamente una sugerencia; puede organizar otro bosquejo.)

Introducción (Algo que llame la atención a la importancia del pasaje.)

I El contexto histórico (Explique los eventos más importantes de ese momento histórico. ¿Qué estaba ocurriendo en el mundo? ¿Y en el pueblo de Dios?)

II El contexto literario (¿Qué lugar tiene el texto en el libro completo, y en la Biblia entera?)

III Problemas de interpretación

IV El significado del texto

V Aplicaciones prácticas

Conclusión

Busque la oportunidad de compartir las conclusiones de sus estudios en alguna clase u otro estudio bíblico.

Calificación del curso

20% Lectura adicional
20% Cuaderno de respuestas a las preguntas de repaso
30% Examen final
30% Proyecto (ensayo, sermón, trabajo exegético)

Lección 1
(Corresponde al capítulo 1)

Preguntas de repaso

1. Según Buswell, ¿qué indica el título «Hijo de Dios» cuando se aplica a Jesús?
2. Explique tres sentidos en que Cristo fue «engendrado», según Buswell.
3. ¿Qué significa la palabra «unigénito» cuando se emplea con respecto a Jesús?
4. ¿Qué dicen los místicos, irracionalistas y existencialistas con referencia a la encarnación de Cristo?
5. Según el autor, ¿por qué Juan 10.30-39 demuestra que la encarnación no es irracional?
6. La exposición de la encarnación en Filipenses 2.1-11 surge de una exhortación pastoral. ¿Cuál es?
7. Anote las tres referencias de los pasajes en el evangelio de Juan que enseñan la preexistencia de Cristo.
8. Filipenses 2.6 afirma que Jesús «se despojó a sí mismo». ¿Qué significa eso?, según Buswell.
9. Hebreos 2.10 señala que Jesús *«se perfeccionó a sí mismo»*. Según Buswell, ¿qué significa eso?
10. ¿Cómo explica Buswell el texto que afirma que Jesús «crecía en sabiduría»? ¿Cómo se puede decir eso de Jesús, que era divino y omnisciente?

Notas

Observe la siguiente ilustración para explicar la encarnación. Jesucristo existía desde la eternidad en toda su gloria. Cuando se hizo hombre, no dejó su naturaleza divina, sino que tomó también una naturaleza humana, y ocultó su gloria. Siguió siendo la misma persona.

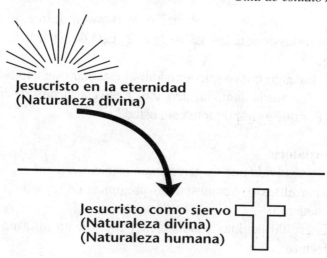

Figura 1

Lectura adicional acerca de la deidad y la humanidad de Cristo: James Montgomery Boice, *op.cit.*, pp. 273-300.

Preguntas para reflexionar

1. ¿Por qué es importante para usted particularmente creer en la *deidad* de Jesucristo?
2. ¿Cuán importante es para usted creer en la *humanidad* de Jesucristo?
3. Lea Filipenses 2.3-8. Converse acerca de algunas maneras concretas de aplicar este pasaje a la vida diaria.
4. Converse acerca de Filipenses 2.8. ¿Cómo podemos entender este pasaje? ¿Cómo aplicarlo? (Nota: Otra forma de traducir el versículo 3 es *«estimando a los demás como más importantes...»* Es decir, no tenemos que creer que todos los demás son superiores a nosotros en capacidades o cualidades, sino que debemos darles la preferencia. Por ejemplo, si soy bueno para las matemáticas, o rápido para correr, no tengo que negar las capacidades que Dios me ha dado. Sin embargo, la idea es considerar el bien de otros antes que el mío.)

5. ¿Qué opina de la explicación de Buswell acerca de los «niveles de conciencia» de Jesús? ¿Está de acuerdo? ¿Por qué?

6. ¿Hay algo nuevo que aprendió al estudiar este capítulo? ¿Algo que le llamó la atención? Converse acerca de ello. ¿Por qué es importante para usted?

Recordatorio

No se olvide que las tareas para este curso son:

1. Leer el texto y contestar las preguntas de repaso en un cuaderno.

2. Leer 300 páginas adicionales y escribir un informe de lectura.

3. Realizar el proyecto escrito (sermón, exégesis o ensayo).

4. Rendir el examen final.

Lección 2
(Corresponde al capítulo 2)

Preguntas de repaso

1. ¿Cuáles son los temas principales de este capítulo? Nombre los datos observables hoy que confirman la resurrección. Enumere las evidencias del mundo antiguo acerca de la resurrección.
2. ¿En qué sentido es la existencia del Nuevo Testamento prueba de la resurrección?, según Buswell.
3. ¿Por qué el movimiento cristiano evidencia la resurrección?
4. ¿Cómo es que la experiencia cristiana comprueba la resurrección?
5. ¿Qué es el *Diatessaron* de Taciano?
6. ¿Cuál es la fecha aproximada del documento más antiguo del Nuevo Testamento, y cuál es ese documento?
7. Cuando los opositores de Pablo lo acusaban, ¿qué evitaron cuidadosamente?
8. Hay varios aspectos del día de Pentecostés que comprueban la resurrección. Uno es la actitud de los enemigos del cristianismo, otro es la valentía de los apóstoles, y el tercero es la reacción de la multitud. Explique cómo estas actitudes confirman la resurrección.
9. ¿Cuál es la importancia teológica del nacimiento virginal de Jesús?
10. Explique cómo el contexto de Isaías 7.14 muestra que la predicción trata acerca de el nacimiento de una virgen.

Notas
¿Quién movió la piedra?

Frank Morrison, un abogado, quería probar que Jesús no resucitó. Empezó a investigar toda la evidencia con el propósito de establecer una especie de «juicio». En su presentación del caso, trataría de mostrar que la evidencia apuntaba a un fraude de parte de los discípulos. Su problema fue que cada vez que veía más evidencias, más se debilitaba su acusación, y más se convencía de que Jesús realmente había resucitado. Al final, el señor Morrison se convirtió a Cristo, y escribió su libro, no para probar que la resurrección no había sucedido, sino para confirmar que en verdad ocurrió. El título de su obra es: *¿Quién movió la piedra?* (Editorial Caribe, Miami, Florida, EE.UU., 1977.)

Lo que convenció a Frank Morrison fue el hecho de que nadie en el tiempo del acontecimiento trató de hallar el cuerpo de Jesús. En medio de todo el conflicto entre los creyentes y sus opositores, es increíble que nadie intentara mostrar el cadáver. Lo que sí se halla en el relato bíblico es que los opositores corrieron el rumor de que los discípulos sacaron el cuerpo de la tumba (Mateo 28.11-15). ¿No habrían buscado evidencia para apoyar su versión de la historia si hubiese existido?

Después de afirmar eso, debemos aclarar que la única prueba totalmente convincente es el relato bíblico. Hay que apoyar nuestras creencias, en primer lugar, sobre la Palabra de Dios, y no sobre la evidencia histórica o la lógica humana. Solo el Espíritu Santo convence de la verdad del evangelio.

Lectura adicional acerca de la resurrección: James Montgomery Boice, *op. cit.*, pp. 348-386.

Preguntas para reflexión
1. ¿Qué evidencia de la resurrección, en este capítulo, considera más convincente?
2. ¿Cómo intentaría persuadir a alguien de la resurrección de Cristo? ¿Usaría estos argumentos u otros? ¿Qué pasajes bíblicos podría emplear?
3. Sabemos que solo el Espíritu Santo puede convencer a alguien de la autenticidad de la resurrección. ¿Cómo podemos usar las evidencias en forma correcta, sin confiar más en nuestros argumentos que en el Espíritu Santo?
4. ¿Cuál es la importancia de la resurrección en la fe cristiana? Si Jesús no hubiese resucitado, ¿cómo sería su vida de diferente?

5. Converse acerca de la creencia en el nacimiento virginal. ¿Cuál es la importancia teológica y práctica?

Recordatorio

No se olvide que las tareas para este curso son:

1. Leer el texto y contestar las preguntas de repaso en un cuaderno.
2. Leer 300 páginas adicionales y escribir un informe de lectura.
3. Realizar el proyecto escrito (sermón, exégesis o ensayo).
4. Rendir el examen final.

Lección 3
(Corresponde al capítulo 3)

Preguntas de repaso

1. Explique el punto de vista ortodoxo acerca de la persona y naturaleza de Cristo. ¿En qué concilio y en qué año se definió?

2. Identifique las herejías:

Naturaleza humana	Naturaleza divina	Partido
afirmada	negada	_____
negada	afirmada	_____
reducida	afirmada	_____
afirmada	reducida	_____
Cristo tenía una naturaleza mixta, ni completamente humana ni completamente divina		_____
Hay dos personas en Cristo		_____

3. ¿Cómo define Buswell los siguientes términos: persona, naturaleza y voluntad?

4. Explique la doctrina de la «tricotomía».

5. ¿En qué sentido tenía Jesús dos naturalezas?

6. ¿Qué afirma el Antiguo Testamento acerca del Cordero, indicando que Cristo tenía que ser sin pecado para lograr la expiación?

7. ¿Qué significa que Jesús fue tentado *«en todo según nuestra semejanza»*?

8. ¿Cómo entiende Buswell la segunda tentación de Jesús? Es decir, ¿en qué manera habría «tentado a Dios», si se hubiese lanzado del pináculo del templo?

9. ¿Cómo explica el autor el pasaje en el que Jesús pide *«que pase de mí esta copa»*?

10. ¿Cómo entiende Buswell lo que dijo Cristo en la cruz: *«Dios mío, Dios mío, ¿por qué me has desamparado»*?

Notas

Nota 1: Observe el siguiente esquema para recordar las distintas posiciones acerca de la persona y las naturalezas de Jesús. Hay una línea cronológica que marca los primeros seis siglos después de Cristo. El espacio superior a este límite representa la creencia en la naturaleza divina de Cristo, y el inferior indica que la escuela de pensamiento cree en la naturaleza humana de Cristo.

LA PERSONA Y LAS NATURALEZAS DE JESUCRISTO

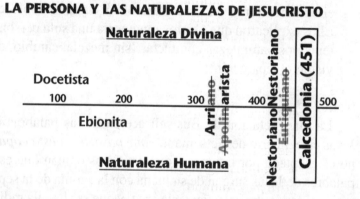

Figura 2

Explicación de la figura

1. Los docetistas solo creen en la divinidad de Cristo. Por eso colocamos el nombre de esta herejía en el espacio superior.
2. Los ebionitas piensan lo contrario; ya que solo aceptan la humanidad de Jesús. Por eso se ubica en la parte inferior.
3. Los arrianos defienden su naturaleza humana, aunque tienen un concepto minimizado de su naturaleza divina. Por eso el nombre de este grupo se extiende de un lado al otro, apareciendo señalado con una raya en el aspecto divino.
4. Los apolinaristas creen lo opuesto al grupo anterior; aceptan la naturaleza divina, pero minimizan la naturaleza hu-

mana. Por lo tanto, su nombre también cruza la línea, como se muestra con la raya en el aspecto humano.

5. Los nestorianos sostienen que en Cristo había dos personas. Este concepto se representa con el nombre repetido, uno encima del otro.

6. Los eutiquianos reducían tanto la naturaleza divina como la humana. Por lo tanto, su nombre aparece en ambos lados, pero con rayas en los dos casos.

7. Finalmente, el concepto ortodoxo, aclarado en el Concilio de Calcedonia en el año 451 A.D., se representa con el nombre escrito en las dos áreas, sin rayas ni dobleces. Ellos explicaron que Cristo, aunque era una sola persona, tenía dos naturalezas completas (sin mezcla, cambio, división o separación).

Nota 2

La interpretación de Buswell acerca de las palabras de Jesús en el huerto de Getsemaní, *«que pase de mí esta copa»*, no es aceptada por muchos teólogos. Otros opinan que esas palabras de Jesús surgen de su lucha con la agonía de la separación de su Padre celestial en la cruz, y que esa batalla radica en su naturaleza humana.

Lea el siguiente comentario de Guillermo Hendriksen acerca de estas palabras de Jesús:

«Nunca podremos nosotros, que ni siquiera conocemos en qué forma ocurre la interacción entre nuestro cuerpo y el alma, entender cómo en esos solemnes momentos se relacionaba la naturaleza humana de Cristo con la divina, o viceversa. La unión de esta naturaleza humana con la divina dio un valor infinito al intenso sufrimiento experimentado por la naturaleza humana de Cristo. Por eso su sufrimiento, de principio a fin, fue todosuficiente, esto es, suficiente para el pecado de todo el mundo» (*Comentario del Nuevo Testamento, Exposición del Evangelio según San Mateo*, Libros Desafío, Grand Rapids, Michigan, 1986, pp. 963-964).

Nota 3

La interpretación de Buswell respecto a las palabras de Jesús: «*Dios mío, Dios mío, ¿por qué me has desamparado»?* también es discutida entre teólogos.

Piense en esto:

A. Aunque Buswell piensa que Cristo no estaba sufriendo la ira de Dios el Padre allí en la cruz, sí cree que estaba sufriendo en nuestro lugar, como sustituto. En las siguientes lecciones, Buswell dedica muchas páginas a este tema.

B. Debemos estar dispuestos a aceptar que la muerte de Cristo en la cruz implica algo de misterio que no podemos comprender totalmente. Tal como no podemos entender en qué forma podría Dios tener hambre, en la persona de Cristo, es difícil comprender cómo Dios el Padre podría dejar morir a su Hijo.

C. Afirmar que Jesús estaba experimentando la ira del Padre no necesariamente indica una «rotura ontológica» en la Trinidad.

Para aportar a esta discusión, lean las siguientes citas de la Biblia, de catecismos y teólogos:

Romanos 8.3

«*Porque lo que era imposible para la ley, por cuanto era débil por la carne, Dios, enviando a su Hijo en semejanza de carne de pecado y a causa del pecado, condenó al pecado en la carne.*»

Isaías 53.4-5

«*Ciertamente llevó él nuestras enfermedades, y sufrió nuestros dolores; y nosotros le tuvimos por azotado, por herido de Dios y abatido. Mas él herido fue por nuestros pecados; el castigo de nuestra paz fue sobre él, y por su llaga fuimos nosotros curados.*»

El *Catecismo de Heidelberg* (pregunta 7)
«...Durante el tiempo que vivió en la tierra, pero especialmente en el final de su vida, llevó en su alma la ira de Dios en
contra del pecado de toda la raza humana».

Catecismo Menor de Westminster (Pregunta 27)
«¿En qué consistió la humillación de Cristo? La humillación
de Cristo consistió en haber nacido, y esto en una baja condición; sujeto a la ley, sufriendo las miserias de esta vida, la ira
de Dios y la muerte maldita de la cruz; en haber sido sepultado y en haber permanecido bajo el dominio de la muerte por
algún tiempo.»

Luis Berkhof
«Hay que considerar la muerte de Cristo desde este punto de
vista judicial. Dios impuso el castigo de la muerte sobre el
Mediador, judicialmente, puesto que este decidió por su voluntad el pago de la pena por el pecado de la raza humana... Estuvo sometido no solo a la muerte física, sino también a la eterna,
aunque esto lo sufrió intensiva y no extensivamente, cuando
agonizó en el jardín y cuando clamó en la cruz: *"Dios mío,
Dios mío, ¿por qué me has desamparado?"* Durante un breve
tiempo sufrió la ira infinita en contra del pecado hasta el final y
salió victorioso. Esto fue posible únicamente a causa de su
naturaleza extraordinaria. No obstante en este punto debemos
estar alerta contra un error. La muerte eterna en el caso de Cristo no consistió en una abrogación de la unión del Logos con la
naturaleza humana, ni en que la naturaleza divina hubiera sido
apartada de Dios, ni tampoco en que el Padre hubiera retirado
su amor y beneplácito de la persona del Mediador.
»El Logos permaneció unido a la naturaleza humana aun cuando
el cuerpo yacía en la tumba; la naturaleza divina no podía ser
apartada de Dios; y la persona del Mediador estaba y conti-
nuaba siendo objeto del favor divino. La muerte eterna se
dejó ver en la conciencia humana del Mediador como un sentimiento de abandono por parte de Dios. Esto implica que la

naturaleza humana, por un momento, perdió el consuelo que debería derivar de su unión con el Logos divino y su amor, y se sintió dolorosamente consciente de la plenitud de la ira divina que estaba cayendo sobre Él. Pero no hubo desesperación, porque aun en la más negra hora, en tanto que exclamaba que estaba abandonado, dirigió su oración a Dios» (*Teología Sistemática*, T.E.L.L., Michigan, 1995, pp. 403-404).

Guillermo Hendriksen (Comentario sobre Mateo 27.46)
«Se ha preguntado: "Pero ¿cómo podría Dios abandonar a Dios?" La respuesta debe ser que Dios el Padre abandonó al Hijo en cuanto a su naturaleza humana, y aun esto en un sentido limitado, aunque muy real y agonizante. El sentido no puede ser que hubo un tiempo en que Dios el Padre dejó de amar a su Hijo. Tampoco puede significar que el Hijo haya en alguna forma rechazado al Padre. ¡Lejos de ser así! Lo llamaba "Dios mío, Dios mío". Y por esa misma razón podemos estar seguros de que el Padre lo amaba tanto como siempre.
»Entonces, ¿cómo podemos atribuir un significado razonable a esta expresión de profunda angustia? Quizás pueda ayudarnos una ilustración, aunque debemos añadir inmediatamente que ninguna analogía tomada de las cosas que suceden a los humanos en la tierra puede siquiera comenzar a hacer justicia a la experiencia única del Hijo de Dios. Sin embargo, la ilustración puede ser valiosa en cierto grado. Digamos que aquí hay un niño que está muy enfermo. Es todavía muy pequeño para entender por qué debe ir al hospital y sobre todo por qué mientras está allí, quizás en la unidad de cuidados intensivos, sus padres no pueden acompañarlo. Ellos lo aman tanto como antes. Pero puede haber momentos en que el niño extraña la presencia de su padre o su madre en tal forma que experimente una angustia profunda. Así también ocurre con el Mediador. Su alma se esfuerza por asirse de Aquel a quien llama "Dios mío", pero su Dios no le responde. ¿No es exactamente esa la forma en que se interpreta el grito de agonía en el contexto del Salmo 22?» (*Comentario del Nuevo Testamento,*

Exposición del Evangelio según San Mateo, Libros Desafío, Grand Rapids, Michigan, 1986, pp. 1019-1020)

Juan Calvino (Buswell cita la primera mitad del párrafo. Aquí citamos la segunda mitad.)
«Lo que afirmamos es que Cristo sufrió en sí mismo el gran peso de la ira de Dios, porque al ser herido y afligido por la mano divina experimentó todas las señales que Dios muestra cuando está airado y castiga. Por eso dice San Hilario, que con esta bajada a los infiernos hemos conseguido el beneficio de que la muerte se muera» (*Institución de la Religión Cristiana*, Nueva Creación, Buenos Aires, Argentina-Grand Rapids, Michigan, EE.UU., 1996, Libro II, cap. XVI, sección 11, p. 383.)

Otra lectura recomendada:
James Montgomery Boice, *op. cit.*, pp. 319-328.

Preguntas para reflexionar
1. ¿Qué le parece la explicación de Buswell acerca de las palabras de Jesús en el huerto de Getsemaní: *«que pase de mí esta copa»*? ¿Está de acuerdo con él en que estaba hablando de no desmayar y morir allí mismo?
2. ¿Qué cree respecto a la explicación de Buswell en cuanto a la expresión: *«Dios mío, Dios mío, ¿por qué me has desamparado»*? ¿Concuerda con él en que Jesús no estaba realmente experimentando la ira del Padre en ese momento? ¿Qué importancia tiene este tema teológica y particularmente para usted?
3. ¿Qué opina de la doctrina de la persona y las naturalezas de Cristo? ¿Está de acuerdo con la posición ortodoxa? ¿Qué importancia tiene la doctrina? ¿Cuán relevante es entender las posiciones erróneas?
4. ¿Qué opina sobre las definiciones de Buswell acerca de *persona, naturaleza y voluntad*? ¿Le aclara que *naturaleza* y la *voluntad* no son «entidades sustanciales distinguibles»?

Recordatorio

No se olvide que las tareas para este curso son:

1. Leer el texto y contestar las preguntas de repaso en un cuaderno.
2. Leer 300 páginas adicionales y escribir un informe de lectura.
3. Realizar el proyecto escrito (sermón, exégesis o ensayo).
4. Rendir el examen final.

Lección 4
(Corresponde al capítulo 4)

Preguntas de repaso

1. Según Buswell, ¿son explícitos los credos más antiguos de la iglesia en referencia a la doctrina de la expiación? ¿Por qué?
2. Cuando Buswell luchó para entender el significado de la expiación, ¿cuál fue la esencia de su respuesta?
3. El resumen que hace Buswell acerca de los estudios teológicos de B.B. Warfield, A.A. Hodge, Charles Hodge, y T.J. Crawford respecto a la expiación, emplea cuatro términos y frases. ¿Cuáles son?
4. Explique el error de la teoría patrística del rescate.
5. ¿Cuál es el argumento de Anselmo en cuanto a la necesidad ontológica de la encarnación y la muerte de Jesucristo? Es decir, según Anselmo, ¿Por qué fue necesario que Jesús muriera?
6. Anselmo afirma que Cristo tendría que haber sido convertido en ángel y morir otra vez para salvar a los ángeles caídos. ¿Cómo responde Buswell a esta teoría?
7. Explique la teoría moral de la muerte de Cristo.
8. ¿Qué propone la teoría gubernamental de la expiación?
9. Explique el concepto *místico* en el contexto de la salvación en Cristo.
10. ¿Cuál es la enseñanza de Pablo Pedro Waldenström acerca de la expiación?

Notas

Observe en la figura 3 de la próxima página la ilustración de la expiación.

Lectura sugerida acerca de la expiación:

James Montgomery Boice, *op.cit.*, pp. 329-338.

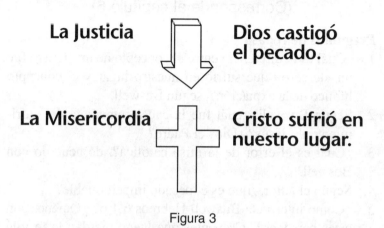

La Justicia → Dios castigó el pecado.

La Misericordia + Cristo sufrió en nuestro lugar.

Figura 3

Preguntas para reflexionar
1. ¿Cómo entiende usted la expiación de Cristo? ¿En qué forma explicaría la importancia de la muerte de Cristo a otra persona? ¿Qué ilustración usaría?
2. ¿Cuáles son algunos de los conceptos actuales acerca de la importancia de la muerte de Jesucristo? ¿Conoce a alguien que tenga una idea errada de la expiación? ¿Cuál es esa idea? ¿Cómo le puede ayudar a entender mejor el evangelio?
3. Piense en libros o películas actuales que distorsionan el significado del sacrificio de Cristo. ¿Cuáles son los errores?

Recordatorio
No se olvide que las tareas para este curso son:
1. Leer el texto y contestar las preguntas de repaso en un cuaderno.
2. Leer 300 páginas adicionales y escribir un informe de lectura.
3. Realizar el proyecto escrito (sermón, exégesis o ensayo).
4. Rendir el examen final.
   Nota: Recuerde que en este momento debe enviar copias de su cuaderno de respuestas y del informe de lectura (parcialmente completados) a la oficina de FLET si está estudiando en forma individual. Si está estudiando en un grupo debe mostrar estas copias al facilitador.

Lección 5
(Corresponde al capítulo 5)

Preguntas de repaso

1. ¿Cuál es la diferencia entre el concepto de que Cristo fue un «tercero» que sufrió en nuestro lugar y el concepto bíblico de la expiación?, según Buswell.
2. Según Buswell, ¿cuál fue la causa inmediata del sufrimiento de Jesús? ¿Dios el Padre?
3. ¿Cuál es el error de la misa católica?, de acuerdo con Buswell.
4. Según el autor, ¿qué es el pecado imperdonable?
5. ¿Cómo interpreta Buswell Hebreos 6.4-6? ¿Quiénes son estas personas? ¿Creyentes que luego pierden la fe y la salvación? ¿En qué sentido «están crucificando de nuevo» a Cristo?
6. Según Buswell, ¿por qué la «obediencia activa» de Cristo es un aspecto importante de la expiación? ¿En qué consiste la «obediencia activa»?
7. ¿Cuál es la interpretación de Buswell acerca de Romanos 7.7-8.4? ¿Piensa él que se refiere a la lucha de un creyente o de un no creyente? ¿Por qué?
8. Según Buswell, ¿por qué es importante describir la salvación con el concepto del pacto?
9. Ya que la cruz es la gloria de Cristo, ¿cómo debemos vivir?, según Buswell. ¿Cuál es la consecuencia de vivir este estilo de vida?
10. Mencione las dos inferencias inmediatas de la expiación, según Buswell.

Notas
Nota 1

Observe las ilustraciones de la justificación. Cuando somos justificados, Cristo es castigado por nuestro pecado, en nuestro lugar. También toma nuestro libro de vida, que está lleno de pecado, y nos da el suyo que está lleno de justicia.

Figura 4

El libro de mi pecado   El libro de la justicia de Cristo

Figura 5

Nota 2

Romanos 7 ha sido un pasaje clave en el debate entre calvinistas y arminianos. El teólogo holandés, Jacobo Arminio (1560-1609), se apartó de los calvinistas porque interpretó Romanos 7 como la experiencia de un hombre antes de su conversión, y sacó la conclusión de que el hombre tiene algo opuso a la idea de la predestinación y enfatizó el libre albedrío y la decisión humana en la salvación. (Para los calvinistas, esto significaba adoptar una versión de pelagianismo, doctrina condenada por el Sínodo de Cartago, 416.) Los seguidores de Arminio escribieron los cinco puntos contra Calvino, lo cual causó una reacción de los calvinistas, que se reunieron en el Concilio de Dort (1618-1619) y redactaron lo que llaman «los cinco puntos contra los arminianos», o «los cinco puntos de Calvino». Esto no significa que todos los calvinistas opinen que Romanos 7 describe la experiencia de Pablo como regenerado. Tampoco quiere decir que todos los arminianos concuerden con la interpretación contraria.[1]

Nota 3

Piense en esto: Buswell afirma que un hombre regenerado no podría decir que es «esclavo del pecado». Sin embargo, ¿un hombre que no ha sido convertido, podría decir que desea cumplir la ley (vv. 15, 18, 21), o que se «deleita en la ley de Dios»? (v. 22)

Nota 4

Piense también: ¿Es posible que Pablo esté describiendo su propia experiencia en un proceso de *arrepentimiento* general, y que lo mismo se puede aplicar a la conversión, que es la primera experiencia de arrepentimiento o a cualquier otra posterior? Es decir, posiblemente Pablo explique aquí cómo se siente en el momento que *empieza el cambio*. En ese instante, se percata del poder del pecado dentro de sí mismo, observando que no lo puede superar sin la ayuda del Señor. En el momento de arrepentirse, hay dos fuerzas en conflicto. Por un lado, uno quiere hacer el bien, pero por el otro, sabe que no puede. El Espíritu Santo coloca en el corazón el deseo

---

[1] *Los Cánones de Dort*, Asociación Cultural de Estudios de la Literatura Reformada, Barcelona, España, 1971; y Carl Bangs, *Arminius, A Study in the Dutch Reformation*, Abingdon Press, Nashville, Tennessee, EE.UU., 1971.

de cumplir la ley, pero uno se siente esclavizado al pecado, porque no tiene la fuerza propia para superarlo.

Citas

Juan Calvino, en su comentario sobre Romanos 7.17, dijo:

«Este pasaje también muestra claramente que Pablo habla aquí de nadie menos que los santos, quienes ya han nacido de nuevo; porque mientras un hombre permanece como es, sea lo que sea, es justamente considerado corrupto. Sin embargo, el apóstol aquí niega que sea totalmente poseído por el pecado, no; él se declara a sí mismo exento de su esclavitud, como si hubiese dicho que el pecado solamente habita en alguna parte de su alma, mientras busca y anhela la justicia de Dios con un sentimiento sincero de corazón, probando que tiene la ley de Dios grabada en su interior.»[2]

Luis Berkhof

«Según la Escritura hay una lucha constante entre la carne y el Espíritu en la vida de los hijos de Dios y aun el mejor de ellos está todavía luchando por la perfección. Pablo da una descripción muy impresionante de esta lucha en Romanos 7.7-26, un pasaje que ciertamente se refiere a él en su estado regenerado.»[3]

James Montgomery Boice

«El capítulo 7 de Romanos es un ejemplo clásico del conflicto que existe en la vida del creyente cuando el pecado está presente... Si bien el pecado todavía está en nosotros, ya no es el amo...»[4]

---

[2]*Calvin's Commentaries, Romans-Galatians*, Associated Publishers and Authors, Wilmington, Delaware, EE.UU. Traducido por Richard B. Ramsay
[3]*Teología Sistemática*, T.E.L.L., Michigan, p. 647.
[4]James Montgomery Boice, *op. cit*, pp. 456-457.

Les Thompson, en su comentario acerca de Romanos 7.18-25, analiza distintas interpretaciones.

1. *Este pasaje explica la lucha de una persona antes de aceptar a Cristo como su Salvador.* Imposible. Contestamos que tal explicación es imposible ya que, aparte de la gracia de Dios obrando en el corazón, la persona sin Cristo está en sus pecados, se deleita en el pecado y se entrega al pecado. Este no le preocupa ni le aflige en ninguna manera.

2. *Este pasaje explica un período de carnalidad en la vida del apóstol.* Improbable. No hay indicio bíblico ni secular para respaldar tal creencia.

3. *En este pasaje el apóstol presenta un caso hipotético.* Incoherente. Pablo en todo el libro habla en primera persona, y se usa a sí mismo como ejemplo. Sería incongruente en este capítulo introducir de repente un elemento simbólico.

4. *Este pasaje explica una simple realidad en todo creyente.* Coherente. Esta es la postura que la gran mayoría de los expositores asumen al comentar estos textos, y es coherente con la experiencia de cada creyente si analiza su corazón con honestidad.[5]

Preguntas para reflexionar

1. ¿Cuál es la importancia práctica del concepto del pacto para usted? ¿Le ayuda de
   alguna manera en su relación personal con el Señor? ¿Cómo?

2. ¿Ha pensado en la importancia de la «obediencia activa» de Jesucristo? ¿Cuán relevante es para usted?

3. ¿Cuál es su concepto del perdón? Es decir, ¿qué significa perdonar? ¿Será algo así como olvidar? Piense en ilustraciones concretas de la vida, como el ejemplo del carpin-

---

[5]Les Thompson, *La persona que soy*, Logoi-Unilit, Miami, EE.UU., 1991, p. 97.

tero que se cayó del andamio. Reflexione en el significado del perdón de Dios.

Recordatorio

No se olvide que las tareas para este curso son:

1. Leer el texto y contestar las preguntas de repaso en un cuaderno.
2. Leer 300 páginas adicionales y escribir un informe de lectura.
3. Realizar el trabajo escrito (sermón, exégesis o ensayo).
4. Rendir el examen final.

Lección 6
(Corresponde al capítulo 6)

Preguntas de repaso

1. Explique las tres posiciones acerca del orden de los decretos: supralapsaria, infralapsaria y amyraldiana.
2. Explique el contexto histórico de la formación de los «cinco puntos del calvinismo».
3. Explique la doctrina de la incapacidad total. Anote las dos referencias bíblicas que usa Buswell para defender la doctrina.
4. Explique la doctrina de la elección incondicional. Apunte las cuatro citas bíblicas que usa Buswell para defender la doctrina.
5. Explique la doctrina de la expiación particular. Anote la referencia bíblica que usa Buswell principalmente para argumentar la doctrina.
6. ¿En qué sentido los calvinistas creen que la expiación es universal?
7. Explique la doctrina de la gracia irresistible.
8. Explique la doctrina de la perseverancia de los santos. Según Buswell, ¿cómo podemos explicar los casos en que alguien profesa ser cristiano, pero vive una vida carnal?
9. Según el autor, ¿en qué sentido el plan de la salvación no es paralelo ni simétrico con el hecho de la reprobación?
10. Explique la doctrina de la «doble predestinación». ¿Concuerda Buswell con ella? ¿Por qué? ¿En qué sentido?

Notas

Para enriquecer el estudio del tema de los cinco puntos del calvinismo, lea las siguientes notas:

Nota 1

«Comparación de los cinco puntos del calvinismo con los del arminianismo»:

Calvinismo	Arminianismo
1. Incapacidad **TOTAL**	1. Voluntad libre
2. Elección **INCONDICIONAL**	2. Elección condicional
3. Expiación **PARTICULAR**	3. Expiación ilimitada
4. Gracia **IRRESISTIBLE**	4. Gracia resistible
5. Perseverancia **SEGURA**	5. Perseverancia insegura

Se pueden memorizar los cinco puntos del calvinismo recordando la primera letra de la segunda palabra de cada punto: «TIPIS».

Nota 2

En el proceso de la conversión hay una relación misteriosa entre la soberanía de Dios y la voluntad del hombre. Todo depende de Dios, pero el hombre, desde su perspectiva, participa en cada decisión.

1. Aunque el hombre está totalmente incapacitado, en el momento en que Dios obra en su corazón para darle fe, toma la decisión de entregar su vida al Señor. (Si lo pensamos bien, él no decide creer, sino que se *da cuenta de que ya cree* y decide recibir el perdón y someterse al Señor.)

2. Dios elige a los que serán salvos, desde antes de la fundación del mundo. Sin embargo, el hombre, antes de convertirse, no sabe si ha sido elegido o no. Simplemente cree en Jesús, y después se da cuenta de que había sido elegido.

3. Jesús dio su vida para salvar a los elegidos, pero no sabemos cuáles son. Por lo tanto, ofrecemos el evangelio a todos libremente, conscientes de que cualquiera que lo desee puede ser salvo.

4. La gracia es irresistible, pero los no elegidos van a rechazar el llamado externo del evangelio. Ya que no sabemos cuáles son, seguimos orando y tratando de persuadir a todos los que podamos a creer en Jesucristo.

5. Los elegidos no perderán la salvación. Sin embargo, debemos perseverar y animar a los demás hermanos a que

hagan lo mismo, bajo la gracia. Nuestra santificación depende de Dios, aunuqe nuestra voluntad también participa.

Es como cualquier decisión que tomamos. Aunque sabemos que Dios controla todo, no permanecemos pasivos. Por ejemplo, puedo decidir dejar caer a un lápiz, pero antes no me quedo paralizado, analizando si Dios tiene predestinado que caiga o no. Simplemente tomo la decisión y lo dejo caer. En el momento de la decisión, no influye en ella el hecho de que Dios controle todo y lo tenga planificado. Solamente después de que ocurra, sabré que Dios lo tenía planificado. ¡He aquí el misterio!

Deuteronomio 29.29

«Las cosas secretas pertenecen a Jehová nuestro Dios; mas las reveladas son para nosotros y para nuestros hijos para siempre, para que cumplamos todas las palabras de esta ley.»

Tenemos que vivir acorde con lo que Dios nos ha revelado, no de acuerdo con su plan secreto.

Nota 4

La pregunta que posiblemente quede sin respuesta satisfactoria es: ¿Por qué Dios no salva a todas las personas? Aunque no tengamos una respuesta completa, hay varios conceptos bíblicos que al menos ayudan a aceptar el hecho de que Dios no salva a todos:

1. Nadie merece la salvación. El que hace la pregunta puede estar suponiendo que Dios le *debe* la salvación al hombre. Pero eso no es cierto. Dios no le debe nada a nadie. Todos somos pecadores y merecemos la condenación. Si Dios salva a algunos, no es injusto por no salvar a todos.

2. La Biblia culpa al hombre por la caída y por el pecado. Dios no es el «autor» del pecado. Dios lo hizo libre (tenía libre albedrío hasta la caída) para amarlo y obedecerle de su propia voluntad, no obligado como un robot. Ya que no era tal cosa, tenía la capacidad de decidir *no* obedecer, y de allí viene la maldad.

3. El hecho de que no todos se salvan hace destacar la misericordia de Dios hacia los elegidos. No tenía que salvar a nadie, pero lo hizo.

Romanos 9.22-23

«Y si Dios queriendo mostrar su ira y hacer notorio su poder, soportó con mucha paciencia los vasos de ira preparados para destrucción, **y para hacer notorias las riquezas de su gloria**, las mostró para con los vasos de misericordia que él preparó de antemano para gloria.»

4. Sabemos que Dios hace todo para su propia gloria. Por lo tanto, de alguna forma, su plan de salvación, tal como se realiza, le da gloria.

Al final, hay cosas que tenemos que aceptar aunque no las comprendamos totalmente, porque la Biblia las enseña. Creemos en la Trinidad aun sin entender su lógica. Creemos que el universo es infinito, que Dios no tuvo comienzo. Tenemos que ponernos en nuestro lugar, como criaturas.

Romanos 9.20,21

«Mas antes, oh hombre, ¿quién eres tú, para que alterques con Dios? ¿Dirá el vaso de barro al que lo formó: ¿Por qué me has hecho así? ¿O no tiene potestad el alfarero sobre el barro, para hacer de la misma masa un vaso para honra y otro para deshonra?

Isaías 55.8

«Porque mis pensamientos no son vuestros pensamientos, ni vuestros caminos mis caminos, dijo Jehová.»

Romanos 11.33-36

«¡Oh profundidad de las riquezas de la sabiduría y de la ciencia de Dios! ¡Cuán insondables son sus juicios, e inescrutables sus caminos! Porque ¿quién entendió la mente del Señor? ¿O quién fue su consejero? ¿O quién le dio a él primero, para que le fuese recompensado? Porque de Él, y por Él, y para Él, son todas las cosas. ¡A Él sea la gloria por los siglos! ¡Amén!

Lectura adicional acerca de la perseverancia:
James Montgomery Boice, *op. cit.*, pp. 526-534.

Preguntas para reflexionar

1. ¿Qué opina de las tres posiciones: supralapsarianismo, infralapsarianismo y amyraldianismo? ¿Se inclina a una de las posiciones? ¿Por qué? ¿Cuál es la importancia de esta discusión? ¿Piensa que la Biblia realmente da una respuesta a esta pregunta?

2. ¿Qué opina de los cinco puntos del calvinismo? ¿Está de acuerdo? Si no, ¿en qué punto? ¿Por qué? ¿Qué importancia tiene para usted el debate entre el calvinismo y el arminianismo?

3. ¿Qué le parece la doctrina de la doble predestinación? ¿Está de acuerdo con la posición de Buswell? ¿Por qué?

Recordatorio

No se olvide que las tareas para este curso son:

1. Leer el texto y contestar las preguntas de repaso en un cuaderno.

2. Leer 300 páginas adicionales y escribir un informe de lectura.

3. Realizar el proyecto escrito (sermón, exégesis o ensayo).

4. Rendir el examen final.

Lección 7
(Corresponde al capítulo 7)

Preguntas de repaso

1. Según el *Catecismo Menor de Westminster*, ¿qué es el llamamiento eficaz?
2. ¿Qué postula Buswell acerca de la universalidad de la convicción del Espíritu Santo?
3. ¿Cuál es la opinión del autor acerca de los salvajes que no han sido evangelizados? ¿Podrán ser salvos? ¿Cómo?
4. De acuerdo con Buswell, ¿qué sucede con los que mueren en la infancia y con los minusválidos?
5. Según el autor, si alguien no tiene interés en evangelizar a otros, ¿de qué es evidencia eso?
6. ¿Qué es el «llamamiento eficaz»?
7. ¿Qué es la regeneración?
8. Nombre los tres puntos de vista diferentes de la fe que analiza Buswell. Explique brevemente la diferencia entre los dos primeros.
9. ¿Qué trata de mostrar el autor acerca del significado de «creer» en su artículo que publicó en la revista *Bibliotheca Sacra*?
10. ¿En qué sentido incluye la fe salvadora un aspecto que es un proceso?

Notas

Hay una distinción entre el «llamado exterior» y el «llamado interior». En el primero, la persona escucha el evangelio. En el llamado interior, Dios transforma el corazón para que pueda creer en Cristo.

Figura 6

Figura 7

Lectura adicional acerca del llamado:
James Montgomery Boice, *op. cit.*, 1996, pp. 519-525.

Preguntas para reflexionar
1. Describa lo que experimentó antes de su conversión. ¿Cómo fue el proceso?
2. ¿Qué opina de la discusión de Buswell acerca del móvil de las misiones? ¿Está de acuerdo? ¿Por qué?
3. ¿Cómo entiende usted la *regeneración*? ¿Piensa que viene antes de la fe o después de creer? ¿Por qué?
4. Busque los siguientes pasajes, y hable acerca del uso de la palabra *fe*, o *creer*. Analice especialmente si el uso es subjetivo u objetivo:
   Judas 3
   1 Juan 5.4
   Hebreos 11.1
   Efesios 2.8
   Juan 3.16

Recordatorio
No se olvide que las tareas para este curso son:
1. Leer el texto y contestar las preguntas de repaso en un cuaderno.
2. Leer 300 páginas adicionales y escribir un informe de lectura.
3. Realizar el proyecto escrito (sermón, exégesis o ensayo).
4. Rendir el examen final.

Lección 8
(Corresponde al capítulo 8)

Preguntas de repaso

1. Defina la justificación.
2. Según el autor, ¿cómo armoniza la enseñanza de Santiago, acerca de las obras y la salvación, con la de Pablo, acerca de salvación por fe?
3. De acuerdo con Buswell, ¿en qué sentido era «irreprensible» Pablo?
4. Además del perdón de nuestros pecados, ¿cuál es el lado positivo de la justificación?
5. ¿Cuál es la diferencia entre justificación y santificación?
6. Una persona santificada, ¿tiene que ser necesariamente regenerada?
7. Explique la ilustración de Buswell, basada en Gálatas 5.13-6.2, referente al «desfiladero» espiritual. Nombre los peldaños.
8. Explique su ilustración acerca del viaje que empezamos con el tanque de combustible lleno, para ilustrar el hecho de que tenemos que esperar para llegar a la santificación perfecta.
9. Según Buswell, ¿cuál es la diferencia entre ser bautizado por el Espíritu Santo y ser lleno de Él?
10. ¿En qué consiste la «madurez filial» que tendremos en Cristo?

Notas

Nota 1

Observe la siguiente figura que resume varios aspectos de nuestra salvación.

En la Eternidad:
1. Dios me amó
2. Dios me predestinó

En el futuro:
9. Seré glorificado

En el Tiempo:
3. Dios me llamó (externo)
4. Dios me regeneró

8. Estoy siendo santificado

5. Me arrepentí
6. Creí en Jesús
7. Dios me justificó

Figura 8

Nota 2 acerca de Santiago 2

Al principio, este pasaje pareciera contradecir la enseñanza de Pablo acerca de la justificación por la fe. No obstante, si lo analizamos bien, no hallaremos contradicción.

1. Santiago también cita Génesis 15.6, tal como Pablo, diciendo que la fe de Abraham le fue contada por justicia. Es obvio que no pretende contradecir a Pablo.

2. Santiago hace una distinción entre la fe verdadera y la falsa. La fe falsa está muerta, y no produce fruto.

3. La ilustración acerca del hermano necesitado ayuda a entender el punto de Santiago. El apóstol indica que si alguien no tiene ropa o comida, obviamente no es de mucha ayuda decirle: «¡Que le vaya bien!» De la misma manera, si alguien dice que tiene fe sin obras, es igualmente contradictorio y ridículo. Esto nos ayuda a entender la relación entre la fe y las buenas obras. Las obras son evidencia de la fe verdadera. No son la base meritoria de la salvación, pero sí indican que la fe es sincera.

4. Santiago usa el término *justificación* de una manera distinta a Pablo.

Hay tres significados básicos de la palabra justificación:
1. Hacer lo justo
2. Mostrarse justo
3. Declarar lo justo

En Romanos 3 y 4, Pablo emplea la palabra con el tercer sentido, hablando de un veredicto divino. Cuando Santiago dice que Abraham fue justificado también por *obras* (Santiago 2.21), usa la palabra en el segundo sentido, diciendo que *fue considerado justo,* indicando que sus obras dieron *evidencia* de su fe. Incluso, la Nueva Versión Internacional traduce el texto así:

¿No fue considerado justo nuestro antepasado Abraham por lo que hizo cuando ofreció sobre el altar a su hijo Isaac?

Nota 3 acerca del Espíritu Santo

Algunos piensan que los términos usados con respecto a las experiencias extraordinarias del Espíritu Santo son intercambiables y no son términos técnicos. Hay varias frases que se usan en forma sinónima: *ser bautizado por el Espíritu, recibir el Espíritu, ser llenado por el Espíritu, el Espíritu Santo vino sobre alguien, el Espíritu se derramó sobre alguien, descendió o cayo sobre alguien.* Dichos términos se usan para describir las mismas experiencias. Esto se ve en los siguientes pasajes:

Hechos 1.5-8
Hechos 2.4,18
Hechos 8.15-18
Hechos 10.44-47
Hechos 11.15-17

Nota 4

Sin embargo, hay una distinción entre ser «lleno» del Espíritu y ser «llenado». Por un lado, se habla de ser «lleno» del Espíritu Santo como una característica de la persona. Esto describe un estado de madurez espiritual. Por otro lado, se habla de la experiencia de «ser llenado» del Espíritu Santo como una experiencia. Esto describe una manifestación especial del Espíritu capacitando a la persona para una tarea especial.

Lamentablemente, esta diferencia no se nota en las traducciones al español, porque normalmente no se dice que una persona fue «llenada». No obstante, en el griego la distinción es clara.

Cuando hablan de la característica, se usa un adjetivo. Es como decir que la persona es «alta» o «bonita». En estos casos, la persona es «llena del Espíritu». Por un lado, cuando eligieron a los diáconos en Hechos 6, se usa un adjetivo.

Hechos 6.3

Buscad, pues, hermanos, de entre vosotros a siete varones de buen testimonio, llenos del Espíritu Santo....

Por otro lado, cuando hablan de la experiencia, se usa un verbo en voz pasiva. Es como decir que un libro fue «comprado», o una casa fue «pintada». En este caso, una persona fue «llenada» del Espíritu Santo. El problema es que no usamos el verbo así en español, y por lo tanto la traducción es que fue «llena». Se traduce el verbo tal como el adjetivo, y no se nota la diferencia. Los mismos siguientes pasajes son ejemplos en los que se usa el verbo:

Éxodo 31.3
Miqueas 3.8
Lucas 1.15
Hechos 2.4
Hechos 4.8
Hechos 4.31
Hechos 13.9
Luchas 1.41

Lo importante es que debemos preocuparnos por ser «llenos» del Espíritu en cuanto a madurez, mostrando el fruto del Espíritu, y anhelando servir al Señor. Al hacer esto, el Señor mismo nos dará la plenitud especial cuando Él quiera, cómo quiera y para el propósito que quiera.

Lectura sugerida acerca de la obra del Espíritu Santo y la justificación:

James Montgomery Boice, *op. cit.*, pp. 379-463.

Preguntas para reflexionar

1. ¿Cómo entiende usted la justificación? Divídanse en grupos de dos o tres personas y traten de explicarse el significado y la importancia de la justificación. Expliquen por qué es imposible justificarse por medio de buenas obras. Usen ilustraciones para comunicar el significado de la justificación por fe. Identifiquen pasajes bíblicos clave.

2. Conversen acerca de la santificación. ¿Cuáles son algunos medios que Dios nos ha dado para crecer espiritualmente? ¿Cómo podemos hacer mejor uso de ellos?

3. ¿Cómo entiende usted el significado de las frases «bautismo del Espíritu», y «ser lleno del Espíritu»? ¿Está de acuerdo con la explicación de Buswell? ¿Qué importancia tienen para usted estas doctrinas?

4. ¿Cuán relevante es para usted ser hijo de Dios? Lea las respuestas del *Catecismo Menor de Westminster,* preguntas 37 y 38, y conversen acerca de los beneficios mencionados que tenemos en Cristo. ¿Hay algunos que le animan en forma especial? ¿Por qué?

Recordatorio

No se olvide que las tareas para este curso son:

1. Leer el texto y contestar las preguntas de repaso en un cuaderno.

2. Leer 300 páginas adicionales y escribir un informe de lectura.

3. Realizar el trabajo escrito (sermón, exégesis o ensayo).

4. Rendir el examen final.

Orientación
al facilitador

En las reuniones se pueden utilizar las «preguntas para discusión en clase». También se pueden emplear las «notas», incluyendo los dibujos. Trate de aclarar los conceptos más importantes, sin dejar que los alumnos se desvíen, hablando de otros temas. Este curso debe aclarar los puntos más relevantes del evangelio. ¡Es imprescindible que los alumnos terminen el curso sin errores serios en esta área!

Al comenzar el curso, el facilitador debe solicitar las copias del examen final a la oficina de FLET para asegurar que las tenga a tiempo.

El facilitador debe asegurarse de que los alumnos están haciendo sus tareas. En clase, consulte a los alumnos si pudieron contestar las preguntas, si están haciendo la lectura, y si están preparando el trabajo escrito. A mediados del curso el facilitador debe pedir los cuadernos para revisar si han hecho la tarea de las preguntas de repaso, y el informe de lectura adicional para asegurarse de que los alumnos están trabajando en él. No es necesario evaluar el contenido de estas tareas, sino solamente ver si se está al día con ellas . Al final del curso, el día del examen final, el facilitador deberá recoger: 1. El cuaderno de repuestas a las preguntas de repaso; 2. El informe de lectura; y 3. El trabajo escrito.

1. El cuaderno de repuestas a las preguntas de repaso debe ser calificado de acuerdo a la cantidad de preguntas completadas. El facilitador no tiene que evaluar las respuestas mismas, sino solamente calcular el porcentaje completado. Si el alumno contestó todas las preguntas que son en total 80, recibirá una calificación de 100. Si solo contestó 70, recibirá una calificación de 88 (70/80 = 87,5). El facilitador deberá enviar estas calificaciones a la oficina de la Universidad FLET.

2. El informe de lectura debe ser calificado de las misma manera que el cuaderno de respuestas. El facilitador no

324 / *Cristo, su persona y su obra*

tiene que evaluar los apuntes, sino solamente calcular el porcentaje de la tarea completada. Si el alumno leyó las 300 páginas requeridas y entregó la información bibliográfica y el bosquejo, recibirá una calificación de 100. Si el alumno leyó solo 250 páginas y entregó el informe correspondiente, recibirá una calificación de 83 (250/300 = 83,3). El facilitador deberá enviar estas calificaciones con el examen final a la Universidad FLET.

3. El trabajo escrito deberá ser enviado a la Universidad FLET para su calificación.

Respuestas a las preguntas de repaso

Lección 1

1. Indica que Jesús es considerado igual a Dios.
2. Cristo fue «engendrado en los siguientes sentidos:
   A. Nació como ser humano. Mateo 1.18 afirma que fue *«concebido por el Espíritu Santo»* cuando se hizo hombre.
   B. Se llama el «primogénito» de los muertos, indicando que era el primero en ser resucitado en forma inmortal (Colosenses 1.18 y Apocalipsis 1.5)
   C. El Padre le dice: *«Te engendré hoy»* (Salmo 2.7), no en el sentido literal, sino como una manera de declarar y anunciar que era su Hijo.
3. Indica que era el *«único de su género»*. Buswell dice que la raíz de la palabra es *genos*, género, y no *gennao*, engendrar.
4. Dicen que es verdad pero que es irracional, que es una contradicción sostener que Jesús es Dios y hombre.
5. En este pasaje, Jesús indica que todos los hombres son imagen de Dios. Por lo tanto, no debe extrañarnos tanto el hecho de que Él se haya hecho hombre en Jesús. Este asumió un complejo de atributos ya copiados de su propia imagen y compatibles con su propio complejo de atributos divinos.

6. Pablo les exhorta a tener el mismo amor de Cristo, *«estimando cada uno a los demás como superiores»* (o más importantes).

7. Juan 17.5: *«Padre, glorifícame tú al lado tuyo, con aquella gloria que tuve contigo antes que el mundo fuese»*. Juan 6.62: *«a donde estaba primero»* (hablando de su ascensión). Juan 8.56-58: *«Abraham, vuestro padre, se gozó de que había de ver mi día: y lo vio y se gozó. Entonces le dijeron los judíos: Aún no tienes cincuenta años, ¿y has visto a Abraham? Jesús les dijo: De cierto, de cierto os digo: Antes que Abraham fuese, yo soy.»*

8. No significa que Jesús haya renunciado a su divinidad cuando se hizo hombre, sino que se humilló, tomando la forma de un siervo humano.

9. Significa que efectuó en la historia, en el tiempo y el espacio precisamente lo que siempre quiso efectuar.

10. Hay diferentes niveles de conciencia. Jesús poseía conocimiento infinito divino en un sentido, pero eligió no tener ese conocimiento en la conciencia activa, mientras estaba en forma humana.

Lección 2

1. Evidencia de la resurrección, y el nacimiento virginal de Cristo. Datos observables hoy: (A) El libro cristiano, (B) el movimiento cristiano, (C) el día del culto cristiano y (D) la experiencia cristiana. Evidencia del mundo antiguo: (A) El *Diatessaron* de Taciano, (B) los evangelios, (C) fuentes escritas, (D) evidencias del ministerio de Pablo, (E) el juicio romano de Pablo, y (F) el día de Pentecostés.

2. La existencia del Nuevo Testamento comprueba que había hombres tan convencidos de la resurrección que estaban dispuestos a escribir documentos públicos dando testimonio de ella. Escribían sabiendo que si alguien quisiera negarla podía hacerlo. Escribían con tal confianza en la resurrección que ni siquiera empleaban argumentos para probarla.

3. Los discípulos se dispersaron y huyeron cuando murió Jesús, pero después cambiaron radicalmente y empezaron a testificar de la resurrección. Esto no tendría sentido si Jesús no hubiese resucitado efectivamente.

4. Cuando alguien se convierte, experimenta un cambio que se llama «la vida resucitada». Este milagro espiritual comprueba que Jesús realmente resucitó.

5. Es una armonía de los cuatro evangelios en una sola columna, escrita por Taciano cerca del año 170 A.D.

6. La primera mitad del siglo II. Es un fragmento del Evangelio de Juan.

7. Evitaron acusarlo de haber perpetrado un fraude religioso al pretender que Jesucristo había resucitado de entre los muertos.

8. Los enemigos habrían buscado por todo el mundo para presentar el cuerpo de Jesús y detener el movimiento cristiano, pero no lo hicieron. Los apóstoles fueron muy valientes al predicar acerca de la resurrección, incluso estaban dispuestos a morir, algo que no harían si no fuera la verdad. La multitud (¡que había visto la crucifixión y tenía la oportunidad de cuestionar la resurrección!) se arrepintió y aceptó a Jesucristo como Salvador personal.

9. Es el único medio por el cual podemos concebir que el Eterno Hijo de Dios llegara a ser completamente hombre, sin dejar de ser Dios en ningún sentido.

10. El contexto muestra que está hablando de un milagro, porque es una *señal*. El nacimiento de una joven que no fuera virgen no sería un milagro.

Lección 3
(Capítulo 3)

1. Cristo es una persona con dos naturalezas (completamente humana y completamente divina). Ambas naturalezas no están mezcladas, ni confundidas, ni divididas, ni separadas. Esto fue definido en el Concilio de Calcedonia en el año 451 A.D.

2.

Naturaleza humana	Naturaleza divina	Partido
afirmada	negada	Ebionita
negada	afirmada	Docetista
reducida	afirmada	Apolinarista
afirmada	reducida	Arriano
Cristo tenía una naturaleza mixta, ni completamente humana ni completamente divina		Eutiquiano
Hay dos personas en Cristo		Nestoriano

3. Persona: una entidad inmaterial (no confundir con naturaleza)

   Naturaleza: un complejo de atributos (no una entidad)

   Voluntad: un modelo de conducta (no una entidad)

4. Sostiene que el alma y el espíritu son entidades sustanciales distinguibles.

5. Significa que Cristo tenía todos los atributos divinos y todos los humanos.

6. Decían que el cordero tenía que ser *«sin mancha y sin contaminación»*.

7. No significa que haya sido tentado como nosotros en cada detalle, sin excepción, sino en general, de una manera similar.

8. Dice que habría tentado a Dios a enojarse.

9. Indica que se refiere a lo que podría haber pasado en ese momento en el huerto de Getsemaní, y no a lo que iba a pasar en la cruz. Es decir, Buswell piensa que Jesús pedía al Padre que no lo dejara desmayar, colapsar y morir allí mismo.

10. Buswell difiere del punto de vista comúnmente aceptado, que Jesús experimentaba la ira de Dios el Padre en ese momento, siendo realmente desamparado por Él. En cambio, piensa que Cristo está diciendo que se encuentra en la situación descrita en el Salmo 22.

Lección 4
(Capítulo 4)

1. No. Porque no era tema principal de investigación. Trataban asuntos como la Trinidad y la persona y naturaleza de Cristo.

2. Cristo murió por sus pecados como sustituto.

3. La ofrenda por el pecado, rescate, pago de una deuda, y Salvador.

4. Muchos de los patrísticos (padres de la iglesia primitiva, como Ireneo, Hipólito, Clemente de Alejandría, Orígenes, Basilio…, Jerónimo, Agustín, etc.) pensaban que Cristo con su muerte le pagó un rescate a Satanás, en vez de satisfacer la justicia de Dios.

5. Anselmo afirma que si Dios no castigara el pecado, entonces para Él, no habría diferencia entre inocente y culpable. Pero esto sería contrario al carácter de Dios. Por lo tanto, el mismo carácter santo y justo de Dios hace necesaria la muerte expiatoria de Cristo.

6. Buswell indica que esto es un asunto hipotético, pero que la muerte de Cristo ya fue suficiente para salvar a otras criaturas también. La expiación fue absolutamente infinita en su valor.

7. Niega el hecho de que Cristo murió como sacrificio sustituto. Señala que la eficacia de la muerte de Cristo está en su influencia moral. Quitó nuestros pecados por su influencia moral.

8. Según esta teoría, Dios no tiene que castigar el pecado por causa de su santidad, sino que todo lo que es necesario es que la dignidad de la «justicia pública» sea mantenida. Se sostiene que la muerte de Cristo es una «demostración» de cómo la ley considera el pecado.

9. Según estas teorías, la encarnación misma, la unión de las naturalezas divinas y humanas, y no la muerte de Cristo, constituyó el gran acto de la redención.

10. Enseñó que la fe en la sangre de la cruz por el poder sobrenatural nos salva del pecado. Si somos salvos del pe-

cado, la cuestión del castigo por los pecados pasados y por la pecaminosidad que todavía queda en la vida cristiana, sencillamente se echa a un lado. El pecado es «sanado», y esa es toda la razón que necesitamos para la expiación.

Lección 5
(Capítulo 5)

1. Si Cristo fuera un «tercero», no sería ni la parte ofendida ni la parte ofensora, sino una tercera persona que no está involucrada en el problema. En el concepto bíblico de la expiación, Cristo es la parte ofendida, pero recibe el castigo por la parte ofensora.

2. No fue Dios el Padre, sino nuestro pecado.

3. La misa católica. Cada vez que se dice una misa se ofrece un nuevo sacrificio por el pecado. La Biblia enseña que *«murió una vez por todas»* (Romanos 6.9,10).

4. Es rechazar irrevocablemente la gracia expiatoria de Cristo.

5. Estas personas no son creyentes que después pierden su salvación, sino personas que han participado en la iglesia y que han recibido bendiciones, pero nunca nacieron de nuevo. En un sentido, están *tratando* de crucificar a Cristo de nuevo.

6. La «obediencia activa» de Cristo es el cumplimiento de la ley en forma perfecta. Es inseparable de su «obediencia pasiva» (su sufrimiento). Sin esta obediencia, no podría haber hecho el sacrificio en nuestro lugar en la cruz. Es a causa de la obediencia activa de Cristo que podemos *«ser hallado*[s] *en él, no teniendo mi* [nuestra] *propia justicia ... sino la justicia que es de Dios por la fe»* (Filipenses 3.9).

7. Buswell piensa que se refiere a la lucha de Pablo con el pecado antes de su conversión. Opina que hay dos declaraciones que no podían ser de un hombre regenerado: 1) Que es esclavo del pecado; y 2) que no puede resistir la tentación.

8. El concepto del pacto muestra que Dios no es caprichoso, sino que es un Dios fiel a sus promesas, y no cambia.

9. Debemos vivir «la vida crucificada», ejemplificando la generosidad y la abnegación. Así creerán que verdaderamente tenemos un Salvador crucificado y resucitado.

10. Debemos perdonar a otros y vivir una vida santa.

Lección 6
(Capítulo 6)

1. Los supralapsarios sostienen que Dios decidió elegir a los que serían salvos antes de permitir la caída. Los infralapsarios creen lo contrario; afirman que Dios primero decidió permitir la caída antes de elegir a los que serían salvos. Los amyraldianos piensan que Dios permitió la caída antes de la elección, pero a diferencia de los infralapsarios, creen que el decreto de la expiación viene antes del de la elección. Este «orden» de los eventos no es cronológico, sino uno lógico en la mente de Dios. Es decir, es el orden en que Dios decidió decretar los eventos.

2. Jacobo Arminio (1560-1609), un teólogo holandés reaccionó contra el supralapsarianismo y enfatizó el libre albedrío del hombre. Sus seguidores, Episcopio y Hugo Grotio (1583-1645) presentaron una «refutación» de cinco puntos contra el calvinismo, y los calvinistas contestaron con los cinco puntos del calvinismo en el Sínodo de Dort (1618-1619).

3. Sostiene que el hombre natural en su condición caída es completamente incapaz de contribuir o cooperar a su regeneración en lo más mínimo. (Romanos 7.18 y Romanos 8.5-8.)

4. Afirma que la salvación depende totalmente de la gracia de Dios, y no está condicionada por alguna virtud, prevista o no, en la humanidad caída. (Efesios 2.8-10, Filipenses 2.13, Romanos 3.27, 28, y Tito 3.5.)

5. Sostiene que la expiación es particular en su designio y en su intención. Tiene un sentido especial en que Cristo es el

Mediador y Salvador de sus elegidos, y no de todos. Dentro de los decretos de Dios, la expiación estuvo destinada a efectuar exactamente lo que realiza. Efectúa la salvación de los elegidos de Dios. (Juan 17.9.)

6. La salvación es universal en tres sentidos, según los calvinistas: A) Es suficiente para todos, es decir, la expiación es infinita en su valor, y nadie se pierde porque la expiación sea insuficiente. B) Es aplicable a todos, es decir, nadie se pierde porque algo le falte en la obra de Cristo, haciéndola inaplicable a esa persona. C) Se ofrece a todos.

7. Afirma que los que Dios ha elegido para salvación serán salvos.

8. Sostiene que la salvación no se pierde. Buswell dice que alguien que profesa ser cristiano, pero vive una vida carnal, jamás se ha regenerado.

9. La causa meritoria de la salvación de los salvados radica en la misericordia de Dios, pero la causa meritoria de la perdición de los perdidos yace en el rechazo de Cristo por parte de ellos, y no de Dios.

10. Se usa normalmente en el sentido de que Dios decreta tanto la salvación de los elegidos como la reprobación de los no elegidos. Buswell no estaría de acuerdo si esto significara que Dios es responsable de la perdición de los que no son salvos. Aunque Dios causa la salvación de los elegidos, no produce la perdición de los perdidos.

Lección 7
(Capítulo 7)

1. El llamamiento eficaz es «la obra del Espíritu de Dios por la cual, convenciéndonos de nuestro pecado y de nuestra miseria, ilustrando nuestras mentes con el conocimiento de Cristo y renovando nuestras voluntades, nos persuade a abrazar a Cristo, que nos ha sido ofrecido gratuitamente en el evangelio, y nos pone en capacidad de hacerlo».

2. Aunque reconoce que no puede probarlo en la Biblia, postula que la obra convincente del Espíritu Santo es «universal para toda la especie humana en todos los lugares».

3. Cada «salvaje» de alguna manera u otra es confrontado con la gracia de Dios en la obra convencedora *universal* del Espíritu Santo, y es responsable por su reacción a esa gracia. Para ser salva, una persona necesita algo de conocimiento del evangelio, pero solo es suficiente tener la fe de un niño. Dios, de alguna manera, llevará el evangelio a cada persona que desee creer. Él hará lo que es justo.

4. Cree que serán salvos, y postula que Dios les aumenta la inteligencia en forma sobrenatural en el momento de su muerte, para que puedan entender el evangelio, aceptar a Cristo y ser salvos. Buswell no quiere ser dogmático al respecto, y reconoce que las Escrituras no hablan del tema claramente.

5. Es evidencia de que esa persona no es regenerada.

6. En el llamamiento eficaz, el Espíritu Santo no solo convence e ilumina nuestras mentes, no solo cambia el corazón para que sea capaz de creer, sino que realmente persuade y renueva la voluntad de tal manera que creamos en Cristo.

7. Es un cambio en un individuo por el cual el hombre perdido llega a ser hijo de Dios. Es un acto instantáneo del Espíritu Santo por el cual el pecador perdido queda «unido con Cristo».

8. La fe como «un acto de creer» es subjetiva, es lo que hace el creyente; como *«sustancia de lo que creemos»* es algo objetivo, y se refiere a lo que se cree, un cuerpo de doctrina y la persona de Cristo.

9. Trata de mostrar que «creer» no es meramente un asentimiento intelectual, ni una credulidad que no duda, sino una reacción positiva de todo el ser del hombre hacia Jesucristo como el Hijo de Dios.

10. Es un proceso en el sentido de que hay un período de convicción antes del acto de creer en Cristo, y otro de santificación después.

Lección 8
(Capítulo 8)

1. Es un acto por el que Dios nos declara justos. Sucede cuando creemos en Jesucristo y recibimos el beneficio de la expiación.
2. Afirma que Santiago es una sana corrección de un antinomismo (libertinaje) que ya existía temprano en el movimiento cristiano.
3. Pablo era «irreprensible» en el sentido de que no merecía censura en esa situación particular.
4. El lado positivo de la justificación es que la justicia de Jesucristo se nos imputada a nosotros (legalmente colocada en nuestra cuenta a nuestro favor).
5. La justificación en una declaración legal, en la que somos perdonados, y la justicia de Cristo se pone en nuestra cuenta. La santificación significa «ser hecho santo», y es un proceso de crecimiento personal en santidad.
6. No necesariamente. Hay personas que no son regeneradas, pero que reciben las bendiciones de una cercanía y participación con el pueblo de Dios y el pacto.
7. Dice que la vida que transcurre entre la caída espiritual y la santificación es como un desfiladero, algo así como en forma de «V». Los peldaños que bajan son: A) pugnacidad, B) el andar carnal, C) los deseos de la carne, D) la condenación legal, E) las obras de la carne, y F) la exclusión de la heredad cristiana. Los peldaños que suben son: E) el fruto del Espíritu, D) la libertad de la condenación de la ley, C) la crucifixión de las pasiones de la carne, B) el andar en el Espíritu, y A) la armonía cristiana.
8. Buswell dice que el hombre es impaciente y quiere ser santificado inmediatamente. Sin embargo, tiene que esperar en muchos aspectos de su vida. Es como empezar un

viaje con el tanque lleno. Podríamos usar toda la energía del tanque de combustible en un instante, pero se produciría una explosión. Es mejor tomar el tiempo necesario para el viaje. En todo caso, Buswell, indica que la única respuesta a la pregunta de por qué la santificación requiere tiempo es que «Dios lo decretó así».

9. Buswell señala que «el bautismo del Espíritu Santo es una frase usada en el Nuevo Testamento en cuanto a la obra de gracia por la cual los elegidos de Dios son señalados como miembros de la verdadera Iglesia, el cuerpo de Cristo». Se emplea una sola vez y para una persona. Dice que ser «lleno» del Espíritu indica una experiencia («crisis») posterior a la conversión, un tiempo de bendición especial, de manifestación particular del Espíritu Santo.

10. Es un estado de madurez en justicia en el cual todo el pecado y la corrupción son completamente quitados de nosotros.